제**3**의 **자본**

사회적 자본은
어떻게 증진되는가?

제3의 자본

사회적 자본은 어떻게 증진되는가?

2009년 11월 25일 초판 1쇄 발행
2016년   7월 11일 초판 3쇄 발행

지 은 이 | 이동원 · 정갑영 외
펴 낸 곳 | 삼성경제연구소
펴 낸 이 | 차문중
출판등록 | 제1991-000067호
등록일자 | 1991년 10월 12일
주   소 | 서울시 서초구 서초대로74길 4(서초동) 삼성생명서초타워 30층
전   화 | 02-3780-8153(기획), 02-3780-8084(마케팅), 02-3780-8152(팩스)
이 메 일 | seribook@samsung.com

ⓒ 이동원 · 정갑영 외 2009
ISBN | 978-89-7633-404-6 03320

삼성경제연구소 도서정보는 이렇게도 보실 수 있습니다.
홈페이지(http://www.seri.org) → SERI 북 → SERI가 만든 책

제3의 자본

사회적 자본은 어떻게 증진되는가?

이동원 · 정갑영 외 지음

Rebuilding Trust

삼성경제연구소

책을 내며

2008년 초 미국산 쇠고기 파동과 촛불집회 등 한국의 낮은 사회통합 수준을 보여주는 여러 사건이 터지면서 사회적 자본이 주요 이슈로 부각되었다. 사회가 선진화되기 위해서는 인적·물적 자본뿐아니라 신뢰, 규범, 네트워크 등 사회적 관계에서 발생하는, 눈에 보이지 않는 사회적 자본도 함께 증진되어야 한다는 것에 동의하면서 삼성경제연구소에서도 이 문제를 깊이 있게 논의할 필요성을 느끼게 되었다. 그와 함께 한국의 사회적 자본에 대한 연구가 부족하다는 것을 깨달았다. 이러한 문제의식에서 출발해 한국 사회의 신뢰와 그 형성에 대해, 또 사회적 자본을 어떻게 확충할지 등에 대해 다각적인 연구를 시작하게 되었다. 이 책은 지난 1년간 진행된 사회적 자본에 관한 많은 고민과 토론, 그리고 연구 세미나의 결과물이다.

애초의 연구 목적은 한국 사회의 낮은 신뢰 문제를 역사적·사회적 배경을 중심으로 설명하는 것이었다. 처음에는 사회적 자본에 관심 있는 연구자들이 한 달에 두 차례 정도 만나 간단히 점심을 같이하며 토론하는, 이른바 브라운 백(Brown Bag) 세미나 형식으로 연구를 진행했다. 하지만 연구를 진행하면서 신뢰에 대한 기존 자료나 데이터의 객관성이 많이 떨어지는 부분을 발견했다. 참여자들은 이러한 한계를 극복하기 위해서 무엇보다 사회적 자본의 종합적인 측정이 중요하다는 합의점에 도달하였다. 사회적 자본의 측정과 관련해서는 특히나 기존 연구가 적어 결국 5개월 정도로 계획했던 연구 기간이 늘어나 1년이라는 비교적 긴 시간을 투자하게 되었다. 그러나 그만큼 연구 성과도 있어서 사회적 자본 지수를 개발하였으며 우리가 아는 한 학계 최초로 사회적 자본의 수준을 국가별로 추정하는 연구도 진행할 수 있었다.

연구를 진행하면서 가장 즐거웠던 점은 각기 전공 분야가 다른 여러 사람이 함께 일하는 것이었다. 외부 연구진으로는 당시 삼성경제연구소에 석좌연구위원으로 있던 연세대학교 경제학과 정갑영 교수님과 그동안 연구소와 여러 차례 공동연구를 한 적이 있는 연세대 사회학과 한준 교수님이 참여했는데, 두 분은 각각 경제학과 사회학 분야에서 경험과 학식이 높아서 연구의 든든한 기둥이 되어주셨다. 또 연구소 내의 참여자 박준 공공정책실 수석연구원은 정치학을, 채승병 경영전략실 수석연구원은 복잡계 이론을 전공해 다양한 시각을 제시하였다. 이처럼 경제학, 정치학, 사회학, 복잡계 이론 등 여러 분야의 연구자가 만나서 좋은 아이디어가 생겨나는 것이 흥미로웠고, 서로 다른 배경을 가진 연구자들이 협력하는 과정에서 우리 나름의 '사회적 자본'을 형성할 수 있었다. 2009년 노벨 경제학상 수상자인 엘리노어 오스트롬(Elinor Ostrom) 교수는 개발도상국의 농부들이 관개 시스템을 건설하는 과정에서 협력을 촉진하기 위해 자신들만의 자발적인 행동규범을 만든 사례를 들며 그것이 바로 사회적 자본이라고 설파했는데, 이번 연구를 하면서 우리 연구진 간에도 유사한 규범이 생겨났다. 사회적 자본을 연구하는 한 사람으로서 귀중하고도 행복한 체험이었다.

마지막으로 이 자리를 빌려 연구를 위해 물심양면으로 지원해주시고 귀중한 코멘트를 해주신 삼성경제연구소 정기영 소장님과 정구현 고문님, 홍순영 전무님께 큰 감사를 드린다. 정기영 소장님은 이 연구에서 새롭게 개발한 사회적 자본 지수가 한국 사회에 주는 함의가 중요하다는 코멘트를 해주었는데 연구 내용에 크게 도움이 되었다. 정구현 고문님은 연구의 시작 부분에서 많은 조언을 주셨고, 이번 연구의 스폰서인 공공정책실 실장 홍순영 전무님은 연구 진행에 차질이 없도록 여러모로 지원해주셨다. 그리고 데이터 수집과 문헌 정리를 위해 애써준 이자해 RA와 김수진 인턴에게도 고마움을 전한다. 더불어 좋은 연구를 위해 항상 기도해주는 참여자의 가족들에게 연구진을 대표해서 깊은 감사의 마음을 전한다.

2009년 11월
이동원

차례

책을 내며 · 5

Introduction 제3의 자본과 선진화의 조건 · 11

제I부 사회적 자본

1. 사회적 자본이란 무엇인가? · 25
1.1. 신뢰와 사회적 자본 · 33
1.2. 사회적 자본의 이중적 특성 : 관계적 자본과 시스템 자본 · 37

2. 사회적 자본은 어떻게 형성되는가? · 43
2.1. 사회적 상호 작용과 공적 제도 · 45
2.2. 사회적 자본의 정책적 육성 · 53

3. 사회적 자본의 경제·사회적 효과 · 61
3.1. 사회적 자본의 경제적 효과 · 63
3.2. 사회적 자본과 삶의 질 · 71
3.3. 사회적 자본과 기업 조직 · 78
3.4. 사회적 자본과 민주주의 · 80

제II부 신뢰가 부족한 한국 사회

4. 공적 제도는 사회적 자본에 어떤 영향을 미치는가? · 89
4.1. 한국 사회의 낮은 신뢰 수준 · 89
4.2. 공적 제도 붕괴와 불신의 악순환 · 95

5. 갈등사회와 사회적 네트워크의 모순 · 107

　5.1. 한국 사회의 갈등과 분열 · 114

　5.2. 사회 분열로 사라지는 긍정적 네트워크 효과 · 119

제Ⅲ부 **사회적 자본**의 **측정과 정책과제**

6. 사회적 자본, 어떻게 측정할 것인가? · 125

　6.1. 사회적 자본 측정을 위한 다양한 변수 · 126

　6.2. 기존 연구의 한계와 포괄적 측정의 필요성 · 141

7. 사회적 자본 지수의 개발 · 147

　7.1. 사회적 자본의 태도적 측면 : 신뢰와 사회규범 · 149

　7.2. 사회적 자본의 인프라적인 측면 : 네트워크와 사회구조 · 159

8. 세계 사회적 자본 지수 · 173

　8.1. 각국의 사회적 자본 지수 순위 · 174

　8.2. 사회적 자본 지수와 주요 사회·경제적 지표 · 183

9. 사회적 자본 확충을 위한 7대 과제 · 195

　9.1. 한국의 사회적 신뢰가 낮은 이유 · 201

　9.2. 사회적 자본 확충을 위한 정책과제 · 219

참고문헌 · 239

부록 A. 신뢰의 형성 요인에 대한 분석 · 253

부록 B. 사회적 자본 지수의 분석 방법과 결과 · 265

제3의 자본과
선진화의 조건

셰익스피어의 희곡《베니스의 상인(The Merchant of Venice)》에는 계약서를 내세워 복수를 꿈꾸다 오히려 위기를 자초하는 고리대금업자 샤일록이 등장한다. 샤일록은 베니스의 신뢰받는 상인 안토니오에게 돈을 빌려주는 대신 원금을 제때 갚지 못할 경우 "심장에서 가까운 살 1파운드"를 지불받는 조건으로 계약을 체결한다. 공교롭게도 안토니오의 배가 폭풍우로 실종되고 원금을 기한 내에 갚지 못하게 되자, 샤일록은 계약서대로 "살 1파운드"를 요구한다. 법정에 선 샤일록은 원금의 3배를 받으라는 재판관의 조정안도 거절한 채, 계약 내용 그대로 집행해야 베니스의 질서가 유지된다고 주장한다. 재판관은 결국 계약서의 내용을 집행하기로 결정하는데, 계약서에는 "살 1파운드"만 언급되었기 때문에 피는 한 방울도 흘리지 않고 살만 그 무게만큼 가져가라고 판결한다. 결국 샤일록은 오히려 베니스인을 살해할 의도가 있었다는 죄목으로 재산을 몰수당하는 처지에 놓인다. 계약서만 믿고 있었던 샤일록은 크게 참회하지만 이미 때는 늦었다.

이야기가 의도하는 바를 떠나 샤일록과 안토니오의 거래만을 놓고 보자면, 처음부터 안토니오를 신뢰했다면 샤일록은 모든 것을 잃지 않았을 것이다. 물론 계약의 보호가 신뢰 형성에 도움이 되긴 하지만, 계약이 항상 완벽할(또는 공정할) 수는 없다. 때로는 남을 신뢰하는 것이 불완전한(또는 불공정한) 계약에 의존하는 것보다 개인과 사회에 더 큰 이득을 가져온다. 바로 사회적 자본이 중요한 이유이다.

사회의 생산성을 높여주는 무형 자산

경제와 사회가 지속적으로 발전하기 위해서는 여러 종류의 자본에 대한 투자가 필수이다. 공장을 건설하고 도로와 항만 시설 등 사회 인프라를 많이 확충해야 한다. 또한 물적 자본과 함께 유능한 전문가와 기술자, 노동력 등 인적 자본이 풍부해야 경제가 성장할 수 있다. 그러나 물적 자본과 인적 자본의 투입만으로 경제와 사회의 선진화가 달성되는 것은 아니다. 눈에 보이는 자본 외에도 사회를 구성하는 개인과 기업, 정부 등 사회 주체를 협력적인 관계로 연결하는 제3의 자본, 즉 사회적 자본이 풍부해야만 경제발전과 사회 안정을 동시에 이룰 수 있다. 같은 물적·인적 자본을 가지고 있어도 구성원 간의 관계에 따라서 전혀 다른 경제·사회적 성과가 나타나기 때문이다.

사회적 자본이란 개인 간의 협력을 촉진함으로써 사회의 생산성을 높여주는 신뢰, 규범, 네트워크 등 사회적 관계에서 발생하는 일체의 무형(無形) 자산을 말한다. 사회적 자본은 거래 비용을 절감해 물적·인적 자원의 생산성을 높이며, 구성원 간 신뢰 관계를 구축해 사회 안정에도 기여한다.

최근 들어 사회적 자본은 다른 어떤 형태의 자본보다도 경제의 선진화에 더 많은 기여를 하는 것으로 평가되고 있다. 신뢰가 높은 사회에서는 지연이나 학연에 의지하지 않고도 공평하고 정당한 거래를 할 수 있으며, 서로 믿기 때문에 복잡한 계약서보다도 신뢰를 담보로 하는 경제 활동이 가능하다. 이 결과 경제 활동에 수반되는 거래 비용이 감소하게 된다.

이런 이유로 세계은행(World Bank)의 수석연구원 스티븐 낵(Stephen Knack)과 필립 키퍼(Philip Keefer)는 사회적 신뢰도가 10% 상승할 때, 경제성장률은 0.8%p 증가한다고 분석한 바 있다. 또한 세계은행은 세계 각국의 부(富)를 추정한 연구에서 눈에 보이지 않는 무형 자본이 세계 전체 부의 절반 이상을 차지하고, 소득 수준이 올라갈수록 이러한 경향이 높아진다고 분석했다. 전통적인 견해와는 달리 물적 자본보다 인간관계를 바탕으로 한 사회적 자본이 부의 창출에 더 큰 영향을 미친다는 사실을 지적하고 있다.

이와 같은 사회적 자본의 중요성에도 불구하고 한국의 낮은 사회적 자본이 경제발전을 저해한다는 주장이 지속적으로 제기되고 있다. 공공부문에 대한 불신이 중요한 제도의 개혁을 어렵게 하고 있으며, 혈연, 지연, 학연 등 폐쇄적 연고주의로 인해 사회 분열이 심화되고 불필요한 사회적 비용이 발생한다는 것이다.

실제로 최근 세계가치관조사(World Values Survey)에 따르면 한국에서는 10명 중 3명만이 대부분의 사람을 신뢰한다고 한다. 이것은 다민족 국가인 미국은 물론 중국과 베트남 같은 개도국에 비해서도 훨씬 낮은 수준이다. 더욱 놀라운 것은 정부를 개인보다도 더 신뢰하지 못하며, 법 제도가 공정하게 집행된다고 믿는 사람도 적다는 사실이다. 한국 사회의 신뢰 수준은 1980~1990년대를 거치면서 급격히 감소하고 있다. 서로 신뢰하지 못하고, 사회 제도에 대한 부정적인 인식이 팽배한 사회에서는 취약한 사회적 자본이 선진화를 가로막고 성장 비용을 더욱 크게 만든다.

이러한 관점에서 이 책은 사회적 자본의 개념과 형성, 효과를 체계적으로 분석하고, 한국 사회의 사회적 자본을 상세하게 파악해 신뢰 등 사회적 자본이 빈약한 원인을 평가하고 사회적 자본을 확충할 방안을 모색하고 있다. 특히 법 제도와 사회기구 등 공적 제도와 자발적 단체 활동 등 네트워크의 관점에서 신뢰 등 사회적 자본의 확충 방안을 제시하고자 하였는데, 이를 위해 우선 공적 제도가 신뢰에 미치는 영향을 체계적으로 분석하고 한국 사회의 분열 양상이 네트워크를 통한 신뢰 형성에 미치는 영향에 주목하였다.

나아가 이 책에서는 사회적 자본의 수준을 국가별로 추정했다. 이를 위해 사회적 자본 측정 모형을 개발하고 지수 추정을 위한 충분한 자료가 존재하는 72개국의 사회적 자본 수준을 나타내는 지수를 측정했다.

공적 제도와 네트워크가 사회적 자본을 형성

제 I 부에서는 사회적 자본의 개념과 형성 과정 그리고 경제·사회에 미치는 사회적 자본의 영향을 분석했다. 사회적 자본은 일반적으로 신뢰나 '호혜(reciprocity)에 기초한 규범' 등 사회적 네트워크에서 발생하고 협력을 촉진하는 자산을 의미한다. 이 중에서도 신뢰가 생산성과 경제성장에 미치는 영향은 널리 알려져 있다. 노벨경제학상을 수상한 케네스 애로(Kenneth J. Arrow)에 따르면 모든 종류의 상거래에는 일정한 수준의 신뢰가 필요하다고 했는데, 이것은 신뢰도가 높은 사회일수록 거래에 안전한 환경이 조성되어 생산성이 증가한다는 의미다. 예를 들어, 신뢰가 높은 사회에서는 소유권을 지키기 위해 큰 비용을 들일 필요가 없기 때문에 신기술 개발을 위한 투자가 늘어나는 경향이 있다. 기존 연구는 경제성장을 위해서 사회적 자본이 물적 자본보다 중요한 역할을 하며, 특히 신뢰와 규범이 경제성장과 투자에 긍정적인 영향을 미치는 것을 보여주었다. 또한 신뢰 수준이 높은 사회일수록 교육, 보건, 범죄율, 경제·사회적 평등의 측면에서 좋은 결과를 경험할 수 있다고 알려져 있다. 결국 신뢰는 사회적 안정과 국가의 부를 동시에 증진시키는 역할을 한다. 그럼 사회의 신뢰는 어떻게 형성될까?

사회적 자본의 형성 과정을 분석하기 위해 제II부에서는 법 제도 등 공적 제도와 단체 활동 등 네트워크가 일반적 신뢰를 높이는 경로를 이론적으로 살펴보고, 실증적으로 분석했다. 먼저 법이 공정하게 집행되고 계약이 보호되는 사회에서는 신뢰 수준이 높다. 법 질서가 잘 준수되는 환경에서는 남을 신뢰하는 데 드는 위험이 감소하기 때문이다. 구체적으로 법 제도는 계약을 위반하는 등 신뢰를 저버리는 행위로부터 소유권을 보호하는 역할을 한다. 따라서 법원과 경찰 등 법을 집행하는 기관이 신뢰사회를 지탱해주는 토대를 형성한다고 볼 수 있으며, 부정부패가 심한 국가일수록 사회 신뢰도가 떨어진다. 반면 법질서가 불투명하고 준수되지 않는 사회에서는 계약을 집행하고 소유권을 보호하기 위해 많은 비용이 소요된다. 즉, 남을 신뢰하는 데 따르는 위험 부담이 커져 신뢰가 감소한다. 예를 들면, 아프리카 카메룬에서는 지불되지 않은 상업송장(invoice)을 받아내기 위해 소송을 걸 경우 2년에 걸친 기간과 송장금액의 3분의 1에 해당하는 비용이 소요된다. 상대방이 계약을 이행하지 않아도 법적 보상을 기대하기 어렵기 때문에 신뢰도는 낮아지게 된다. 이러한 사회에서 타인에 대한 신뢰는 전적으로 개인적인 평판이나 인간관계에 의존하게 되고, 심할 경우에는 모든 사람이 서로 전쟁하는(War of all against all) 상황이 발생하고 사회적 신뢰는 깨어진다.

법과 제도가 신뢰를 증진시키는 이유는 사람들이 자신의 행동에 대한 사회적·경제적·법적 결과를 고려하기 때문이다. 타인에 대한 믿음은 신용을 주거나 충고를 따르는 행위로 표출된다. 따라서 모든 형태의 신뢰는 배반당할 위험을 내포한다. 법질서가 신뢰를 어기는 행위를 감독하고 제재하지 못할 경우 신뢰 수준이 낮아지는 것도 이 같은 이유 때문이다. 예를 들어 법이 가장 잘 지켜지는 국가인 덴마크의 신뢰 수준은 66.5%인 반면, 법질서 수준이 낮은 알제리는 11.2%의 응답자만 남을 신뢰한다. 한국과 미국의 신뢰도 격차 역시 대부분 법질서 준수의 차이로 설명할 수 있다.

공적 제도 외에 자발적인 네트워크 활동도 신뢰를 증진할 수 있다. 일반적으로 사회적 네트워크가 밀집하게 형성된 사회에서는 각종 자발적 단체가 활성화되고, 이것은 곧 수평적인 인간관계를 촉진해 사회적 신뢰와 협력의 수준이 높아진다. 또한 수평적 네트워크가 발달된 사회에서는 정보의 흐름이 효율적으로 이루어지고 비공식적인 사회규범이 잘 지켜지기 때문에 서로 신뢰하기 쉽다. 예를 들면, 네트워크가 밀집하게 발달한 사회에서는 거래할 상대방이 누구인지, 또 어떻게 행동할지 예측하기 쉽다. 로버트 퍼트넘(Robert D. Putnam)은 단체 활동이 구성원들에게 협력과 화합의 습관을 심어주고 공동체 정신을 함양한다고 설명한다.

하지만 한국 사회와 같이 혈연, 지연, 학연을 바탕으로 한 폐쇄적 네트워크가 발달한 사회에서는 자발적인 단체 활동이 신뢰를 제고하는 효과가 미약하다. 분열된 사회에서는 각종 단체의 구성원이 특정 지역 출신이나 계층에 한정되기 쉽기 때문이다. 즉, 폭 넓은 배경을 가진 각계각층의 사람들이 모여 서로 신뢰하고 협력하는 방법을 배우기 어렵다. 폐쇄적 연줄을 통한 정보나 자원의 획득이 관행화되다 보니, 폐쇄적 네트워크에 소속되지 못한 사람은 경쟁에서 소외된다. 사교육에 대한 과다한 투자도 결국 후천적으로 획득할 수 있는 연줄인 학연을 얻기 위한 경쟁의 일종으로 해석할 수 있다. 결국 한국 사회에서 네트워크를 통한 신뢰 증진을 가능하게 하기 위해서는 폐쇄적 연고주의나 배타적 집단주의를 먼저 해결해야 한다.

사회적 자본의 측정과 정책과제
그동안 사회적 자본 연구의 가장 큰 한계로 사회적 자본의 측정 문제가 지속적으로 제기되어왔다. 신뢰나 호혜성에 기초한 사회규범이 대표적인 사회적 자본으로 논의되나 이외에도 시민의식, 네트워크 수준, 협력을 촉진하는 사회구조 등 다양한 개념 요소가 존재한다. 또한 사회적 자본은 무형의 자본이기 때문에 그 크기나 범위를 측정하기가 어렵다. 지금까지는 비교적 측정하기 쉬운 신뢰에 대한 데이터를 많이 사용했지만 주로 설문 조사에 기초하기 때문에 객관적이지 못한 한계가 있다. 따라서 사회적 자본이라는 개념에 회의적인 연구자들은 사회적 자본이 구체적인 자본(capital)의 일종으로 인정받기 위해서는 먼저 그 수준을 추정할 수 있어야 한다고 주장한다.

이러한 이유에서 제III부에서는 신뢰와 사회규범, 네트워크 등 사회적 자본의 다양한 개념 요소를 포괄적으로 평가한 사회적 자본 지수의 모형을 설정하고, 세계 72개국을 대상으로 실제 사회적 자본의 수준을 나타내는 지수를 계측했다. 또한 추정된 계측 결과를 바탕으로 한국의 사회적 자본의 현황과 위상을 평가하고, 향후 사회적 자본의 확충을 위한 전략을 논의하고 있다.

사회적 자본 지수는 구체적으로 신뢰와 사회규범, 네트워크 및 사회구조 등 4개 분야의 28개 항목으로 분류하고 총 44개의 변수를 활용해 추정했다. 4개 분야는 사회 협력 수준과 밀접한 연관이 있는 사회적 자본의 대표적인 구성 요소이다. 추정 과정에서는 변수 간 상호 의존성이 내재되어 있는 다수의 지표를 동시에 활용하기 위해 주성분 분석(Principal Component Analysis) 기법을 이용했다. 주성분 분석을 통해 44개 측정변수의 중복을 제거하고 추출한 가장 유의미한

성분을 바탕으로 얻은 변수의 가중치를 실제 추정에 응용했다. 이러한 방식으로 추정된 사회적 자본 지수는 1인당 GDP, 교육, 보건, 규제 품질, 삶의 만족도 등 주요 사회경제지표와 밀접한 상관관계가 있는 것으로 나타났다.

추정 결과 한국의 사회적 자본 수준은 전체 72개국 중 25위로 상위권이나, OECD 29개국 중에서는 하위권인 22위로 나타나 선진국보다 취약한 것으로 밝혀졌다. OECD 국가 중 사회적 자본이 취약한 이탈리아와 비슷한 수준이며, 한국보다 사회적 자본이 취약한 국가는 남유럽의 그리스와 포르투갈, 구공산권 국가인 헝가리, 폴란드 및 남미의 멕시코 등, 비교적 경제 수준이 낮은 국가인 것으로 파악되었다.

한국의 사회적 자본은 신뢰와 사회규범, 사회구조 부문에서 전반적으로 선진국보다 낮은 수준을 나타내고 있다. 신뢰 부문에서는 특히 일반적 신뢰, 경찰에 대한 신뢰, 금융 시장 신뢰, 정부의 소유권 보호 항목에서 매우 취약한 것으로 추정되었다. 사회규범 측면에서는 법질서 준수와 부패, 시민의식 항목에서 사회적 자본이 부족한 것으로 평가되었다. 또한 사회구조 측면에서는 정부 정책의 효과성이 부족하고, 민주주의가 성숙되지 않아 사회 갈등을 해소하는 장치가 미흡한 것으로 나타났다. 특히 한국 사회에서는 혈연, 지연, 학연을 중심으로 한 폐쇄적 네트워크가 사회 협력을 저해하고 각종 갈등의 원인을 제공하고 있다.

한국 사회에서는 정부에 대한 신뢰가 부족해 시민이 정책 결정에 반대하는 사례가 빈번하게 발생하는데, 이는 정부가 법과 제도를 공정하게 집행한다는 의식이 낮기 때문이다. 물론 이같이 낮은 공적 신뢰는 압축적인 근대화 과정에서 흔히 나타나는 잦은 정책 방향의 변화와 관계가 깊다. 또한 법질서 준수 의식이 낮아 법을 지키면 손해를 본다는 사회적 분위기가 형성되어 있다. 예를 들면, 불법 시위를 오래 할수록 정부로부터 원하는 것을 얻어낼 수 있다는 기대가 있고 실제로 그런 경우가 많다.

한국에서 법질서가 잘 지켜지지 않는 첫째 원인으로는 낮은 법질서 준수 의식을 들 수 있다. 과거 개발독재 시절부터 정부의 공권력을 정권 연장과 민주화운동에 대한 억압 수단으로 활용한 결과, 법을 어기는 행위를 정당화하는 관행이 현재까지 남아 있다. 둘째, 근대적 법 제도의 압축적인 도입 과정에서 비현실적이고 지키기 어려운 법과 규제가 양산되었다. 19세기 말부터 20세기 초에 걸쳐 형성된 근대적 법 제도가 권위주의 정부하에서 일부만 편의상 도입된 결과이다. 셋째, 한국 사회에서는 국가가 법과 규칙을 공정하게 집행한다는 인식이 낮은 편이고, 이것은 결국 법질서를 지키려는 국민의 노력을 낮추는 요인이 된다. 넷째, 법 제도의 틀을 벗어나 집단행동이나 비공식적 연고를 통해 이해를 실현하려는 노력이 법 제도를 무력화한다.

이와 더불어 한국 사회에서는 혈연, 지연, 학연을 중심으로 한 폐쇄적 네트워크가 형성되어 사회 통합과 협력을 저해하고 있다. 이렇다 보니 기업 간 네트워크도 폐쇄적으로 운영되어 산업클러스터나 개방형 혁신 등 기업 외부 네트워크의 활용이 취약한 편이다.

따라서 여러 분야에서 사회적 자본의 기반을 구축할 수 있는 정책이 실시되지 않으면, 취약한 사회적 자본이 경제 선진화는 물론 사회 통합에 큰 걸림돌이 될 것이다. 낮은 신뢰와 후진적인 법질서, 폐쇄적 네트워크는 경제발전을 방해하고 집단 이기주의를 부추겨 사회 분열을 조장하기 때문이다.

마지막으로 이 연구는 한국의 사회적 자본을 확충하기 위해 7대 정책 과제를 제안했다. 먼저 모든 영역에서 법을 지켜도 손해 보지 않는다는 사회적 합의가 이루어져야 하며, 비현실적인 법·규제의 정비와 공정한 법 집행을 통해 법을 지킬 인센티브를 증진하며, 아동과 청소년을 대상으로 한 시민교육을 통해 어려서부터 규칙을 존중하는 질서의식을 길러야 한다. 열린 네트워크를 구축하기 위해서는 지역, 이해집단 간에 단절된 네트워크를 국가 차원에서 통합하기 위한 노력이 필요하다. 정부는 민감한 사안에 대한 정책결정 과정에서 중립적인 전문가 기구를 활용하고, 공공기관의 의사소통 기술 향상을 위한 교육훈련을 강화하며, 인터넷을 통해 정보를 공유하는 등, 합리적인 소통으로 뿌리 깊은 사회 갈등을 해결해야 한다. 마지막으로 사회 구성원이 서로 신뢰하고 협력할 수 있도록 공동체 문화를 조성해야 한다.

오늘날 선진국의 기준은 단순히 국민소득으로 결정되는 것이 아니다. 서로 믿을 수 있고, 정부와 사회 제도에 대한 신뢰가 두터워, 혈연이나 학연 등에 상관없이 누구든지 공평한 기회와 품격 있는 삶을 누릴 수 있는 사회가 되어야 한다. 신뢰의 문화 속에 사회적 자본이 풍부해야 경제발전 비용도 줄어들고, 사회적 통합도 가능하며, 우리 사회의 선진화도 앞당겨질 수 있다.

제 I 부

사회적
자본

Rebuilding Trust

1. 사회적 자본이란 무엇인가?

사회적 자본에 대한 논의는 제임스 콜먼(James S. Coleman), 로버트 퍼트넘(Robert D. Putnam), 프랜시스 후쿠야마(Francis Fukuyama) 등을 중심으로 1980년대 이후 활발하게 이루어졌지만, 그 개념을 최초로 사용한 것은 1916년 리다 하니판(Lyda J. Hanifan)으로 거슬러 올라간다. 퍼트넘에 따르면 당시 미국 웨스트버지니아 주 농촌 지역을 담당하는 교육장이었던 하니판이 학교 교육의 개혁을 촉구하는 서신에서 '사회적 자본'이라는 용어를 처음 언급했다.[1] 하니판은 "개인과 가족 간의 자선과 친교, 동정심, 사회적 교류 등은 사람들의 일상을 결정하는 중요한 역할을 한다. 개인은 혼자 내버려두면 상호협력이 불가능하지만, 이웃과 접촉하고 교류를 시작하면서부터 '사회적 자본'이 축적되기 시작한다. 사회적 자본은 개인의 사회생활에 필

---

1 Putnam, R. D. (2000). *Bowling Alone: The Collapse and Revival of Community*. New York: Touchstone Books.

요한 자산이 될 뿐만 아니라, 사회 전체의 생활수준을 향상시키는 데 크게 기여하게 된다. 사회 각 구성원의 협력은 공동체 전체에 이익을 주며, 개인 역시 이웃과의 교류와 상호협력, 사회적 연대감 등을 통해 많은 이익을 얻게 된다."라고 했다.

그러나 하니판의 사회적 자본 개념은 한동안 주목을 받지 못하다가 1960년대 후반에 이르러 로리(Glenn Loury), 제이콥스(Jane Jacobs) 등일부 도시사회학자들에 의해 재론되기 시작했다.[2] 이들은 지역공동체 문화와 소득 분배의 연구에서 사회적 자본을 "갈등을 극복할 수있도록 자치기구를 구성하는 능력"이라고 정의해, 하니판보다는 포괄적인 개념으로 사용했다. 1980년대 들어 프랑스의 사회학자 피에르 부르디외(Pierre Bourdieu)는 사회적 자본을 경제적 자본과 문화적 자본에 대응하는 개념으로 구별해 "상호이해와 협조의 제도적 관계를 증진시키기 위한 네트워크를 포함하는 사회적 자원(social resources)의 합계"라고 정의했다.[3] 따라서 사회적 자본은 2가지 특성을 갖고 있는데, 첫째는 사회적 네트워크로 연결되어 있는 자원이라는 것이며, 둘째는 구성원 간의 사회적 관계에서 생성되는 가치라고 할 수 있다. 즉, 단순한 관계 자체와 그 관계 속에서 생성되는 질적인 요소를 구별한 셈이다.

2 Loury, G. (1977). A Dynamic Theory of Racial Income Differences. In Wallace, P. A. & Le Mund, E. (Eds.). *Women, Minorities, and Employment Discrimination*. Lexington, M.A.: Lexington Books.; Jacobs, J. (1971). *The Death and Life of Great American Cities*. New York: Random House.

3 Bourdieu, P. (1980). Le capital social. *Actes de la Recherche en Sciences Socilaes*, 31, 2-3.; Bourdieu, P. (1986). The Forms of Capital. In Richardson, J. G. (Ed.). *Handbook of Theory and Research for the Sociology of Education*. (pp. 241-258) New York: Greenwood Press.

콜먼은 이 개념에 사회적 자본의 기능을 더욱 강조해 "공동의 목적을 효율적으로 달성하기 위해 구성원들을 함께 움직일 수 있게 하는 신뢰와 규범, 사회생활의 네트워크"로 정의했다.[4] 따라서 사회적 자본은 다른 형태의 자본과 동일하게 특정한 목표를 달성하게 하는 생산 기능을 갖고 있다. 그러나 여타 형태의 자본과 달리 사회적 자본은 특정한 경제 주체나 생산시설에서 독자적으로 형성되는 것이 아니라 구성원 간 사회관계의 구조(structure of relation)에 잠재되어 있는 특성을 갖고 있다. 따라서 사회적 자본은 경제학 용어로 양(+)의 외부효과(positive externality)를 가지며 사회 전체에 긍정적인 영향을 미치게 된다. 콜먼은 그러한 긍정적 영향이 가족이나 PTA(Parent Teacher Association, 학부모교사회) 등 공식적인 사회조직으로부터 시작된다고 보았다. 한편 퍼트넘은 신뢰나 호혜의 규범(norm of reciprocity)[5]을 촉진하는 비공식적인 형태의 사회단체를 더 강조했다.[6] 예를 들면, 스포츠클럽이나 음악 동호회 등 지대 추구(rent-seeking)보다 모임

---

[4] Coleman, J. (1988). Social Capital in the Creation of Human Capital. *The American Journal of Sociology*, 94, S95-S120.; Coleman, J. (1990). *Foundation of Social Theory*. Cambridge: Harvard University Press.

[5] 호혜의 규범은 내가 남에게 한 일이 향후 나에게 돌아올 것을 기대하는 암묵적인 동기에서 생겨나는 규범을 말한다.

[6] Putnam, R. D., Leonardi, R. & Nanetti, R. (1993). *Making Democracy Work*. New Jersey: Princeton University Press.; Putnam, R. D. (2000), *op. cit.* 사회적 자본은 항상 사회발전에 긍정적 영향을 미치는 양(+)의 외부성 효과를 나타내는 것은 아니다. 네트워크와 호혜의 규범은 특정한 내부 구성원에게는 도움을 주지만, 그러한 사회적 자본의 외부 효과가 부정적으로 나타나는 경우도 있다. 예를 들면, 미국 오클라호마의 연방정부 건물 폭파사건이나 도시의 갱단, 님비(NIMBY), KKK 활동 등은 모두 네트워크의 도움 없이는 불가능하고, 권력을 잡은 엘리트 계층에서도 내부의 사회적 자본을 악용해 반사회적 활동을 하는 경우가 많다. 사회적 자본도 여타 자본과 동일하게 언제라도 특정한 반사회적 목적을 위해 악용될 수 있다. 따라서 상호협력과 지원, 신뢰, 제도의 효율성 등 사회적 자본의 사회 발전에 대한 긍정적 기여를 극대화시키고, 범죄와 부패, 인종 극단주의운동 등 부정적 역할을 최소화시킬 수 있는 방안의 연구도 중요하다.

자체가 목적인 단체가 퍼트넘이 강조한 형태에 해당된다.

사회적 자본에 대한 이러한 정의는 일부 경제학자로부터 비판을 받기도 했다. 경제학에서 많이 사용하는 '자본'은 일반적으로 개인 간의 양도가 가능하지만, 사회적 자본은 개인의 독립적 소유와 이전이 불가능하기 때문이다. 그러나 이러한 비판에도 불구하고 사회적 자본은 경제학에서도 실제로 많이 활용되고 있다. 1992년 노벨 경제학상을 수상한 게리 베커(Gary S. Becker)는 사회적 자본을 개인의 효용함수에서 투입요소의 하나로 사용하고, 사회구성원이 필요한 기본재화를 생산하기 위한 중간재의 개념으로 파악하고 있다.[7] 즉, 베커의 이론은 개인의 행복이 소득(물질)과 인간관계에서 온다고 가정한다. 하지만 인간관계를 유지하기 위해서는 시간이 들며, 그 시간을 노동에 사용할 수 없기 때문에 소득이 감소한다. 따라서 인간관계를 구축하고 유지하는 데 드는 시간을 일종의 기회비용으로 볼 수 있다. 베커의 분석이 의미하는 주요 결과 중 하나는 임금 인상 등으로 인간관계를 유지하는 데 드는 시간의 기회비용이 높아지면 인간관계의 양도 감소한다는 것이다. 베커의 이론은 1960년대 이후 미국 여성의 직업 참여가 늘어나면서 가족·이웃 간 친목활동이 감소한 사실을 잘 설명한다.

그러나 베커 이론에 따르면 개인의 소득이 늘어나고 사회적 위치가 높아질수록 인간관계의 양이 감소해야 한다. 고위직이나 CEO들

---

[7] Becker, G. S. (1974). A Theory of Social Interactions. *Journal of Political Economy*, 82(6), 1063-1093.; Becker, G. S. (1996). *Accounting for Tastes*. Cambridge: Harvard University Press.

의 바쁜 일정을 생각하면 어느 정도 일리가 있다고 생각할 수도 있지만 실제로는 이와 정반대의 현상이 발생하는데, 이것은 베커의 이론이 인간관계가 소득을 증진하는 수단이 될 수 있다는 사실을 간과하기 때문이다. 개인이 가진 네트워크는 유지하는 데 비용이 들지만 직장을 얻거나 비즈니스 계약을 성사시키는 중요한 역할을 하기도 한다. 네트워크가 신뢰를 증진하고 거래 비용을 감소시키기 때문이다. 예를 들면, 도널드 트럼프(Donald Trump)는 코모도 호텔을 하얏트 그랜드 호텔로 변환시키는 대형 계약을 성사시킬 때 호텔 소유주, 호텔 경영진, 담당 공무원, 대출은행을 엮는 방대한 인적 네트워크를 이용했다.[8] 복잡하게 얽힌 이해관계자들에게 계약으로 인해 얻을 수 있는 이득과 기회를 잘 설명하고 서로 협력하게 함으로써 어려운 계약을 성사시킬 수 있었던 것이다.

따라서 사회적 자본은 이익을 얻기 위해 구성원들이 합리적으로 투자하는 개인 자원(individual resource)이 된다. 반면 마크 그래노베터(Mark Granovetter)는 사회적 자본을 느슨하게 연결된 사회적 네트워크로 정의해 사회 전체의 거시적인 성과를 증진시키는 집단적인 공유자원(collective resources)으로 파악한다.[9] 즉, 사회적 자본은 구성원들이 공유하는 자원으로서 각 경제 주체 간 공동참여 기회의 확대, 가치의 공유, 정확한 정보유통의 확산을 촉진시켜 경제의 불확실성을

---

8 McCloskey, D. & Klamer, A. (1995). One Quarter of GDP Is Persuasion. *The American Economic Review*, 85(2), 191-195.

9 Granovetter, M. (1973). The Strength of Weak Ties. *American Journal of Sociology*, 78, 1360-1380.; Granovetter, M. (1985). Economic Action and Social Structure: The Problem of Embeddedness. *American Journal of Sociology*, 91, 481-510.

줄이고, 거래 비용을 절감시켜 실물 자본이 평균비용을 감소시키는 것과 동일한 기능을 하게 된다는 것이다.

한편 후쿠야마는 사회적 자본을 콜먼과 유사하게 "사회구성원 간의 협력을 창출하는 비공식적인 규칙 또는 공유의 규범"이라고 정의했다. 또한 공유하는 가치와 규범에는 진실과 책임의식이 따르며, 호혜성(reciprocity)이 있어야만 사회적 자본을 창출할 수 있다고 보았다. 다시 말하면, 잘못된 규범이나 가치는 사회적 자본의 형성에 기여할 수 없으므로 공유하는 규범 자체가 모두 사회적 자본을 창출하는 것은 아니다. 따라서 사회적 자본은 어떤 특정한 산출물의 하나가 아니라 개인 간의 연결 관계(connections)에서 생성되는 호혜적 규범이나 사회적 네트워크로 볼 수 있다. 이 개념을 바탕으로 난 린(Nan Lin)은 사회적 자본을 각 개인보다는 사회적 네트워크의 관계 속에 내재된 자원이며, 그 자원에 대한 접근과 활용은 개인의 능력에 달려 있다고 정의하고 있다.[10]

이러한 논의를 종합하면, 사회적 자본은 다음 3가지의 개념적인 특성을 갖고 있다. 첫째, 사회적 자본은 네트워크 내에 속해 있는 구성원들에게 긍정적인 외부성(positive externality)을 창출해야 하고, 둘째, 그 외부성은 신뢰, 규범, 상호기대 등 공유의 가치에 의해서 실현될 수 있으며, 셋째, 그 공유의 가치는 사회적 네트워크에 바탕을 둔 비공식적인 형태의 조직을 통해 나타난다고 할 수 있다.

이와 같이 사회적 자본의 개념과 적용 분야가 매우 다양함에도

---

10 Lin, N. (2001). *Social Capital*. Cambridge: Cambridge University Press.

불구하고, 모든 분야에서 사회적 자본이 "그룹 구성원 간의 상호 이익이 되는 목적의 달성을 위해 긍정적인 외부성을 창출하는 사회구조의 특성"을 의미한다는 점에서는 이견이 없다.

사회적 자본의 정의에서 가장 핵심적인 내용은 인적 자본이나 물적 자본과 동일하게 사회적 네트워크(social network)도 가치를 가진다는 점에서 출발한다. 예를 들면, 컴퓨터(물적 자본)나 교육(인적 자본)이 생산성을 높이듯이 사회적 자본도 개인과 사회집단의 생산성을 향상시킨다. 또한 실물 자본이 어떤 물적 대상을 의미하고 인적 자본은 개인의 특성을 의미하듯이, 사회적 자본도 개인 간의 연결을 의미하며 그 연결을 통해서 나타나는 신뢰와 상호협력의 규범을 모두 포함하게 된다. 따라서 사회적 자본은 시민의 미덕(civic virtue)과 깊은 관련이 있으며, 상호연계가 긴밀한 네트워크 속에서 그 미덕이 사회적 자본의 기능을 극대화하게 된다.

오늘날 사회적 자본은 여러 학문 분야에서 특수한 형태의 자본(capital)의 하나로 간주되고 있다. 일반적으로 자본이란 인적 자본과 같이 특정한 주체가 통제할 수 있는 자원의 집합(stock of resources)을 말하는 것으로 투자나 유산 등으로 취득할 수 있는 특징이 있다. 그러나 이러한 경제적·인적 자본 이외에도 문화적 자본(cultural capital)이나 정치적 자본(political capital)처럼 사회의 특성과 제도에 따라 형성되는 자원도 자본과 같은 기능을 한다.

지금까지의 논의를 종합하면 사회적 자본은 한 주체가 다른 주체와 관계를 맺는 네트워크에서 취득하거나 동원할 수 있는 모든 자원을 말한다. 사회적 자본에서 '사회적'은 다른 주체와의 관계를,

'자본'은 축적이 가능하고 다른 요소의 생산성을 높이는 능력을 나타낸다.[11] 따라서 사회적 자본은 다음과 같이 정의될 수 있다.

> 사회적 자본 : 경제주체 간 협력을 촉진하는 신뢰, 규범, 네트워크 등
> 사회적 맥락에서 발생하는 일체의 무형자산

이 중 신뢰와 규범은 개인의 태도(attitude)와 관련된 사회적 자본이며 네트워크 활동은 사회 인프라적인 성격을 가진다고 볼 수 있다. 예를 들면, 신뢰를 바탕으로 개인과 공동체가 서로 협력을 이끌어내는 능력이 사회적 자본에 해당된다. 즉, 사회적 자본은 개인과 공동체의 협력을 통해서 창출되고, 자본의 활용과 통제도 사회적 특성을 갖는다는 점에서 여타 자본과 구별된다. 따라서 사회적 자본은 사유재인 여타 경제적 자본과는 달리 개인이나 특정한 주체가 배타적으로 활용하기 어려운 특징을 갖고 있다. 사회적 자본은 개인이 자신의 네트워크를 통해 얻을 수 있는 사유재(private goods)이지만, 다른 한편으로는 모든 주체가 포함된 전체 네트워크의 구조적 특징에 좌우되는 특성이 있다. 즉, 아무리 개인적 네트워크가 풍부해도 자신이 속해 있는 네트워크가 취약하면 사회적 자본은 빈약할 수밖에 없다.

---

11 자본(capital)은 중세 라틴어로 가축의 머리를 의미한다. 가축은 수를 세기가 쉬워 부(wealth)를 측정하는 기준이 되었으며, 이 외에도 우유, 가죽, 고기 등 다른 산업의 원동력이 되어 가치를 창출하고 재생산하는 역할을 했다.

결국 사회적 자본은 사유재(private goods)와 공공재(public goods)의 특성을 동시에 지닌 이중구조를 갖고 있다. 이런 관점에서 콜먼은 "사회적 자본은 단일한 실체(single entity)가 아니며, 사회의 구조적 특성과 그 구조 안에 내재되어 있는 개인적 특성을 동시에 공유한 다양한 실체로 구성되어 있다."[12]라고 규정하고 있다. 예를 들어 로타리클럽이나 라이온스클럽 등을 통해서 형성되는 사회적 자본은 장학금이나 자선활동 등으로 공동체에 이익을 주는 공공재적 성격과 함께 회원 상호 간의 개인적인 유대 관계를 통해 사업상 이익을 주는 등 사유재 기능도 동시에 갖고 있다.

이제 사회적 자본의 개념에 대해 좀 더 구체적으로 분석해보고자 한다. 먼저 대표적인 사회적 자본으로 알려진 신뢰에 대해 살펴보고, 다음으로 사회적 자본을 관계적 자본과 시스템 자본으로 구분한 최근 연구를 소개한다.

1.1. 신뢰와 사회적 자본

신뢰는 사회적 자본을 구성하는 가장 대표적인 요소이며, 그로 인해 신뢰와 사회적 자본을 혼용해 사용하는 경우도 많다. 신뢰는 사회적 관계에서 다른 사람의 행동이 자신의 후생에 영향을 주도록

---

12 Coleman, J. (1990). *op. cit.*; Esser, H. (2008). The Two Meanings of Social Capital. In D. Castiglione, Van Deth, J. & Wollebm, G. (Eds.). *The Handbook of Social Capital.* Oxford: Oxford University Press에서 재인용.

허용하는 행위, 즉 상대방에 대해 낙관적인 기대를 갖는 것을 의미한다. 곧 남을 신뢰하는 행위는 항상 어느 정도의 위험을 내포한다고 할 수 있다.

이러한 신뢰는 반복적인 대인 관계의 상호작용에 의해서 형성되기도 하고, 사회 구성원에 대한 일반적인 지식, 또는 사회의 인센티브 구조나 교육을 통해 형성되기도 한다. 전자는 개인의 사적 신뢰(personalized trust)에 해당되며, 후자는 일반적 신뢰(generalized trust)라고 할 수 있다. 예를 들어 서로 조문을 가는 것처럼 상호 간 특정한 호혜가 있는 경우에는 개인의 사적 신뢰가 형성되고, 버스에서 노인에게 자리를 양보하는 것과 같이 상호 간의 특정한 호혜 없이도 후의(favor)를 기대할 수 있는 일반적인 호혜에서는 일반적 신뢰가 형성된다. 따라서 일반적 신뢰는 사적인 신뢰보다 저렴한 비용으로 신속하게 형성될 수 있고, 효율성을 제고하는 효과도 더 크게 나타난다.

신뢰 관계는 일반적으로 클럽(club)이나 네트워크(network)라는 사회관계의 틀 안에서 이루어지는데, 전자는 폐쇄적이고 소수에 한정된 집단을 말하지만, 후자는 개인 간에 서로 이어진 연결망의 집합(set of link)을 통칭한다. 클럽과 네트워크는 집단 속에 사적인 신뢰와 일반적 신뢰가 어느 정도 존재하는가를 나타내는 척도이다. 만약 모든 구성원이 단 하나의 클럽에 소속되어 있고, 구성원을 서로 신뢰하는 특수한 경우라면, 사적 신뢰와 일반적 신뢰가 일치하게 된다.

신뢰가 풍부하고 일반적 호혜의 규범이 통용되는 사회는 인간관계가 윤택하고 효율적이다. 경제학 용어로 표현하면 거래 비용이 적은 사회인 것이다. 즉, 자신이 1 대 1로 대응해서 갚지 않아도 후의를 기대할 수 있는 사회에서는 당연히 교류가 증진되고 개인의 성과도 높아진다. 다양한 구성원 간의 상호교류가 촉진되어 일반적인 호혜의 규범이 형성될 때 상호협력과 이익이 극대화된다고 할 수 있다. 호혜의 규범을 증진하는 사회적 네트워크는 다양한 종류와 형태로 이루어진다. 예를 들면, 대가족 제도는 물론 교회, 동창회, 대학 기숙사 친구들, 온라인 동호회, 시민단체 등이 모두 여기에 속한다. 또한 신뢰는 경제의 효율성을 증진시키는 데도 기여한다. 신뢰의 네트워크가 취약한 사회는 거래 비용이 높아져 비효율적이다. 사회적 자본의 역할은 이후 3장에서 더 자세히 살펴보기로 한다.

일반적으로 높은 신뢰와 호혜의 규범은 사회협력을 증진시킨다. 하지만 구성원 간의 네트워크 활동은 형태에 따라 다른 결과를 가져올 수 있다. 먼저, 결속력은 약하나 다양한 커뮤니티를 연결하는 포괄적인 형태의 네트워크는 사회협력을 촉진하는 데 도움이 된다.[13] 반면 혈연, 지연, 학연 등 결속력이 강한 결합형 네트워크는 그룹 내 밀착된 연결고리를 통해 신뢰를 증진시킬 수 있으나, 그룹 외부 사람에게는 배타적일 수 있어 사회협력을 저해할 수 있다. 예를 들어 인종집단 내 강한 결속력은 구성원 간 신뢰와 협동을 증진할 수 있으나 다른 인종집단과 갈등을 일으킬 수 있다. 가족 중심 사회인 중국, 한국 및 남부 이탈리아는 신뢰의 범위가 혈족과 출신 지역의 좁은 폐쇄형 네트워크로 한정된다.[14]

---

13 Putnam, R. D. (2000). *op. cit.*
14 Fukuyama, F. (1995). *Trust: The Social Values and the Creation of Prosperity.* New York: Free Press.

신뢰의 범위가 좁은 이들 사회에서는 일반적으로 큰 규모의 기업이 발달하기 어렵다. 넓은 범위의 일반적 신뢰가 구성원 간의 교통이나 거래 관계가 드문 대규모 조직의 협력을 증진하는 데 필수이기 때문이다.[15] 라 포르타 등은 일반적 신뢰도가 높은 국가일수록 경제에서 대기업이 차지하는 비중이 높다는 것을 실증적으로 보여주었다.[16] 40개의 국가를 표본으로 한 이 연구에서 대부분의 사람을 신뢰할 수 있다고 응답한 비율이 높을수록(즉, 신뢰의 범위가 넓을수록) GNP에서 상위 20개 대기업의 매출액이 차지하는 비중이 컸다. 반면 가족에 대한 신뢰가 높을수록(즉, 신뢰의 범위가 좁을수록) 대기업이 경제에서 차지하는 비중이 줄어들어 가족 중심 사회에서는 기업규모가 감소하는 것을 보여주었다.

예외로 한국은 신뢰의 범위가 좁은 사회임에도 불구하고 대기업이 성장했는데, 이것은 정부 주도하에 인위적으로 만들어진 측면이 크다. 한국에서 대기업의 성장은 세계 시장에서 일본의 재벌(系列)과 경쟁할 수 있는 시스템을 구축하려는 박정희 정권의 적극적인 재정 지원과 진입규제 정책에 힘입은 바가 크기 때문이다. 후쿠야마는 한국을 1960~1970년대 강력한 정부정책을 통해 작은 기업을 선호하는 문화적 요인을 극복하고 전략 산업에서 대기업을 육성한 대표적인 사례로 꼽는다.[17] 박정희 정권은 대기업 성장에 필요한 사회적

---

15 거래나 상호교통이 빈번한 사이에서는 평판이나 향후 거래에 미칠 영향 때문에 신뢰가 적어도 협동할 가능성이 많다.
16 La Porta, R. *et al*. (1997). Trust in Large Organizations. *The American Economic Review, Papers and Proceedings of the Hundred and Fourth Annual Meeting of the American Economic Association* (May 1997), 333-338.
17 Fukuyama, F. (1995). *op. cit.*

자본, 즉 일반적 신뢰의 부족을 정부의 지원 정책으로 만회했다.

1.2. 사회적 자본의 이중적 특성 : 관계적 자본과 시스템 자본[18]

에서(Esser)에 따르면 사회적 자본이 가지는 이중적인 특성을 반영해 사회적 자본의 형태를 보다 구체적으로 분석하면 관계적 자본 (relational capital)과 시스템 자본(system capital)으로 구분할 수 있다.

먼저 관계적 자본은 각 주체의 투자 정도에 따라 가치가 결정되는 개인 차원의 자본이라고 할 수 있다. 각 주체의 총 관계적 자본은 다른 주체와 직·간접적인 관계에서 얻을 수 있는 혜택의 합계와 같다. 단순한 형태로 설명하면, '갑'이라는 사람의 관계적 자본은 '갑'이 관계를 가지고 있는 그룹의 구성원 A의 자원과 그 자원을 그룹 구성원에게 제공하고자 하는 A의 의지에 따라 결정된다. '갑'이 속한 그룹의 구성원이 많아지고(즉, A뿐만 아니라 B, C, D 등) 구성원 간의 협력 관계가 활발해질수록 '갑'의 관계적 자본은 증가한다.

관계적 자본은 특정한 형태의 소득(income)이라고 볼 수도 있으며, 일정한 범위 내에서는 개인이 투자한 규모에 따라 증가한다. 관계적 자본은 네트워크 내 개인의 전략적 지위(strategic position)에 따라 결정되는 지위 자본(positional capital), 구성원 간의 신뢰 정도에 따라 형성되는 신뢰 자본(trust capital) 및 네트워크 내 구성원 간의 책임의

---

18 이 절은 주로 Esser, H. (2008). *op. cit.* 참조.

식에 따라 생성되는 책임 자본(obligation capital)으로 구성된다. 지위 자본은 개인이 관계의 범위를 넓히기 위해서 전략적으로 여러 종류의 네트워크와 강도가 약한 연결고리를 형성할 때 이루어진다. 폭넓은 사회경험을 위해 성격이 다른 단체에 알고 지내는 사람을 1명씩 가지는 경우를 예로 들 수 있다. 반면에 신뢰 자본은 네트워크 내의 연결 정도가 매우 강하고, 상호신뢰와 의무감 등이 강할 때 생성된다. 책임 자본은 다른 구성원이 자신에게 갚아야 할 협력의 책임과 규모가 얼마나 많고, 구성원 간의 관계가 얼마나 긴밀한가에 따라 결정된다. 신뢰와 책임 자본의 형성 과정은 공통적인 면이 많지만, 책임 자본은 어떤 주체가 먼저 행한 호혜적 협력에서 발생된다는 특징이 있다. 예를 들어, A가 B의 상가에 조문을 표하면, B도 A의 상가에 가야만 하는 암묵적인 책임이 바로 A가 B로부터 기대할 수 있는 책임 자본이 되는 것이다.

즉, 관계적 자본은 네트워크 구성원 간의 연결이 얼마나 강한가에 따라 다른 형태와 기능을 취하게 된다. 필요한 정보와 다양한 사회생활의 경험에 접근하기 위해, 즉 지위 자본을 축적하기 위해서는 느슨한 연결 관계(weak tie)가 바람직하다. 반면에 신뢰 자본과 책임 자본을 창출하기 위해서는 구성원 간의 강한 연결 관계가 효과적이다. 사회적 관계를 형성하는 네트워크에는 모두 나름대로의 상호협력과 책임을 요구하는 "행동의 규칙(rules of conduct)"이 존재하기 마련이다. 네트워크에 참여하는 회원들은 단순한 만남에만 관심이 있는 것이 아니라 일정한 상호협력의 행동규범을 준수하게 된다. 다시 말하면, 내가 다른 회원을 위해 이 일을 하는 것은, 향후 나에게도 동일한 협력을 해줄 것을 기대하는 암묵적인 동기에서 출발한다. 이런 의미에서 사회적 자본은 톰 울프(Tom Wolfe)의 《허영의 불꽃(Bonfire of the Vanities)》에 등장하는 "후의 은행(厚意銀行, favor bank)"과 같은 개념인 것이다.[19]

한편, 시스템 자본(system capital)은 공동체를 효율적으로 통제하기 위해 존재하는 공동의 사회적 규범을 말한다. 시스템 자본은 관계적 자본과 달리 개인의 소유가 불가능하며, 개인의 직접적인 노력과 투자의 결과로 형성되는 것도 아니다. 따라서 시스템 자본은 붕괴될 경우 사회 구성원 모두 피해를 당하는 공공재의 성격을 가지고 있으며, 시스템 자본의 증진과 사용에서도 역시 공공재와 동일한 딜레마가 있다. 시스템 자본은 사회 통제의 정도를 나타내는 시스템 통제(system control)와 사회 시스템 전체에 대한 신뢰(system trust), 시스템 내부의 규범(system morality)에 따라 결정된다. 사회적 통제는 시스템 자본의 형성을 위한 기술적인 기반이 되며, 효율적인 통제 장치가 없이는 시스템의 신뢰와 도덕성도 기대할 수 없다.

예를 들면, 산업화와 도시화에 따라 상시적으로 대형사고의 위험에 노출되어 있는 현대 사회에서 위험을 관리하고 통제할 책임을 지고 있는 정부에 대한 국민의 신뢰가 결핍되면 사회 시스템 전체에 대한 신뢰가 감소하고 심각한 혼란이 발생할 수 있다.

1970년대 초 오일쇼크로 인해 에너지 수급이 불안정해지자 미국 연방정부는 안전성에 대한 우려에도 불구하고 원자력을 대체에너

---

[19] Putnam, R. D. (2000). op. cit.

지화하는 방안을 추진했다. 그리하여 미국 연방정부는 1974년 펜실베이니아 주 중부에 위치한 스리마일 섬(Three Mile Island)에 원자력발전소를 건립하였고, 1978년 12월에는 스리마일 섬에 제2 원자로를 추가로 건립하였다. 그러나 완공된 지 불과 3개월 만에 제2 원자로에서 방사능이 누출되는 사고가 발생했다. 다행히 미국원자력학회의 조사 결과 실제 누출된 방사능의 양은 병원에서 검진받기 위해 X-선을 촬영하는 정도에 불과한 것으로 나타났다. 당시 카터 대통령 직속 조사위원회는 누출된 방사능으로 인해 암에 걸릴 가능성은 거의 없는 것으로 결론 내렸고, 미국 연방정부는 재발 방지를 위해 사고가 난 제2 원자로를 폐쇄하는 등 대응 조치를 취했다.

그러나 스리마일 섬 원전 사고는 이후 우울증 같은 심각한 정신적 질병을 유발한 것으로 나타났다. 1979년 9월부터 1983년 8월 사이에 스리마일 섬에서 반경 10마일(16km) 이내에 거주하는 주민들을 조사한 결과 사고 발생 전과 비교해 우울증 환자 수가 크게 늘어난 것이다.[20] 스리마일 섬 인근 주민의 우울증을 유발한 원인은 바로 자신이 방사능에 노출됨으로써 암에 걸릴지도 모른다는 염려와 인접한 원자력발전소의 안전성을 믿을 수 없다는 불안감에 있었다. 스리마일 섬 원자력발전소가 지역 주민의 건강과 안전에 문제가 없다는 정부의 발표를 주민들은 믿지 않았던 것이다.

사회적 자본은 다양한 형태로 정의되며, 자본의 형태에 따라 어떻게 사회적 자본을 극대화하고 효율적으로 활용할 수 있는지에 대

---

20 Goldsteen, R., Goldsteen, K. & Schorr, J. (1992). Trust and Its Relationship to Psychological Distress. *Political Psychology*, 13(4), 693-707.

한 적정화(optimization) 문제가 서로 복합적으로 나타나게 된다. 〈그림 1.1.〉은 지금까지 서술한 사회적 자본의 구조를 보여준다.

:: 그림 1.1. **사회적 자본의 구조**

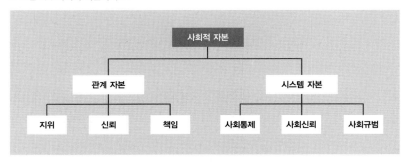

자료 : Esser, H. (2008). The Two Meanings of Social Capital. In Castiglione, D. Van Deth, J. & Wollebm, G. (Eds.), *The Handbook of Social Capital*. Oxford : Oxford University Press.

2. 사회적 자본은
어떻게
형성되는가?

사회생물학의 측면에서 이해하기 어려운 일 중 하나는 생존에 도움
이 되지 않는 정직과 신뢰, 호혜에 기초한 이타주의(altruism)가 오랫
동안 여러 가지 형태로 살아남았다는 것이다. 대도시 직장인들을
대상으로 13년간 도넛과 베이글을 무인 판매한 것을 기록한 자료에
따르면 아무도 보는 사람이 없는 데도 돈을 제대로 지불할 확률(정직
도)이 무려 90%에 달했다고 한다.[1] 유전자를 많이 공유한 친족이 아
닌 전혀 모르는 타인에게 거액의 유산을 남기는 행위 역시 이기적
인 인간에 기초한 전통 경제학 이론으로 설명하기 어렵다. 또한 전
쟁에서 타인을 위해 자신의 목숨을 버리는 행위는 과연 어디서 나
오는 것일까? 미국의 남북전쟁 당시 참전병사의 20%가 전사할 정
도의 높은 위험과 낮은 임금, 탈영할 경우 40%만이 붙잡힐 확률에

---

1 Levitt, S. (2006). An Economist Sells Bagels: A Case Study in Profit Maximization. (NBER
  Working Paper No. 12152). NBER.

도 불구하고 남북전쟁에 참여한 북군들의 90% 이상이 끝까지 맡은 역할을 수행하였다고 한다.[2]

물론 협력을 담보하는 사회적 자본은 국가나 지역의 특성에 따라 천차만별이다. 이러한 사회적 자본은 어디서 생겨나는 것일까?

공공정책적인 측면에서 사회적 자본이 어떻게 형성되는지 이해하는 것이 중요하다. 신뢰 등 사회적 자본이 정책의 효과와 연결되기 때문인데, 예를 들면 탈세 문제를 세금을 걷어 사용하는 정부에 대한 신뢰와 연결해 생각할 수 있다. 정부의 재정 정책이 신뢰를 얻어야 국민도 세금을 잘 납부하게 된다. 물론 정부에 대한 신뢰는 사회 전반의 신뢰 수준과 밀접하게 연결되어 있다.

그동안의 사회적 자본 연구는 대부분 사회적 자본의 개념과 측정 및 사회적 자본이 사회와 경제에 미치는 영향에 집중되어왔다. 하지만 사회적 자본이라는 개념 자체가 다면적(multi-dimensional)이고 관련 연구도 비교적 많지 않아 사회적 자본의 형성 요인에 대해서는 상대적으로 알려진 바가 별로 없다. 로버트 퍼트넘(Robert D. Putnam)의 사회적 네트워크에 대한 연구와 프랜시스 후쿠야마(Francis Fukuyama)의 신뢰 연구를 시작으로 비교적 최근에 들어서야 사회적 자본을 형성하는 요인에 대한 분석이 연구자들의 관심을 끌게 되었다.

---

2 Costa, D. & Kahn, M. (2003). Cowards and Heroes: Group Loyalty in the American Civil War. *The Quarterly Journal of Economics*, 118(2), 519-548.

2.1. 사회적 상호 작용과 공적 제도

기존 연구를 종합해보면 사회적 자본의 형성은 크게 사회적 상호 작용(social interaction)과 공적 제도(formal institution)의 2가지 접근 방법으로 설명된다. 사회적 상호 작용 이론에 따르면 사회적 자본은 사람들이 자발적 단체(voluntary association) 활동을 통해서 서로 신뢰하고 협동하는 것을 배우는 과정에서 만들어진다. 하지만 자발적 단체는 특성상 자연적으로 만들어지기 때문에, 단체 활동을 기반으로 한 사회적 자본은 경로 의존적으로 느리게 축적된다. 즉, 역사가 사회적 자본을 만든다는 의미이다. 예를 들면, 로버트 퍼트넘은 남부 이탈리아의 사회적 자본 결핍 현상이 이미 12세기에 결정되었다고 주장했다.[3] 12세기 무렵 북부 이탈리아에서는 지방 분권식 커뮤니티를 기초로 한 도시국가가 번성한 반면, 남부 이탈리아는 중앙 집권식 노르만 왕조가 지배했다. 강력한 중앙 집권을 위해서는 중앙정부와 경쟁할 소지가 있는 지방 권력을 견제해야 했기 때문에 남부 이탈리아에서는 자발적 단체 활동을 중심으로 한 수평적 네트워크가 형성되기 어려웠다. 결국 로마 남단의 이탈리아는 사실상 아프리카라는 말이 나올 정도로 남부 이탈리아는 북부 지역과는 다른 역사적 경로를 가지게 되었다.

즉, 퍼트넘은 사회적 자본을 변화하기 힘든 문화·역사적 요인으로 규정했다. 하지만 퍼트넘은 이후 발표한 연구에서 미국의 사회

---

3 Putnam, R. D., Leonardi, R. & Nanetti, R. (1993). *Making Democracy Work*. New Jersey: Princeton University Press.

적 자본이 20세기 후반부터 빠르게 감소하고 있다고 주장했다.[4] 그 근거로 퍼트넘은 미국인들의 단체 활동 참여가 감소하는 현상을 들고 있다. 정치, 토론, 클럽, 커뮤니티, 종교, 노조, 친목단체, 볼링 리그 등 대부분의 사회활동에서 미국인들은 더 이상 모이려 애쓰지 않게 되었다는 것이다. 그 결과 미국인들은 전보다 남을 덜 돕고, 덜 정직하며, 덜 신뢰하게 되었다. 퍼트넘은 사회적 자본이 감소한 원인으로 늘어난 TV 시청, 맞벌이 가족, 세대교체(제2차 세계 대전 세대의 죽음)를 들고 있다. TV 시청과 맞벌이 가족의 증가는 사회적 자본을 유지하는 기회비용이 높아진 것을 의미한다. 즉, 사회 문화와 구조가 자발적 단체 활동에 부정적으로 변화할 때, 사회적 자본도 단기간에(미국의 경우 1~2세대 만에) 변할 수 있다는 것이다.

브렘과 란은 미국종합사회조사(General Social Survey)를 이용해 개인 단위의 사회적 자본을 분석했다.[5] 연구 결과에 따르면 단체 참여는 역시 기회비용에 민감하게 반응했다. 집에서 TV를 시청하는 시간이 길어지거나 돌봐야 할 미취학 자녀의 수가 많을수록 각종 단체에 참여하는 데 따르는 비용이 높아진다. 반면, 교육 수준과 가계소득이 높을수록 네트워크 활동에 적극적으로 참여하는 것으로 나타났다. 신뢰의 경우, 범죄나 인종차별을 당한 개인적인 경험과 소득, 실업률, 지역 크기, 소득 불균형으로 나타나는 커뮤니티적인 특징이 개인의 신뢰도에 영향을 주는 것으로 나타났다. 예를 들면, 사회

---

4 Putnam, R. D. (2000). *Bowling Alone: The Collapse and Revival of Community*. New York: Touchstone Books.

5 Brehm, J. & Rahn, W. (1997). Individual-Level Evidence for the Causes and Consequences of Social Capital. *The American Journal of Political Science*, 41(3), 999-1023.

나 타인에 대한 부정적인 경험이 신뢰를 감소시킨다. 즉, 사회적 자본은 개인의 경험과 지역적 특성 등에 종합적으로 영향을 받는다고 볼 수 있다.

여러 연구에서 사회적 자본 수준을 결정하는 커뮤니티의 특징으로 민족 다양성과 소득 불균형을 들고 있다. 다양한 민족이 모인 지역일수록 단체 활동이나 사회적 신뢰 수준이 감소한다는 것이다. 코스타와 칸에 따르면 미국의 사회적 자본 감소는 여성의 노동 시장 참여와 함께 소득 불균형과 민족 다양성에 기인한다.[6] 알레시나와 라 페라라 역시 소득 불균형이나 민족 다양성이 지역 사회의 사회적 자본을 감소시킨다는 결론을 내렸다.[7] 연구 결과에 따르면 개인의 신뢰도에 영향을 주는 변수는 ① 인종 분포가 다양하고 빈부 격차가 큰 커뮤니티, ② 최근 겪은 좋지 않은 경험, ③ 역사적으로 차별받아온 소수 민족, ④ 낮은 소득이나 교육 수준으로 나타났다.

민족 다양성 및 소득 불균형이 신뢰에 부정적인 영향을 주는 이유는 사람들이 일반적으로 자신과 비슷한 종류의 사람과 어울리기를 선호하기 때문이다. 즉, 친숙함이 신뢰를 낳는다는 것이다. 따라서 자신과 소득 수준이 다르거나 다른 민족이나 문화권에 속하는 사람과 교류하거나 신뢰하는 것을 꺼리게 된다. 기존 연구에 따르면 다양한 민족이 모인 지역에서는 단체모임도 활발하지 못한 편인

---

6 Costa, D. & Kahn, M. (2003). Understanding the American Decline in Social Capital, 1952-1998. *Kyklos*, 56, 17-46.

7 Alesina, A. & La Ferrara, E. (2000). Participation in Heterogenous Communities. *The Quarterly Journal of Economics*, 115(3), 847-904.; Alesina, A. & La Ferrara, E. (2002). Who Trust Others? *Journal of Public Economics*, 85, 207-234.

데, 특히 다른 민족 간 결합에 대해 부정적인 견해를 가진 사람일수록 참여를 꺼리는 정도가 심하다고 한다. 물론 다른 민족과의 접촉을 꺼리는 사람일수록 타인을 쉽게 불신하는 것으로 나타났다. 또한 다양한 소득계층과 민족이 서로 경쟁하는 사회에서는 공공재 공급을 위한 재원 마련에 차질을 겪을 수 있다. 예를 들어, 소득과 인종 격차가 심한 미국 캘리포니아 주 로스앤젤레스 카운티(Los Angeles County)에 거주하는 고소득층은 자녀를 대부분 사립학교에 보내므로 공교육 지출 확대를 지지하지 않는다. 물론 저소득층은 자녀들이 다니는 공립학교에 더 많은 공공 지출을 원하지만 이를 위해 고소득층의 폭 넓은 지지를 얻기가 쉽지 않다.[8] 반면, 소득 분포가 비교적 평등한 인근의 오렌지 카운티(Orange County)는 학교 증설에 필요한 재정 지출(채권 발행) 법안을 쉽게 통과시켰다.[9]

결국 해당 지역의 소득이나 인종 분포에 따라 계층과 인종집단을 포괄한 사회적 관계와 신뢰의 균형이 다를 수 있다. 즉, 소득 분배와 인종 분포가 균등한 지역일수록 개인 간 신뢰와 협력을 높이는 사회적 관계가 만들어지기 쉽다. 한국의 경우에는 외환위기를 전후로 지속적으로 악화되는 소득 양극화가 계층 간 갈등을 심화시켜 사회적 신뢰의 형성을 저해했다. 소득 양극화 지수[10]는 1984년부터 외환위기 직전까지 높은 경제성장률과 임금 상승으로 개선되었으나, 외환위기 이후부터는 지속적으로 악화되는 추세다.[11] 또한 민족

---

8 캘리포니아 주의 〈주민발의안 13〉(1978)은 공교육 지출 확대를 위한 재산세 증가를 제한한다.
9 Lee, D. & Borcherding, T. (2006). Public Choice of Tax and Regulatory Instruments-The Role of Heterogeneity. *Public Finance Review*, 34(6), 607-636.
10 중산층이 줄어들면서 소득 분포가 양 극단으로 쏠리는 정도를 나타낸다.

분포는 동일하지만 지역갈등이 심한 것도 사회협력을 방해하는 요인으로 작용한다.

사회적 자본의 형성을 제도적인 측면에서 접근한 연구는 국가가 법과 계약 등 공적 제도를 효율적으로 집행함으로써 사회적 자본 형성에 긍정적인 영향을 끼친다고 본다.[12] 예를 들면, 법질서가 잘 준수되는 환경에서는 남을 믿는 데 드는 위험 비용이 감소하기 때문에 서로 신뢰하기 쉽다. 따라서 법원과 경찰 등 법을 집행하는 기관은 신뢰사회의 배경을 만든다고 볼 수 있다. 반대로 공적 제도가 제대로 작동하지 못해서 부정부패가 심한 국가일수록 사회신뢰는 감소된다는 것이다.[13]

물론 정부가 사회적 신뢰를 증진하기 위해서는 정부정책이 국민의 신뢰를 받아야만 가능하다. 예를 들면, 이자율을 인상하지 않겠다는 중앙은행의 약속이나 세율을 현상대로 유지하겠다는 정부의 약속을 시장이 신뢰할 경우 장기적으로 안정된 투자 환경이 조성된다.[14] 따라서 국민의 신뢰를 받는 정부는 세제 개혁 등 민감한 이슈에 대한 사회적 합의를 이루기 쉽다. 미국 레이건 행정부에서 추진한 1986년의 세제 개혁은 법인세율과 최고소득세율 인하 등 논란의

11 민승규 외 (2006). "소득 양극화의 현황과 원인." 삼성경제연구소.
12 Rothstein, B. (2000). Trust, Social Dilemmas and Collective Memories. *Journal of Theoretical Politics*, 12, 477-501.; Knack, S. & Keefer, P. (1997). Does Social Capital Have an Economic Payoff? A Cross-Country Investigation. *The Quarterly Journal of Economics*, 112(4), 1251-1288.
13 Stolle, D. & Hooghe, M. (2003). Conclusion: The Sources of Social Capital Reconsidered. In D. Stolle & Hooghe, M. (Eds.). *Generating Social Capital*. New York: Palgrave MacMillan.
14 Knack, S. & Keefer, P. (1997). Does Social Capital Have an Economic Payoff? A Cross-Country Investigation. *The Quarterly Journal of Economics*, 112(4), 1251-1288.

여지가 많은 내용을 담고 있었고 국민의 반대도 심했다. 그럼에도 불구하고 법안이 통과된 이유 중 하나는 정부에 대한 미국 국민의 신뢰가 어느 정도 뒷받침되어 있었기 때문이다. 제2차 세계 대전 이후 발달한 스웨덴의 포괄적인 복지 정책 역시 높은 세율을 기반으로 했기 때문에 소득계층 간 합의를 담보하는 정부의 신뢰가 중요한 역할을 했다.

법과 질서의 수호자인 정부가 국민의 신뢰를 잃고 정책 집행 과정에서도 유효성이 떨어지면, 민간 부문에서 자체적으로 질서를 유지하고 권익을 보호하려는 조직이 형성되는데, 이것의 극단적인 사례로 남부 이탈리아의 마피아를 들 수 있다. 실제로 시칠리아에서는 마피아를 스페인이 지배하던 시절에 무너졌던 사회정의와 질서를 집행하는 단체로 보는 견해도 있다.[15] 스페인의 부르봉 왕조는 불신(distrust)을 남부 이탈리아를 지배하기 위한 도구로 이용했는데, 특히 나폴리와 시칠리아 지역의 분쟁과 대립을 효과적으로 사용했다. 결과적으로 시칠리아 주민들은 법의 공정성에 깊은 불신을 가지게 되었고, 마피아를 정부를 대신해 법과 질서를 유지시킬 기관으로 여기게 되었다.

시칠리아에서 마피아가 생겨나게 된 또 다른 이유는 경제적인 측면에 있다. 불공정하고 예측하기 어려운 법 제도와 처벌 체계는 상거래 계약(commercial contract)을 어렵게 하며 개인 간 협력을 기피하게 하는 원인이 된다. 따라서 시칠리아는 가족 등 극히 한정된 대상을

---

15 Gambetta, D. (2000). Mafia: The Price of Distrust. In Gambetta, D. (Ed.). *Trust: Making and Breaking Cooperative Relations.* Oxford: University of Oxford Press.

제외하고는 서로 불신하는 사회가 되었다. 상호 불신과 경제적 후진성은 민간이 서로 교류할 수 있는 채널을 봉쇄하는 결과를 낳았다. "적은 항상 내부에(같은 직종 안에) 있다."라는 시칠리아의 속담에서 알 수 있듯이 이런 상황에서 개인이 할 수 있는 일은 불법적인 방법을 통해서라도 상대방을 경쟁에서 밀어내는 일뿐이다. 즉, 한 사람의 성공이 곧 다른 사람의 실패를 의미하는 제로섬게임(zero-sum game)의 사회가 된 것이다. 힘과 권력이 있는 인물을 중심으로 조직을 형성하고 그 안에서 인간관계를 돈독히 하는 것만이 정부와 타인에 대한 신뢰가 낮은 시칠리아에서 경쟁에서 살아남고 사회적 신분을 높이기 위한 방법이다. 결국 이런 사회적 상황에서 많은 시칠리아 주민은 마피아가 지역사회의 규범과 질서를 실현하는 역할을 한다고 믿게 되었다.

예를 들어, 1863년 이탈리아 나폴리탄에 살던 한 마차꾼의 얘기를 들어보자.

나는 이제 죽은 목숨이나 마찬가지다. 제대로 보지도 못하고, 자기 멋대로 가며, 언덕에서는 계속 미끄러지는 말을 속아서 샀기 때문이다. 심지어는 폭죽이나 종소리에도 놀라 떨어지고, 어제는 길을 막고 있는 양떼에게 돌진하기도 했다. 아, 나를 보호해주던 마시장(馬市場)의 마피아 보스가 지금 감옥에 있지 않았다면, 이런 사기를 당하지 않았을 텐데! 보스는 항상 거래를 조정하고 중요한 정보를 미리 가르쳐주었는데. 작년에는 내가 가지고 있던 눈먼 말 한 필을 제대로 된 말로 속여 파는 것도 도와주었는데. 아, 보스는 우리를 보호해주는 고마운

사람이었다.[16]

하지만 마피아는 자신들과 이해관계가 있는 집단만 보호하기 때문에 진정한 의미의 공공질서를 유지하지 못했다. 오히려 마피아는 사회에 만연한 불신을 이용해 조직 내부의 신뢰를 견고히 함으로써 토지, 축산, 건축, 경매, 운송 등 여러 분야에 독점 체제를 구축해 경제를 비효율적으로 만들었다. 이렇게 사회적 자본이 취약한 남부 이탈리아는 다른 지역에 비해 산업이 발전하지 못했는데, 특히 금융 산업의 발전이 저조하다. 금융은 미래의 이익과 현재의 소비를 거래하는 산업이기 때문에, 금융이 발전하기 위해서는 계약의 강제성과 함께 특히 거래할 상대방에 대한 신뢰가 중요하다. 한 연구에 따르면 여타 지역에 비해 신뢰 수준이 낮은 남부 이탈리아 지역 주민들은 주식보다는 현금을 선호하며, 개인수표를 별로 사용하지 않고, 필요할 때 대출을 받기가 어렵다.[17] 기업의 경우에도 남부 이탈리아에서는 대출을 받기 어려운 것으로 나타났다. 특히 신뢰가 금융거래의 발전에 미치는 영향은 교육 수준이 낮고 계약 집행이 취약한 지역일수록 큰 것으로 드러났는데, 이는 교육 시스템이 낙후되고 법 제도가 비효율적인 개도국에 시사하는 바가 크다.

---

16 Gambetta, D. (2000). *op. cit.*
17 Guiso, L., Sapienza, P. & Zingales, L. (2000). The Role of Social Capital in Financial Developement. (NBER Working Paper No. 7563). NBER.

2.2. 사회적 자본의 정책적 육성

지금까지 사회적 자본의 형성을 설명하는 2가지 접근 방법을 살펴보았다. 최근에는 사회적 자본을 역사에 한정된 변수가 아닌 정책을 통해 육성이 가능한 공공재로 보는 제도적 접근 방법에 더 큰 힘이 실리고 있다. 제도적 접근 방법에 따르면 사회적 자본의 공급을 개인의 선택에만 맡길 경우 사회가 필요로 하는 양보다 부족하게 공급될 가능성이 크다.[18] 즉, 사회적 자본 육성을 위해 정부가 투자와 개입을 할 필요가 있는 것이다. (한국의 경우에도 정부정책이 일반적인 신뢰 형성과 밀접한 연관이 있다는 연구가 있다.[19])

정부가 주도하는 방식은 자발적 단체 활동에 비해 인위적으로 시행하기 쉽다는 장점이 있다. 예를 들면, 19세기 후반 미국에서는 산업혁명, 대규모 이민, 급격한 도시화로 인한 범죄, 부패 및 빈부 격차 등 각종 부작용이 발생했다. 이를 해결하기 위해 나타난 진보주의 운동(Progressive Movement)에서 정부가 중요한 역할을 수행했다.[20]

자발적 단체 활동은 수평적 관계를 통해 개인 간의 신뢰를 증진할 수 있으나, 단체 내부의 결속이 배타적인 집단은 사회신뢰와 협력을 오히려 감소시킨다. 혈연과 지연에 묶인 폐쇄적인 네트워크 및 편향된 사회단체의 예에서 보듯이 한 집단의 결속력이 다른 집

---

18 개인들은 자신이 신뢰 있게 행동하는 것이 사회에 미치는 긍정적인 영향을 고려하지 않기 때문이다.

19 김왕식 (2006). "신뢰증진과 정부의 역할."《정책분석평가회보》, 16(3), pp. 221-240. 이 연구에 사용된 정부정책은 빈부격차 해소, 여성고용확대, 노사갈등 중재, 지역갈등 해소 및 부정부패 방지를 포함하고 있다.

20 Putnam, R. D. (2000). *op. cit.*

단에 카르텔(cartel)로 작용할 수 있기 때문이다. 즉, 이익단체의 회원들이 자신들의 사회적 네트워크를 악용할 경우 사회협력을 방해할 수 있다.[21]

물론 사회적 자본이 균형 있게 발전하기 위해서는 수평적인 네트워크의 발전과 공적 제도의 확립이 동시에 이루어져야 한다. 각종 비공식적 모임과 봉사활동이 활발하게 이루어지는 사회에서는 구성원들 사이에 수평적인 연결고리가 형성되어 서로 간의 신뢰로 발전하는 계기가 된다. 그러나 앞에서 살펴보았듯이 사회에서 수평적인 네트워크가 발전 또는 쇠퇴하는 기간은 짧게는 수십 년(미국)에서 길게는 수 세기(이탈리아)가 걸린다. 반면에 공적 제도를 통해 신뢰를 쌓는 접근 방법은 비교적 시간이 적게 들고 정책적으로 시행하기 쉽다는 장점이 있다. 법과 규칙이 효율적으로 집행되고 규범을 어기는 행위에 대한 처벌이 공정하게 이루어지는 사회에서는 불법이나 사회질서를 깨트리는 행동이 줄어들고 사회적 신뢰가 형성된다.

또한 정부가 수평적 단체 활동을 활성화시켜 일반적 신뢰를 증진하려는 정책 목표를 수립한다면 당장 어떤 단체에 어떤 형태의 지원을 먼저 줄 것인지 결정하는 어려운 문제를 풀어야 한다. 반면 사회적 자본 형성에 부정적인 영향을 미칠 우려가 있는 이익집단을 견제하는 문제 역시 정치적으로 시행하기 어렵다. 아직까지 어떤 종류의 단체가 사회적 자본을 증진하는지에 대한 확실한 결론이 나지 않은 상태이기 때문이다.

---

21 Sobel, J. (2002). Can We Trust Social Capital?. *Journal of Economic Literature*, 40(1), 139-154.

자원봉사나 친목활동 등 단체의 목적이 모임 자체에 있는 경우에는 퍼트넘의 주장대로 멤버 간의 교류가 호혜성의 규범(norm of reciprocity)으로 연결될 수 있다. 그러나 많은 경우에 단체가 모이는 목적은 구성원들의 이익을 직·간접적으로 대변하기 위해서이다. 이 경우 신뢰와 상호규범이 단체 밖에까지 연결될 확률은 적으며 오히려 미국의 경제학자 맨커 올슨(Mancur L. Olson)이 주장한 대로 단체들이 자기의 이익을 보전하기 위해 다른 집단과 경쟁하는 구도가 이루어진다. 그 과정에서 사회적 신뢰와 협력은 감소하게 된다. 넉과 키퍼는 세계가치관조사(World Values Survey)를 이용한 연구에서 단체가입률이 사회신뢰를 증진하는 효과가 불확실하다고 주장했다.[22]

퍼트넘 그룹과 올슨 그룹의 경계에 위치한 모호한 집단도 존재한다. 예를 들어, 특정 시민단체는 사회 전체의 이익을 대변하는 데 목적이 있으나 그 목적을 이루는 과정에서 사회협력보다는 갈등을 심화시키기도 한다.

특히 소비자보호와 환경 등의 문제는 시민단체와 해당 지역 등 이해관계가 복잡해 사회적 갈등이 일어날 소지가 많다. 한국의 경우 영월댐 건설사업이 대표적인 예다.[23] 1990년에 일어난 한강 대홍수를 계기로 한강 상·하류 지역의 홍수 피해와 수도권의 물 부족 문제를 해결하기 위해 건설교통부가 영월댐 건설 계획을 추진하면

---

22 Knack, S. & Keefer, P. (1997). *op. cit.*
23 최승태 (2002). 《개발과 보전의 정책 갈등에 관한 연구 : 영월댐 건설사업과 새만금 간척사업의 비교 분석》. 전남대학교 석사학위 논문.

서 정책결정자들의 이해관계가 첨예하게 대립한 사례이다. 건교부의 수자원공사, 국회의 건설교통위원회, 영월댐 수물예정지역 주민대책위원회 등 찬성하는 측과 환경운동연합, 환경부, 강원도, 영월댐 백지화 3개군 투쟁위원회 등 반대하는 측의 주장이 엇갈리면서 갈등이 심화되었다. 특히 같은 지역주민 중에서도 댐 건설에 대한 찬반이 갈리면서 난관에 봉착했다. 주된 산업인 광업이 사양화된 영월군의 경우 개발 이득을 위해 댐 건설을 지지했으나, 정선군 주민들은 수몰 예상 지역의 부동산 가격 하락, 투자 기피 및 이농 현상으로 인한 피해를 막기 위해 댐 건설을 반대했다. 결국 2000년 4월 총선을 앞두고 민주당에서 영월댐 건설을 백지화하는 입장을 표명했고 이후 정부가 계획을 종결했다. 이 사건에서 보듯이 각종 사회단체나 지역단체의 모임이 이해관계와 직결될 경우 사회적 협력보다는 갈등을 유발할 소지가 크다.

자발적인 단체 활동 이외에도 소득 분배가 사회적 자본에 미치는 영향에 대한 많은 실증적 연구는 사회적 자본을 구축하는 방법의 하나로 적극적인 복지정책 등을 통한 소득 재분배를 제안한다.[24] 하지만 현실적으로 소득 불균형을 해결하는 것은 정치적으로 어려운 문제이다. 팽창되는 재정정책은 세금인상과 연결될 수 있기 때문이다. 알레시나 등에 따르면 특정 집단으로부터 걷힌 세금이 다른 집단을 위해 사용될 경우 공공재의 공급량 자체가 감소하는 경향이 있다.[25] 즉, 소득 재분배는 필연적으로 정치적 갈등을 수반한

---

24 Bjørnskov, C. (2006). Determinants of Generalized Trust: A Cross-Country Comparison. *Public Choice*, 130, 1-21.

다. 소득 불균형이 사회적 자본을 감소시키지만, 소득 불균형을 해소하려는 노력 역시 사회적 자본에 악영향을 끼칠 수 있다. 소득 불균형과 신뢰의 인과관계도 확실하지 않다. 소득이 균등하게 분배되어 사회적 신뢰가 높아질 수 있지만, 반대로 신뢰 수준이 높은 사회에서는 정부가 소득 재분배 정책에 대해 국민의 동의를 얻기 쉬울 수 있다. 즉, 스웨덴은 소득이 균등하게 분배되기 때문에 신뢰가 높은 사회일 수도 있지만, 애당초 국민이 정부를 신뢰하기 때문에 높은 소득세와 관대한 복지제도에 동의했을 수도 있다. 아마도 소득 분포와 신뢰 간에는 양 방향의 관계가 있는 듯하다.

결국 정책적인 측면에서 볼 때, 비교적 단기간에 인위적으로 사회적 신뢰를 증진하는 방법으로는 공적 제도가 효과적인데, 공정한 법과 계약의 집행이 핵심이다. 신뢰 사회를 유지하기 위해서는 소유권을 보호하는 것이 필수이다. 예를 들면, 경찰은 각종 범죄를 예방하고 소유권을 보호함으로써 서로 믿을 수 있는 사회를 만드는 역할을 한다. 경찰은 법을 어기는 행위가 처벌될 확률을 높임으로써 사회신뢰를 저해하는 행위를 억제한다. 일부에서는 경찰력과 범죄 간 관계가 불분명하다는 주장을 한다. 실제로 데이터를 분석해 보면 경찰력과 범죄율 간 관계가 유의하지 않거나 오히려 경찰이 많은 지역일수록 범죄가 많은 것으로 종종 나타난다. 그 이유는 범죄율이 높은 지역일수록 많은 경찰력을 필요로 하는 역인과관계의 문제가 있기 때문이다.

---

25 Alesina, A., Baqir, R. & Easterly, W. (1999). Public Goods and Ethnic Divisions. *The Quarterly Journal of Economics*, 114(4), 1243-1284.

예를 들면, 미국의 디트로이트(Detroit) 시는 오마하(Omaha) 시에 비해 경찰력이 2배이지만 강력범죄는 오히려 4배 더 많이 발생한다. 따라서 경찰력이 높다고 범죄가 줄어든다고 볼 수 없다는 의견이 지배적이었으나, 내생성(內生性) 문제를 창의적인 방법으로 해결한 한 연구 덕분에 그 논란이 줄어들었다. 시카고 대학의 레빗 교수가 미국의 59개 대도시를 대상으로 경찰력과 범죄의 관계를 분석했는데, 시장 및 지사 선거 시기를 이용해 경찰력이 범죄를 줄이는 효과가 있다는 것을 입증했던 것이다.[26] 구체적으로 선거 시기에 미국 도시들의 경찰력이 대폭 증가하는 경향을 이용했는데, 선거 기간은 범죄율에 직접적인 영향을 미치지 않는다. 선거 기간을 도구변수로 이용해 1970~1992년간 미국 59개 대도시의 경찰력과 범죄율을 분석한 결과 레빗 교수는 경찰력이 1% 증가하면 강력범죄는 1%, 재산범죄는 0.3% 감소하는 효과가 있다는 것을 발견했다. 결국 경찰력은 범죄율을 감소시켜 사회적 신뢰를 구축하는 배경이 될 수 있음을 알 수 있다.

마지막으로 구조적인 사회갈등을 효율적으로 관리하는 제도가 사회적 자본을 증진할 수 있다. 외부적인 충격이나 구조적 원인에서 발생한 사회갈등이 제대로 관리되지 못할 경우 사회적 신뢰와 협력을 저해할 수 있기 때문이다.[27] 일반적으로 경제 불황기에 나타나는 소득 양극화 등의 현상이 사회갈등을 심화시키는 것으로 알려

---

26 Levitt, S. (1997). Using Electoral Cycles in Police Hiring to Estimate the Effect of Police on Crime. *The American Economic Review*, 87(3), 270-290.

27 박준, 이동원, 도건우 (2009). "갈등의 경제적 비용." 삼성경제연구소.

져 있다. 불황기에는 취약계층이 증가하고 기업과 자영업자가 대량 도산하면서 소득 양극화가 악화된다. 소득 양극화의 심화는 집단행동, 불법파업 등 사회갈등이 행태적으로 표출되는 계기가 되기도 한다. 예를 들면, 경제 불황이 심리적 공황으로 전이되면서 각종 범죄와 소요사태가 발생하기도 한다. 글로벌 금융위기가 고용 불안과 기업의 구조조정으로 이어지면서 사회지도층에 대한 불신으로 표출되는 사건이 발생하기도 한다. 프랑스에서는 2009년 3월 소니 등 구조조정이 진행되던 기업에서 근로자들이 CEO를 감금했고, 영국에서는 50억 파운드의 정부 지원을 받은 로열스코틀랜드 은행장이 연 70만 파운드의 연금을 받게 된 사실이 알려지면서 시민들이 저택과 승용차를 공격하기도 했다.[28] 또한 소득 양극화의 확대는 가계 부채에 시달리는 중산층이 하위계층으로 전락하면서 사회적 안정을 약화시키는 구조적인 요인을 제공한다.

사회갈등의 관리는 소득 불균형과 민족 다양성 등 구조적인 갈등 요인을 해소하고 갈등이 행태적으로 표출되는 것을 최소화하는 제도적 장치가 효과적으로 작동하는 것을 의미한다. 사회갈등을 적절히 관리하지 못하는 사회에서는 정부정책이 정치적인 논쟁으로 지연되어 실질적인 경제 비용이 발생한다. 예를 들면, 1970년대 오일 쇼크나 1980년대 외환위기 이후 성장률이 급감한 국가들은 대부분 불황으로 인한 사회갈등을 효과적으로 관리하지 못하고 필요한 정책 조정을 적기에 시행하지 못했다. 터키나 브라질의 경우 1970년

---

28 박준, 이동원, 도건우 (2009). 앞의 글.

대 고유가로 인한 교역조건 악화와 국제수지 불균형에 대응하기 위한 긴축통화나 환율정책이 이익집단 간 정치적 경쟁에 휘말리면서 대응이 늦어졌다.[29] 특히 브라질은 임금의 물가연동제와 이익집단의 반발로 정부의 긴축 통화·재정정책의 효과가 반감되었다. 소득이 불평등하고 민주주의에 기초한 사회적 합의가 더딘 국가일수록 이익집단 간 지대 추구(rent-seeking) 경쟁 때문에 성장을 저해하는 정책을 추구하기 쉽고 경제성장에 필수인 교육이나 인프라 등 공공재 제공에 대한 국민적 합의가 어렵다.[30] 즉, 이질적이고 대립하는 사회일수록 교육, 조세순응, 인프라의 질로 나타나는 정부정책이 비효율적이다.[31]

사회의 갈등이 깊어지고 주요 공공정책에 대한 국민적 합의가 늦어지면, 사회 제도와 정부에 대한 신뢰가 감소한다. 하버드 대학의 로드릭 교수는 외부의 충격으로 나타나는 사회갈등의 관리가 성장에 미치는 영향을 연구했는데, 잠재적인 사회갈등 요인으로 소득 불균형과 민족 다양성을, 갈등을 관리하는 제도로는 민주주의와 정부기관의 역량을 들고 있다.[32] 사회갈등에 대한 설명은 7장에서 보다 자세히 다룰 것이다.

---

29 Rodrik, D. (1999). Where Did All the Growth Go? External Shocks, Social Conflict, and Growth Collapses. *Journal of Economic Growth*, 4(4), 385-412.

30 Alesina A. & Rodrik, D. (1994). Distributive Politics and Economic Growth. *The Quarterly Journal of Economics*, 109(2), 465-490.; Easterly, W. & Levine, R. (1997). Africa's Growth Tragedy: Politics and Ethnic Divisions, *The Quarterly Journal of Economics*, 112(4), 1203-1250.

31 Alesina, A., Baqir, R. & Easterly, W. (1999). *op. cit.*; Lee, D. & Borcherding, T. (2006). *op. cit.*; La Porta, R. *et al.* (1999). The Quality of Government. *Journal of Law, Economics and Organization*, 15(1), 222-279.

32 Rodrik, D. (1999). *op. cit.*

3. 사회적 자본의 경제·사회적 효과

소유권과 거래 비용에 관한 연구로 유명한 경제학자인 스티븐 청(Steven N. S. Cheung)은 고등학교 시절 자신이 다니던 교회의 사제와 함께 중국의 황허(黃河)를 여행한 적이 있었다.[1] 빠르게 흐르는 물결을 바라보던 두 사람은 곧 황당한 광경을 목격하게 되었다. 십수 명의 일꾼들이 여러 개의 통나무를 줄로 엮어 양쪽에서 어깨에 메고 강을 건너고 있었다. 통나무 위에는 채찍을 든 사람이 지키고 서서 뗏목이 기울어지거나 가라앉으면 게으름을 피우는 일꾼을 사정없이 내리치는 것이었다. 이 광경을 지켜본 스티븐 청과 사제는 중국 고용주의 야만적인 행태를 비판하기 시작했다. 하지만 옆에 서 있던 여행 가이드가 웃으면서 말했다.

"사실은 채찍을 들고 있는 사람이 목재를 나르는 운송업자들에

---

1 이 사례는 스티븐 청이 지인들에게 한 이야기를 재구성한 것이며, 세부적인 부분에서 실제 이야기와 다를 수 있다.

게 고용된 것입니다. 한 명이라도 꾀를 피우게 되면 비싼 목재를 가지고 빠른 물살을 무사히 건너기 어렵고 큰 손해를 보기 때문이죠."

이 이야기는 극한상황에서 서로 믿을 수 없는 동업자들이 감시자를 고용해서라도 무임승차(free riding)를 막으려는 노력을 보여준다. 이 감시자를 고용하는 비용은 곧 거래 비용을 의미한다. 만약 동업자들이 서로 신뢰할 수 있다면 감시자를 고용하는 비용을 줄일 수 있고 그만큼 더 큰 이익을 얻을 수 있을 것이다. 사회적 자본은 이러한 거래 비용을 감소시키는 역할을 한다.

사회적 자본으로 통칭되는 사회의 비공식적·비제도적 영역의 역할에 대해서는 지금까지 여러 연구가 이루어졌다. 이들 사회적 자본의 '효과 이론'은 신뢰, 규범, 호혜(reciprocity) 등 사회적 자본의 대표적 요소가 경제성장, 사회 안정, 기업 조직의 발전, 민주주의의 성숙 등에 어떠한 영향을 주는가에 주된 관심이 있다. 이 장에서는 사회적 자본이 가진 효과를 경제적·사회적·정치적 차원으로 나누어 소개한다.

사회적 자본의 경제적 효과를 연구하는 학자들은 사회적 자본이 시장경제의 핵심 요소인 거래 관계를 활성화한다는 데 별다른 이견이 없다. 이에 반해 사회적 자본이 민주주의 제도를 안정시키고 정부의 질을 높여준다는 전통적인 이론은 최근 도전을 받고 있다. 그 이유는 다음 2가지로 요약할 수 있다. 첫째, 사회적 자본이 공공 서비스의 질을 제고하는 데 기여한다는 실증 분석은 로버트 퍼트넘(Robert D. Putnam) 등의 연구를 통해 제시되었으나, 사회적 자본이 민주주의 제도의 공고화에 기여한다는 경험적 증거는 아직 불충분하다. 둘째, 의회, 사법부, 관료제 등 정치 제도의 기능과 역할이 사회적 자본의 결과라기보다는 사회적 자본의 수준을 결정하는 원인이라는 새로운 인과론적 주장이 제기되고 있다. 사회적 자본과 민주주의 사이에 어느 방향으로 인과관계가 존재하는지는 경험적으로 평가할 문제이며 사회적 자본과 민주주의 사이의 관계는 비공식적 규범의 역할을 중요시하는 문화주의자와 공적 제도의 역할을 중요시하는 제도주의자 사이에 여전히 쟁점으로 남아 있다. 다만 여기에서는 사회적 자본의 대표적인 지표인 신뢰가 제도적 차원에서 민주주의의 질과 얼마나 높은 상관관계가 있는지 살펴볼 것이다.

3.1. 사회적 자본의 경제적 효과

신뢰와 1인당 국민소득

세계은행(World Bank)이 각종 자본을 이용해 각국의 부(富, wealth)를 추정한 결과 사회적 자본 등 눈에 보이지 않는 무형 자본이 전 세계 부의 절반 이상을 차지하는 것으로 나타났다.[2] 특히 소득 수준이 높은 국가일수록 이러한 경향이 두드러지는데, OECD 국가의 경우 부의 80%가 무형 자본으로 후진국(58%)보다 훨씬 높았다. 무형 자본 중에서도 교육·훈련 등을 통해 축적되는 인적 자본과 달리 인간관계를 바탕으로 생성되는 사회적 자본이 부를 창출하는 경로는 비교적 최

---

2 World Bank (2006). *Where Is the Wealth of Nations*. Washington D. C. : World Bank.

근에서야 알려지기 시작했다.

신뢰가 생산성과 경제성장에 미치는 영향은 여러 연구를 통해 입증되었다. 퍼트넘은 사회적 자본이 물적·인적 자본보다 경제성장에 더 중요한 역할을 한다고 주장했다.[3] 낵과 키퍼는 29개 국가의 세계가치관조사(World Values Survey)를 바탕으로 한 연구에서 신뢰와 규범이 경제성장과 투자에 긍정적인 영향을 미친다는 것을 보여주었다.[4] 또한 41개국을 대상으로 신뢰의 경제적 효과를 조사한 잭과 낵의 연구도 신뢰가 1인당 GDP 증가율을 증가시키는 효과가 있음을 보여주었다.[5] 이들의 분석에 따르면 신뢰 지수가 15점 상승할 경우 1인당 GDP 증가율이 1%p 높아지는 것으로 나타났다.

〈그림 3.1.〉은 83개국을 대상으로 신뢰 수준과 국민소득의 관계를 나타낸 것이다. 신뢰는 세계가치관조사의 1999~2006년간 연평균치를 이용했고, 국민소득은 2000~2007년간 평균 1인당 GDP[6]로 측정했다. 두 변수 간의 회귀분석 결과 모형 적합도(R^2)가 0.19인 것으로 보아 신뢰변수가 국가 간 1인당 GDP 차이의 약 19%를 설명할 수 있음을 알 수 있다. 또한 신뢰와 1인당 GDP의 상관관계를 의미하는 피어슨 상관계수가 0.44[7]로 나왔고, 이 수치는 99% 수준에서

---

3 Putnam, R., Leonardi, R. & Nanetti, R. (1993). *Making Democracy Work*. New Jersey: Princeton University Press.

4 Knack, S. & Keefer, P. (1997). Does Social Capital Have an Economic Payoff? A Cross-Country Investigation. *The Quarterly Journal of Economics*, 112(4), 1251-1288. 물론 반대로 경제가 발전한 국가에서 신뢰 수준이 높을 수 있다는 역의 인과관계가 있을 수 있다. 하지만 1981년의 신뢰 수준은 1970년보다는 1990년의 1인당 국민소득과 더 밀접한 연관이 있었다. 즉, 인과관계가 신뢰에서 경제성장으로 이어지는 것을 의미한다.

5 Zak, P. & Knack, S. (2001). Trust and Growth. *The Economic Journal*, 111 (April), 295-321.

6 연도별 1인당 GDP는 구매력 평가 기준(PPP) 2005년도 달러 표시.

:: 그림 3.1. **신뢰와 소득**

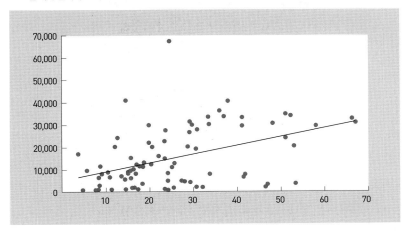

주 : 83개국 대상. x축은 타인을 신뢰한다고 응답한 비중(%), y축은 1인당 GDP(달러).
자료 : World Values Survey 1999~2006; World Development Indicators 2000~2007.

유의미했다. 즉, 두 변수 사이에는 통계적으로 유의한 양(陽)의 상관
관계가 있는 것을 알 수 있다.

그렇다면 사회적 신뢰[8]가 높을수록 그 국가가 경제적으로 더 부
유해지는 이유는 무엇일까? 모든 종류의 (특히 일정 기간에 걸쳐 행해지
는) 상거래에는 일정 수준의 신뢰가 필요하다.[9] 낵과 키퍼에 의하면
신뢰 수준이 높은 사회일수록 안전한 거래 환경이 조성되어 투자와
생산적 경제활동이 촉진된다.[10] 낵과 키퍼는 신뢰가 경제성장에 미

---

7 이변량 분석(bivariate analysis)에서 피어슨 상관계수는 회귀모형 적합도의 제곱근과 같다.
8 여기서 신뢰는 일반적인 신뢰로서 공적 신뢰와 구분할 필요가 있다. 일반적 신뢰란 개인 간의
사적 신뢰(trust)를 의미하는 반면, 공적 신뢰는 사회 제도 및 공공기관이 기능과 목적을 효과적
으로 수행하는지에 대한 신뢰(confidence)를 뜻한다.
9 Arrow, K. (1972). Gift and Exchanges. *Philosophy and Public Affairs*, 1(4), 343-362.

치는 효과를 다음 경로로 설명한다. 첫째, 신뢰가 높은 사회에서는 사적 소유권이 공적·사적 권력에 의해 침해당할 염려가 적기 때문에 부를 축적하기 위한 경제적 거래 행위가 활성화된다. 둘째, 고신뢰 사회에서는 동업자, 종업원, 부품 공급업체 등 거래 당사자를 감시하는 데 시간과 노력을 낭비할 필요가 없기 때문에 신기술 개발을 위한 투자가 늘어나는 경향이 있다. 셋째, 비록 계약의 실효성을 보장하는 정부의 기능이 취약하고 공식적 금융 중개기관이 발달하지 못한 사회에서도 사람들 간에 높은 신뢰만 있으면 비공식적 제도에 의해 계약이 보호되고 신용이 제공될 수 있어서 경제적 효율성이 제고된다.

잭과 낵에 의하면 신뢰 수준이 높은 사회일수록 소비자가 거래 중개인이 믿을 만한지 뒷조사하는 데 드는 시간과 노력이 불필요하기 때문에 거래 비용이 감소해 효율성이 높아진다고 한다.[11] 일반적인 비즈니스 관계에서도 문제가 발생했을 경우 미래의 거래를 생각해 대부분 말로 해결하지 상대방에게 계약서에 있는 법적 조항을 상기시키는 경우는 극히 드물다. 예를 들면, 뉴욕의 다이아몬드 도매상들은 구매자가 검사를 위해서 수십만 달러의 다이아몬드를 계약서 없이 며칠씩 보관하도록 허용한다.[12] 런던의 머천트뱅크(merchant bank)들은 '말이 곧 계약'이라는 철학을 바탕으로 대부분의 계약을 서면 계약서가 아닌 구두 계약으로 체결한다. 미래의 거래를 보장받

---

10 Knack, S. & Keefer, P. (1997). *op. cit.*
11 Zak, P. & Knack, S. (2001). *op. cit.* 상호 의무에 기초한 사회적 규범 역시 기회주의적인 행동을 제한함으로써 거래 비용을 감소시킨다. 일본에서는 쓰레기를 무단으로 버리는 행위가 사회규범으로 금지되어 있다. 즉, 사회 감시로 인해 규범이 지켜지는 측면도 존재한다.

기 위해서 신용과 성실을 가장 중요한 자산으로 여기기 때문이다.[13] 다만 네트워크를 신뢰와 협력의 관계로 발전시키는 방법은 시간과 지역에 따라 다를 수 있다. 예를 들면, 일본의 비즈니스 사회에서는 장기적 거래관계를 바탕으로 한 신뢰 구축을 효율적인 면보다 중요하게 여기는 측면이 있다. 또 대부분의 경우 실질적인 거래가 공식 일정을 마친 후 술집 등에서 간접적이고 개인적이며 느린 속도로 진행되기 때문에 외국 기업에 진입장벽으로 작용하기도 한다.[14]

또한 신뢰는 시장에서 판매자와 구매자 간 정보의 비대칭성을 해결함으로써 역선택(adverse selection)을 방지한다. 태국의 쌀 시장과 고무 시장 사례는 당장의 이득을 얻기 위해 신뢰를 저버릴 경우 장기적으로 더 큰 비용을 초래하는 시장 제도가 신뢰를 촉진할 수 있음을 보여준다. 쌀은 육안이나 나무 블록을 이용한 간단한 실험[15]으로 품질을 확인할 수 있는 반면, 고무는 구매자가 품질을 판별하기 어렵다. 따라서 고무 가격은 판매자가 구축한 신용과 밀접한 연관이 있는데, 소비자의 신뢰를 얻은 판매자는 같은 품질의 고무를 더 비싼 가격에 팔 수 있다.[16]

---

12 뉴욕의 다이아몬드 도매상은 대부분 가족, 커뮤니티, 종교의 끈으로 엮인 유대인으로 구성되어 있다. Coleman, J. (1988). Social Capital in the Creation of Human Capital. *The American Journal of Sociology*, 94, S95-S120.

13 따라서 많은 머천트뱅크 집안이 친척을 고용하거나 집안 간 혼인을 통해 커뮤니티의 긴밀함을 유지했다. Wechsberg, J. (1966). *The Merchant Bankers*. Boston: Little, Brown. Quoted in Coleman, J. (1990). *Foundation of Social Theory*. Cambridge: Harvard University Press.

14 Granovetter, M. (1985). Economic Action and Social Structure: The Problem of Embeddedness. *The American Journal of Sociology*, 91, 481-510.

15 쌀을 나무 블록 사이에 넣고 비벼서 수분 함유 정도를 확인한다.

16 Popkin, S. L. (1982). Public Choice and Peasant Organization. In Bates, R. H.(Ed.). *Toward a Political Economy of Development*. Berkeley: University of California Press.

신뢰와 금융 제도

1685년경 캐나다에서는 게임용 카드가 법정 화폐로 통용된 적이 있었다. 당시 캐나다는 프랑스 총독의 지배를 받고 있었지만, 수년 동안 본국으로부터 돈을 공급받지 못했다. 프랑스는 왕실의 재정난으로 정화(正貨)를 보낼 수 없었고, 돈이 고갈된 캐나다는 큰 위기에 처하게 되었다. 이에 당시 총독 자크 드뮬(Jacques Demeulle)은 기발한 아이디어를 냈다. 바로 프랑스 군인들이 오락용으로 사용하던 카드를 4등분하여 화폐로 사용하는 것이었다.

총독은 카드 조각마다 직접 서명하고, 경화(硬貨)로 상환하겠다는 약속까지 하였다. 총독에 대한 신용이 없었다면 종잇조각에 불과한 그림 조각을 받아줄 사람은 아무도 없었을 것이다. 그러나 그 조각난 그림은 무려 65년 동안이나 화폐로 통용되었다. 트럼프가 법정 화폐가 될 수 있었다는 것은 놀라운 일이다. 그러나 시장이 신뢰하면 카드 조각도 화폐로 바꿀 수 있는 것이 금융의 속성이다.[17]

기소와 사피엔자, 그리고 징갈레스는 이탈리아의 총 95개 지역(province)을 대상으로 사회적 자본과 금융 시장 발달의 관계를 분석했다.[18] 이들이 내린 결론은 개인의 금융자산 보유 행태와 기업의 지배구조가 그 지역의 신뢰 수준에 의해 형성된다는 것이다. 먼저 이탈리아 남부와 같이 지역 주민들 사이에 신뢰가 낮은 지역에서는 주식 시장이나 은행 산업이 발달하기 어렵다. 금융자산은 현금, 은

---

17 정갑영 (2006). 《나무 뒤에 숨은 사람》. 파주 : 영진미디어.
18 사회적 자본은 지역별 국민투표 참여율과 헌혈자 수로 측정했다. Guiso, L., Sapienza, P. & Zingales, L. (2004). The Role of Social Capital in Financial Development. (NBER Working Paper No. 7563). NBER.

행예금과 주식 등으로 나뉘는데, 주식은 자기 재산을 타인의 관리 하에 두면서도 원금에 대해 가장 낮은 보호를 받는다. 이 때문에 이탈리아 남부와 같은 저신뢰 지역에서는 고신뢰 사회인 이탈리아 북부 지역보다 가계의 주식 보유 비중이 낮다. 은행예금은 주식에 비해서는 원금을 더 잘 보호해주기 때문에 주식을 보유하는 것만큼 높은 사회적 신뢰가 필요하지는 않다. 하지만 은행예금의 경우에도 자기 돈에 대한 통제력이 어느 정도 상실되기 때문에 저신뢰 지역에서는 발달하기 어렵다. 결국 사람들 사이에 불신이 강한 지역에서는 개인이 자기 재산을 주식이나 은행예금 등 타인의 관리 아래 두는 것을 기피하고 대신 현금 형태로 보유하는 것을 선호한다.

주식 소유의 분산 정도 역시 그 사회의 신뢰 수준과 밀접한 관계가 있다. 기소와 사피엔자, 그리고 징갈레스에 따르면 기업의 지배구조는 주식 소유가 소수 대주주(block shareholder)에게 집중된 구조와 수많은 투자자들에게 분산된 구조로 구분할 수 있다. 후자는 전형적인 영미권 대기업의 지배구조로서 일반적으로 개별 주주가 보유한 지분율이 매우 낮아 기업 경영에 영향을 미치기에 미흡한 대신 전문경영인의 자율성이 높아진다. 신뢰 수준이 낮은 지역에서는 전자의 유형, 즉 기업의 소유권이 창업자 및 그의 가족에 국한되는 경우가 많은데, 이처럼 주식 공개가 제한적인 원인을 오너 가족과 잠재적 주주들의 관계에서 신뢰가 부족하기 때문이라고 설명할 수 있다. 오너 가족의 입장에서는 일반 주주들이 자기 가족의 일과 같이 성의를 가지고 소유권을 행사할지 믿을 수 없기 때문에 주주 공모를 주저한다. 그러나 신뢰 문제는 여기서 그치는 것이 아니다. 설령

오너가 주식공개에 나선다고 해도 저신뢰 사회에서는 잠재적 주주
들이 기업이 내세우는 성장성, 수익 배분 등에 관한 정보를 불신하
기 때문에 지분 참여를 꺼릴 가능성이 높다. 그 결과 기업 소유권은
소수 대주주들에게 집중되는 현상이 나타난다. 이탈리아 북부에서
상장 대기업이 발달한 것과 달리 남부 지역에서 주로 중소 가족기
업이 번성한 원인은 바로 이러한 사회적 자본 수준의 차이로 설명
할 수 있다.

　〈그림 3.2.〉는 사회적 신뢰와 주식 시장 발달 정도의 이론적 관계
를 국가별 데이터를 이용해 경험적으로 살펴본 것이다. 신뢰는 앞
서 국민소득과의 관계를 분석할 때와 동일한 데이터를 사용했고,
각국의 주식 시장 발달 정도는 2007년 현재 GDP 대비 주식거래량
으로 측정했다. 72개국을 대상으로 신뢰를 이용해 각국의 GDP 대

:: 그림 3.2. **신뢰와 주식거래비율**

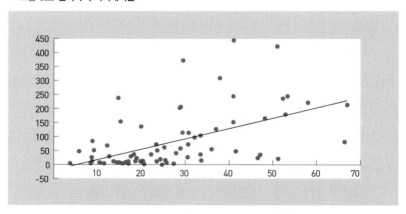

주 : 72개국 대상. x축은 타인을 신뢰한다고 응답한 비중(%), y축은 주식거래비율(% of GDP).
자료 : World Values Survey 1999~2006; World Development Indicators 2007.

비 주식거래량을 추정한 결과 이 신뢰 모델은 국가 간 GDP 대비 주식거래량의 약 28%를 설명하는 것으로 나타났다. 신뢰와 주식거래량의 피어슨 상관계수는 0.52로서 99% 수준에서 통계적으로 유의한 수치이다. 신뢰와 1인당 GDP의 피어슨 상관계수(0.44)에 비하면 신뢰와 GDP 대비 주식거래량이 더 강한 상관관계가 있음을 알 수 있다.

3.2. 사회적 자본과 삶의 질

사회적 자본은 거래 촉진과 투자 증대 등을 통해 총량적인 경제발전에 기여할 뿐 아니라 국민 개개인의 삶의 질에 영향을 미치는 각종 사회적 지표와도 밀접한 관련이 있다. 퍼트넘은 사회적 자본이 풍부한 국가가 교육, 보건, 치안, 경제·사회적 평등의 측면에서 사회적 자본 수준이 낮은 국가보다 양호하다고 보았다.[19] 이러한 사회적 지표들은 사회 양극화와 범죄율 등 사회 불안 요인과 밀접한 관련이 있으므로, 사회적 자본은 집단 간 갈등과 분열을 완화하고 사회 안정에 기여하는 효과가 있다. 이 절에서는 사회적 자본이 사회 안정에 미치는 효과를 사회지표별로 살펴보기로 한다.

---

[19] Putnam, R. D. (2000). *Bowling Alone: The Collapse and Revival of Community*. New York: Touchstone Books.

사회적 자본과 인적 자본

콜먼은 가족 단위와 지역사회 단위에서 사회적 자본이 인적 자본 형성에 미치는 영향을 분석했다.[20] 먼저 콜먼은 부모와 자녀의 신뢰관계를 자녀 교육에 도움을 주는 사회적 자본으로 보았다. 부모와 자녀 간에 존재하는 신뢰 수준이 높을수록 부모는 자녀의 학업 성장에 더 많은 관심을 가지고 시간 및 교육 투자를 제공하게 되고, 그 결과 자녀의 인적 자본 형성은 가속화된다는 것이다. 콜먼은 부모와 자녀 간에 존재하는 사회적 자본의 질을 ① 부모가 자녀와 물리적으로 같이 보내는 시간과 ② 자녀에 대한 부모의 관심도를 가지고 평가했는데, 미국에 거주하는 동양인 이민자들이 자녀의 공부를 돕기 위해 학교 교과서를 추가로 구입하는 것을 가족 내 높은 사회적 자본의 예로 들었다.

또한 콜먼은 지역사회 차원의 사회적 자본이 그 지역에 거주하는 청소년의 학력에 어떤 영향을 미치는가를 연구했다. 콜먼은 지역사회 구성원들의 관계가 순환구조를 이루는 '완결형 사회연결망(Closure of Social Networks)'이 되어야만 호혜의 사회규범이 발생 가능하다고 보았다. 완결형 사회연결망의 전형적인 사례는 두 가정에서 부모와 자녀가 각각 친구 관계인 경우이다. 이러한 사회관계에서는 자녀의 친구 부모가 자기 자녀의 행동과 성적을 모니터링하고 있다고 의식하기 때문에 자녀 교육에 그만큼 관심을 갖게 된다. 콜먼은 학생이 이사로 전학한 횟수를 완결형 사회연결망의 지표로 제시했

---

20 Coleman, J. (1988). *op. cit.*

:: 그림 3.3. **신뢰와 중등교육 등록률**

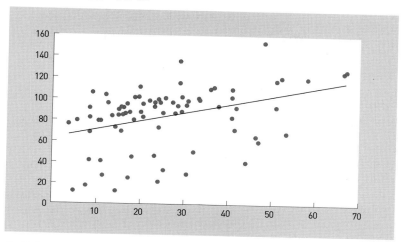

주 : 80개국 대상. x축은 타인을 신뢰한다고 응답한 비중(%), y축은 중등교육 등록률.
자료 : World Values Survey 1999~2006; World Development Indicators 2000~2007.

는데, 그 이유는 한 가정이 이사를 하면 그 가정이 그때까지 살던 지역사회에서 축적해놓은 사회적 관계망이 훼손되기 때문이다. 이를 통해 콜먼은 사회관계가 완결형 사회연결망에 가까운 지역의 고등학교 중퇴율이 단절형 사회연결망에 가까운 지역보다 낮음을 발견했다.

〈그림 3.3.〉은 미시적 차원에서 사회적 자본과 인적 자본 형성의 관계를 분석한 콜먼의 이론을 국가 차원으로 확장해 최근 신뢰 및 중등교육 등록률[21] 데이터를 사용해 실증적으로 보여준 것이다. 콜

---

21 이 데이터는 gross enrollment ratio로, 중등교육기관 전체 등록자 수를 중등교육 이수 학령기 인구로 나눈 비율이다. 따라서 비(非) 학령기 등록자가 많을 경우 그 값이 100%를 넘을 수도 있다. 해당 학령기의 등록자 비율만 계산한 것은 net enrollment ratio라고 하며, 이는 100%를 넘을 수 없다.

먼의 연구에서는 사회관계망의 특징이 핵심 독립변수이지만, 국가 차원에서 사회관계망을 파악하기 어려움을 감안해 신뢰변수로 대체했다. 80개국을 대상으로 이변량 회귀분석을 실시한 결과 신뢰변수 하나만으로도 국가 간 중등교육 등록률의 차이를 약 16% 설명할 수 있는 것으로 나타났다. 또한 신뢰와 중등교육 등록률의 피어슨 상관계수는 0.40으로서 두 변수는 서로 양의 상관관계가 있고, 99% 수준에서 통계적으로도 유의한 것으로 조사되었다.

사회적 자본과 범죄율

한편, 사회적 자본과 범죄율의 관계에 대해서는 리더만과 로이자, 그리고 메넨데즈의 연구[22]가 있다. 이들은 1인당 GDP 성장률과 소득 불평등을 고려해 각국 국민의 신뢰, 신앙심, 자발적 단체 참여도 등이 전체 인구 중 살인사건 피해자 비율에 미치는 영향을 분석했는데, 사회적 자본의 3가지 지표 중에서 신뢰가 범죄율을 낮추는 데 통계적으로 유의한 효과가 있음을 발견했다. 이들은 신뢰가 범죄율을 낮추는 효과에 대해 다음 3가지 이유를 제시했다. 첫째, 높은 신뢰는 개인 및 집단 간 갈등이 평화적으로 해결되도록 돕는다. 둘째, 지역사회 구성원들이 서로 깊이 신뢰할수록 법질서를 위반함으로써 자기만 이득을 보려는 '무임승차 행위'가 억제된다. 셋째, 사회 구성원들이 서로 신뢰하면 범죄 행위를 부추기는 개인적 아노미(anomie), 즉 개인의 정신적 공황 상태의 발생이 억제된다.

---

22 Lederman, D., Loayza, N. & Menéndez, A. (2002). Violent Crime: Does Social Capital Matter?. *Economic Development & Cultural Change*, 50(3), 509-539.

반면에 자발적 단체 참여도가 살인사건 피해자 비율에 미치는 영향은 분명하게 나타나지 않았는데, 이는 자발적 단체 활동이 범죄율에 미치는 효과는 양면적이기 때문인 것으로 추정된다. 즉, 자발적 단체 활동이 활발하다는 것은 사회 전반적으로 범죄 예방 및 단속을 위한 시민들의 자발적 활동뿐 아니라 범죄율을 높이는 범죄조직의 활동이 왕성하기 때문일 수 있기 때문이다. 이처럼 사회적 자본의 효과에 대한 연구에서 사회적 자본의 지표들이 갖는 양면성 문제는 사회적 자본의 긍정적 효과만 분리해낼 수 있는 연구 방법을 통해 극복해야 할 과제이다.

사회적 자본과 공공 서비스의 질

국민의 일상생활과 밀접한 관련이 있는 공공 서비스의 질은 국민의 삶의 질에 영향을 주는 중요한 요소이다. 퍼트넘과 라 포르타 등은 사회적 자본이 교육, 보건 등 공공재의 양적·질적 수준, 정부 재정의 효율성, 정부규제의 질 등 정부의 성과를 높이는 효과가 있다고 보았다.[23] 공공재는 사회 전체의 후생을 증가시키는 효과가 있으나 공공재 생산을 위해서는 각 개인이 조세 등 일정한 부담을 져야 한다. 따라서 비용을 부담하지 않으면서 공공재의 혜택을 보려는 무임승차자(free rider)가 생기기 때문에 공공재가 과소 공급될 수 있다. 그러나 각 개인이 혈연, 지연, 학연 등 폐쇄적인 신뢰의 원을 넘어 다른 시민에 대해 열린 신뢰감을 가진 사회에서는 공공재 생산에

---

23 Putnam, R., Leonardi, R. & Nanetti, R. (1993). *op. cit.*; La Porta, R. *et al.* (1999). The Quality of Government. *Journal of Law, Economics and Organization*, 15(1), 222-279.

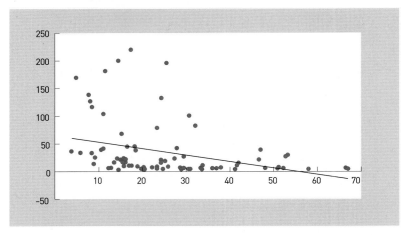

주 : 84개국 대상. x축은 타인을 신뢰한다고 응답한 비중(%), y축은 영아사망률(출생아 1,000명당 1년 이내에 사망한 영아 수).
자료 : World Values Survey 1999~2006; World Development Indicators 2000~2007.

필요한 사회적 합의와 비용 분담이 저신뢰 사회에 비해 훨씬 용이할 것이다. 예를 들어, 계층 간 신뢰가 강한 사회에서는 민간의료 서비스를 이용할 수 있는 고소득층과 그렇지 못한 저소득층 간에 협력이 잘 이루어져 고소득층이 정부의 보건 서비스 확대를 위해 증세(增稅)를 통한 재원 조달에 동의할 가능성이 높다. 따라서 사회적 자본이 높은 국가일수록 아동을 위한 예방접종, 빈곤층을 위한 의료 지원 등 보건 서비스의 질이 향상된다. 또한 저신뢰 사회의 시민들은 자기 자녀들에게만 좋은 교육을 베풀기 위해 사교육에 집중 투자하는 반면, 고신뢰 사회의 시민들은 교육 또한 사회 공공재로 인식해 공교육의 질을 향상시키기 위해 교육세를 부담하고 학부모로서 학교 교육에도 적극적으로 참여한다.

:: 그림 3.5. **신뢰와 정부 규제의 품질**

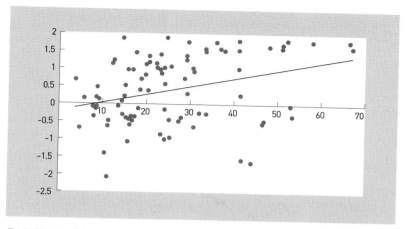

주 : 87개국 대상. x축은 타인을 신뢰한다고 응답한 비중(%), y축은 세계은행의 규제 품질 지수.
자료 : World Values Survey 1999~2006; http://info.worldbank.org/governance/wgi/index.asp(2000~
2008, 2001은 없음).

    사회적 신뢰와 보건 서비스의 질이 실제로도 이론적으로 추정되는 것과 같은 관계를 보이는지 역시 국가별 데이터를 이용해 실증적으로 조사해보았다. 한 국가의 보건 서비스의 질을 나타내는 지표로는 영아사망률을 이용했다. 보건 서비스의 질이 낮을수록 면역력이 약한 영아가 질병의 위험에 그만큼 쉽게 노출되기 때문에 영아사망률은 높아질 것이다. 84개국을 대상으로 신뢰와 영아사망률에 대해 이변량 회귀분석을 실시한 결과 신뢰는 국가 간 영아사망률 차이의 약 11%를 설명하는 것으로 나타났다(〈그림 3.4.〉 참조). 두 변수 간의 피어슨 상관계수는 -0.33으로 비교적 약하지만 예상대로 음(陰)의 상관관계가 나타났고, 이 수치는 99% 수준에서 통계적으로 유의했다.

정부가 시장에 개입하는 수단인 규제의 품질은 공공 서비스의 질을 측정하는 또 다른 지표이다. 신뢰가 풍부한 사회의 시민들은 시민적 책임뿐만 아니라 시민적 권리에 대한 의식도 강하다. 따라서 시민들의 선호에 부응하지 않는 독단적 정부에 대해서는 투표 등 정치 참여를 통해 응징하기 때문에 고신뢰 사회의 정부는 민간 부문의 자율과 창의를 존중하는 '반응성(responsiveness)'이 높은 정부이다. 정부의 반응성은 정부 규제의 품질로 나타나게 된다. 세계은행의 '세계 정부 지수(WGI, Worldwide Governance Indicators)'에 있는 '규제 품질(regulatory quality)' 지수[24]를 이용해 사회적 신뢰의 효과를 분석해 보았다. 〈그림 3.5.〉에서 보는 바와 같이 신뢰는 국가 간 정부 규제 품질 차이의 약 11%를 설명할 수 있는 것으로 나타났다. 두 변수 간의 피어슨 상관계수는 0.33으로서 신뢰가 풍부한 국가일수록 규제의 품질이 높은 편이다.

3.3. 사회적 자본과 기업 조직

사회적 자본은 기업 조직의 성쇠에 어떤 영향을 미치는가? 이 문제에 대한 선구적 연구자로는 후쿠야마를 들 수 있다.[25] 후쿠야마는 기업규모가 그 사회의 신뢰 수준에 의해 큰 영향을 받는다고 보았

---

24 민간경제의 발전을 장려하는 안정적인 정책과 규제를 만들고 시행하는 정부의 능력을 측정한 것이다.
25 Fukuyama, F. (1995). *Trust: The Social Values and the Creation of Prosperity*. New York: Free Press.

다. 즉, 신뢰가 낮은 국가에서는 고용주가 낯선 사람을 고용하는 것을 기피하기 때문에 대기업이 생성되기 어렵고, 가족 중심의 중소기업이 지배적인 기업 형태가 된다. 결국 대기업이 성공하기 위해서는 종업원들 간의 신뢰 관계가 중요하다는 말이다.

그러나 후쿠야마의 예측과 달리 한국은 상대적으로 저신뢰 사회임에도 불구하고 대기업 중심의 산업구조를 이루고 있다. 이에 대해 후쿠야마는 한국의 경우 사회적 신뢰는 부족했지만 국가가 정책적으로 인센티브를 제공함으로써 대기업 집단이 발달하는 데 주도적 역할을 했다고 설명한다. 물론 한국의 대기업 체제의 발달에서 정부 산업정책의 역할을 무시할 수는 없다. 그러나 정부의 역할 이외에도 기업 조직 내부적으로 신뢰를 형성하려는 대기업의 자체적인 노력이 있었음을 간과해서는 안 된다. 발전연대(1961~1987년) 시기 한국의 대기업 집단은 신입사원 공채 제도, 그룹 내 인사 순환 제도, 사무직의 경우 장기고용 제도 및 복리후생 제도 등을 통해 동일 기업 내 종업원들이 서로 한 가족이라는 의식을 심어주었다. 이러한 기업 인사 제도를 이용함으로써 기업은 종업원의 충성심과 애사심을 증진시킬 수 있었고, 이를 통해 부족한 사회적 신뢰를 기업 내부적으로 보강할 수 있었던 것이다. 결국 발전연대 시기 한국은 대기업 단위로 사회적 자본을 증진시키는 '분절적 전략(segmented strategy)'을 사용한 것이 특징이다. 그러나 1987년 이후로 기업별 급진적 노동운동이 노사 관계를 악화시켰고, 결정적으로 1997년 외환

---

26 Kramer, R. (1999). Trust and Distrust in Organizations: Emerging Perspectives, Enduring Questions. *Annual Review of Psychology*, 50, 569-598.

위기로 기업의 인력 구조조정이 본격화됨으로써 발전연대식 분절적 신뢰 형성 전략은 더 이상 유효하지 않게 되었다.

크레이머는 조직 내에서 신뢰의 역할을 다음 3가지로 정리했다.[26] 첫째, 신뢰는 조직 내 거래 비용을 감소시켜 조직의 효율성을 제고시킨다. 둘째, 신뢰는 조직 내 구성원들 간의 자발적인 사교성(sociability)을 증대시켜 구성원들이 책임과 주인의식을 가진 조직시민(organizational citizen)으로 조직 운영에 적극적으로 참여하도록 돕는 기능을 한다. 셋째, 신뢰는 조직 내 권위에 대한 적절한 복종심(deference)을 향상시킨다. 어느 조직이나 제한된 감시 시스템으로 구성원들의 모든 문제를 통제하기는 어려운데, 만약 조직의 최고의 사결정자가 자신의 행동을 구성원들에게 끊임없이 설명해야 한다면 효과적인 운영을 하기 위한 에너지가 소진되기 쉽다. 신뢰는 명시적인 권력 행사를 대신해 조직 구성원 간 의견 갈등을 조정하는 데 도움을 준다.

3.4. 사회적 자본과 민주주의

사회적 자본이 안정된 민주주의의 조건이라는 주장은 19세기 초 신생 민주주의 국가인 미국을 직접 여행하며 관찰한 프랑스 사상가 토크빌(Alexis-Charles-Henri Maurice Clérel de Tocqueville)에게로 거슬러 올라간다. 토크빌은 유럽의 신분제 사회와 달리 평등을 지향하는 미국에서 민주주의가 개인 간의 갈등과 투쟁으로 타락하지 않고 안정적으로 유지될 수 있는 원동력을 시민들의 자발적 단체(voluntary associations)에서 찾았다.[27] 자발적 단체는 민주주의를 안정적으로 운영하기 위해 필요한 시민적 덕성, 호혜성, 공적 책임의식 등 사회규범을 배양하는 '민주주의의 학교'와 같은 역할을 한다는 것이다. 또한 이익단체들은 다양한 사회적 요구를 집약하고 표출함으로써 빈곤 문제 등 주요 사회적 이슈에서 정부와 시민사회 간의 협치(governance)를 통해 정책 성과를 제고한다.

현대에 와서 민주주의가 발전하기 위해 자발적 단체가 중요하다는 토크빌의 이론은 퍼트넘에 의해 더욱 발전되었다. 퍼트넘은 민주주의 정부가 정책적 성과를 거두지 못할 경우 효과적인 통치에 실패해 민주주의 제도의 안정성이 위협받을 수 있다고 보고, 민주적으로 선출된 정부의 정책 성과가 저조해지는 원인을 사회적 자본의 부족으로 설명했다.[28] 구체적으로 퍼트넘은 이탈리아의 20개 지역(region)의 지방 정부들 간에 나타나는 정책 성과의 차이를 연구해 역사적으로 시민들의 자발적 단체 활동이 활발한 지역에서 현재 정부의 성과가 높다는 결론을 도출했다.[29] 퍼트넘은 정부 성과를 높이는 시민들의 자발적 단체 활동은 굳이 정치적 영역일 필요가 없다고 강조한다. 교회, 합창단 등 비정치적 영역의 자발적 단체들도 민주주의 제도를 효과적으로 운영하는 "성숙한 시민"을 만드는 데 기

27 토크빌, A. (1997). 《미국의 민주주의 II》. (임효선·박지동 역). 서울: 한길사(원전은 1835년에 출간).
28 Putnam, R., Leonardi, R. & Nanetti, R. (1993). op. cit.
29 퍼트넘이 사용한 12개의 정부 성과 지표는 내각의 안정성, 예산 결정의 신속성, 통계정보 서비스, 입법의 질(포괄성, 일관성, 창의성), 혁신적 입법의 수용도, 보육원 수, 가정의학과 병원 수, 산업정책 수단, 농업 부문 재정지출 능력, 보건 지출, 주택 및 도시 개발, 관료의 반응성 등이다.

여한다는 것이다.

하지만 퍼트넘의 연구는 다음 2가지 문제를 안고 있다. 첫째, 퍼트넘의 연구는 토크빌이 관심을 가진 민주주의 자체에 대한 연구라기보다는 정부의 정책 성과에 대한 연구이다. 퍼트넘의 연구 이후 사회적 자본을 중심으로 정부 성과의 차이를 설명하는 경향이 두드러지게 나타났다.[30] 그리고 이러한 연구들은 비민주주의 국가의 경우에도 사회적 자본이 정부의 성과를 증진시킬 수 있다는 결과를 보여주고 있다.[31] 사실 퍼트넘은 민주주의와 독재라는 정치 체제의 구분과 상관없이 사회적 자본이 정부의 효과적인 정책 수행 능력에 미치는 영향을 연구한 것이지, 사회적 자본이 어떻게 복수 정당들 간의 자유로운 선거 경쟁, 시민들의 정치적 선호의 자유로운 표출과 집약, 국가권력에 대한 헌법과 법률의 제한 등 핵심적인 민주주의 제도의 발전에 기여하는지는 대답해주고 있지 않다. 민주주의의 성숙도와 정부의 정책 성과는 분명히 구별되어야 할 개념이다. 예를 들어, 싱가포르는 비민주주의 국가로 분류되는 데도 싱가포르 정부의 효과성과 투명성은 매우 높은 것으로 평가되고 있다.[32]

신뢰와 민주주의의 관계를 알아보기 위해 Polity IV[33]의 '제도화

---

30 Boix, C. & Posner, D. (1998). Social Capital: Explaining Its Origins and Effects on Government Performance. *British Journal of Political Science*, 28, 686-693.; Narayan, D. (1999). Bonds and Bridges: Social Capital and Poverty. (Policy Research Working Paper No. 2167). World Bank.; Knack, S. (2002). Social Capital and the Quality of Government: Evidence from the States. *The American Journal of Political Science*, 46(4), 772-785.

31 특히 비민주주의 체제를 유지하는 저발전국가들을 대상으로 한 Narayan, D. (1999). *op. cit.*

32 세계은행이 발간하는 '세계 정부 지수(WGI)'에 따르면 2007년 현재 212개국 중 싱가포르 정부는 효과성에서 1위, 투명성에서 9위를 차지했다.

33 'Polity Project'는 1975년부터 세계 각국의 민주주의 지수를 제공해왔는데, 현재 정치학계에서 민주주의 연구에 가장 많이 사용되는 자료이다.

된 민주주의' 지수를 사용해 신뢰의 민주주의 효과를 검증해보았
다. Polity IV의 민주주의 지수는 행정수반의 선출, 행정권의 제한,
정치적 경쟁 등 3가지 차원에서 각국의 민주주의 성숙도를 측정하
고 있다. 분석에 사용된 민주주의 지수는 1991~2007년의 평균치
로서 0에서 10으로 갈수록 민주주의가 발전한 국가임을 의미한다.
〈그림 3.6.〉에서 보는 바와 같이 신뢰는 민주주의와 양의 관계가 있
으나 통계적으로 유의하지 않은 것으로 나타났다. 신뢰와 민주주의
의 피어슨 상관계수는 0.18로 낮은 수준이다.

신뢰와 민주주의의 관계에 대해서는 보다 체계적인 실증 분석이
필요하나, 예비적 분석만으로 볼 때 토크빌의 고전적 명제, 즉, 시민

:: 그림 3.6. **신뢰와 민주주의**

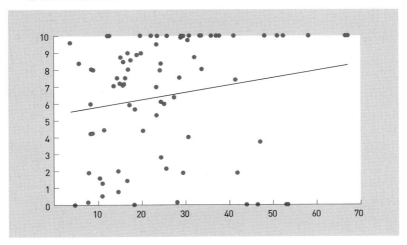

주 : 81개국 대상. x축은 타인을 신뢰한다고 응답한 비중(%), y축은 민주주의 지수(1991~2007년 평균). 범위는
　　0(독재)~10(민주주의).
자료 : World Values Survey 1999~2006; Polity IV Project: Political Regime Characteristics and
　　Transitions 1800~2007.

들의 자발적 단체 활동이 신뢰 등 사회적 자본을 형성함으로써 민주주의 발전에 기여한다는 이론은 분명히 한계가 있다. 신뢰와 민주주의의 관계가 미약하게 나타난 것은 신뢰의 질에 차이가 있기 때문일 수 있다. 즉, 신뢰의 범위가 연고 집단, 지역사회 등 협소한 대인관계를 넘어 사회 전체를 향한 일반화된 신뢰(generalized trust)로 확대되어야 정치 공동체에 대한 관심과 책임의식이 형성되고, 이를 통해 공화주의의 바탕을 이루는 건전한 정치의식과 시민적 규범이 확립될 수 있는 것이다. 베르만은 1920년대 독일 바이마르공화국 시기에 시민사회 내의 왕성한 자발적 단체 활동이 바이마르 민주주의의 붕괴를 막지 못하는 역설적 결과를 낳았음을 지적했다.[34] 이 시기에 독일의 중산층이 사교 및 문화 활동을 목적으로 결성된 자발적 단체들이 만개하는 등 토크빌이나 퍼트넘이 예찬했던 민주주의의 사회적 조건이 성숙했음에도 불구하고 바이마르 민주주의의 붕괴와 나치정권의 등장을 막지 못한 이유는 당시 독일 중산층의 자발적 단체 활동이 이념과 종교별로 폐쇄화된 '신뢰의 원(circle of trust)' 안에서 이루어짐으로써 민주주의에 부정적으로 작용했기 때문이다.

퍼트넘의 사회적 자본 연구가 가진 두 번째 한계로 퍼트넘이 제시한 '사회적 자본 → 정부 성과'의 인과관계 방향이 최근 연구에 의해 도전을 받고 있다는 점을 들 수 있다. 르바이나 로스타인과 스톨은 사회적 자본이 능력 있는 정부를 만드는 것이 아니라, 정부의

---

34 Berman, S. (1997). Civil Society and the Collapse of the Weimar Republic. *World Politics*, 49, 401-429.

공정하고 일관된 법 집행 능력이 사회적 자본의 형성에 기여한다고 주장한다.[35] 민주국가에서 유일하게 합법적 강제력을 사용할 수 있는 정부가 법을 감시하고 위반자를 처벌하며 신뢰를 보호하는 데 공권력을 효과적으로 사용하지 못할 경우 사회적 신뢰는 형성되기 어렵다. 그뿐만 아니라 민주주의 제도는 권력을 남용하려는 정치인들을 교체하거나 제한할 수 있게 해주는 장치이기 때문에, 민주주의 제도가 공고한 사회에서 비로소 시민들은 안심하고 정부를 신뢰할 수 있게 된다.[36]

퍼트넘의 연구가 민주주의의 사회 문화적 조건을 강조한 것이라면 르바이나 로스타인과 스톨의 연구는 사회적 자본의 정치 제도적 기원을 설명한 것이라 할 수 있다. 퍼트넘의 민주주의 이론은 민주주의를 구성하는 제도적 요소만으로는 민주주의를 제대로 이해할 수 없고, 민주주의를 운영하는 정치적 행위자들의 관계, 즉, 사회적 관계에 주목해야 한다는 것이다. 이러한 퍼트넘의 문제의식은 역사적으로 자생적인 시민혁명 없이 외부로부터 선진 민주주의 제도를 이식하는 방법으로 탄생한 전 세계의 신생 민주주의 국가들에 제도의 이식만으로는 민주주의가 성공적으로 작동할 수 없음을 경고한다. 실제로 최근 한국, 태국, 대만 등 동아시아의 신생 민주주의 국가들은 제도적 차원에서 권위주의에서 민주주의로의 체제 전환에

---

35 Levi, M. (2003). A State of Trust. In Braithwaite, V. & Levi, M. (Eds.), *Trust and Governance.* New York: Russell Sage Foundation.; Rothstein, B. & Stolle, D. (2008). The State and Social Capital: An Institutional Theory of Generalized Trust. *Comparative Politics*, 40(4), 441-459.
36 르바이에 따르면 민주주의에서 시민의 정치적 신뢰는 언제든 철회할 수 있다는 점에서 지배권력에 대한 '조건부 동의(contingent consent)'의 영역에 속한다고 한다. Levi, M. (2003). *op. cit.*

는 성공했으나 국민의 정치적 불신이 고조되고 정치 제도의 정당성 위기가 심화되는 등 질적으로 아직 미숙한 '불완전한 민주주의'에 머물러 있다.[37]

그러나 퍼트넘은 이러한 불완전한 민주주의 국가들이 어떻게 사회적 자본을 키움으로써 성숙된 민주주의 국가로 도약할 수 있는가에 대한 이론을 제시하고 있지는 않다. 르바이나 로스타인과 스톨의 연구가 중요한 이유는 사회적 자본이 부족한 불완전한 민주주의 하에서도 정부가 시민의 자유와 권리를 보장하는 법규범을 제정해 이를 공정하게 집행하겠다는 확고한 의지와 능력만 있다면 사회적 자본의 증진과 민주주의의 성숙도 가능하다는 것을 우리에게 보여 주기 때문이다.

---

37 Chu, Y. *et al.* (2008). *How East Asians View Democracy*. New York: Columbia University Press.

제II부

신뢰가 부족한
한국 사회

Rebuilding Trust

4. 공적 제도는
사회적 자본에
어떤 영향을 미치는가?

4.1. 한국 사회의 낮은 신뢰 수준

사회의 신뢰 수준은 국가별로 커다란 격차가 있다. 북유럽에서는
자물쇠를 채우지 않은 채 길거리에 세워둔 자전거를 흔히 볼 수 있
는데, 로마 등 이탈리아의 특정 도시에서는 상상조차 하기 어려운
일이다. 리더스 다이제스트사의 신뢰 실험[1]만 보더라도 북유럽에서
는 대부분의 지갑이 돌아온 반면, 남부 이탈리아에서는 거의 돌아
오지 않았다. 미국 뉴욕을 여행하던 덴마크 사람이 자녀를 방치한
혐의로 체포된 사례 또한 미국과 덴마크 양국의 신뢰 수준이 얼마

---

1 50달러 상당의 돈과 연락처가 든 지갑을 주요 도시에 무작위로 뿌린 후 회수율을 확인한 실험이다.
2 Zak, P. & Knack, S. (2001). Trust and Growth. *The Economic Journal*, 111 (April), 295-321.

나 다른지 단적으로 보여준다.[2] 덴마크에서는 쇼핑이나 외식 중에 어린아이를 길가에 혼자 놀도록 하는 것이 전혀 이상한 일이 아니지만 미국에서는 처벌받을 일인 것이다. 미국 디트로이트에서 이스라엘 예루살렘으로 이주한 한 유대인 여성은 어린 자녀들이 놀이터에서 어른의 보호 없이 놀 수 있는 환경을 이주 이유로 꼽았다.[3] 이스라엘에서는 혼자 노는 어린이들을 주변의 어른들이 돌보아준다는 암묵적인 규범이 형성되어 있다. 조금은 다른 예로서 미국 뉴욕시의 다이아몬드 도매상들은 거래 시 검사를 위해 수십만 달러 상당의 보석이 든 뭉치를 아무 계약서 없이 수일간 빌려준다. 물론 여기에는 이러한 신뢰를 가능케 하는 사회구조가 뒷받침되어 있다. 보석상들은 대부분 유대인들이며 강한 결속력과 상호 규범을 가진 커뮤니티에 속해 있다. 만약 상대방을 속일 경우 이들은 거래처는 물론 자신이 속한 가족, 종교, 지역 커뮤니티로부터 제명당하는 큰 불이익을 당하게 된다.

한국은 신뢰 수준이 낮은 사회에 속한다. 신뢰를 측정하는 대표적 국제기구인 세계가치관조사(World Values Survey 2005~2006)의 결과에 따르면, 한국은 "대부분의 사람을 믿을 수 있는가?"라는 질문에 10명 중 3명만이 그렇다고 응답해 선진국(스웨덴 6.8명)은 물론 중국(5.2명) 등 주변 국가에 비해서도 낮은 신뢰도를 보여주었다. 조사한 샘플 국가의 수가 더 많았던 1999~2004년 세계가치관조사에서도 한국은 10명 중 2.7명만이 남을 신뢰한다고 응답해 OECD 평균인

---

3 Coleman, J. (1988). Social Capital in the Creation of Human Capital. *The American Journal of Sociology*, 94, S95-S120.

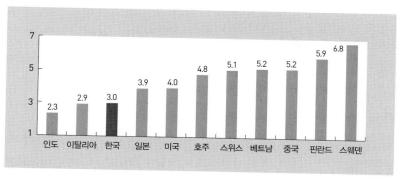

주 : 타인을 신뢰한다고 응답한 비중(10인당 명수).
자료 : World Values Survey 2005~2006.

3.4명보다 낮은 신뢰도를 보였다.[4]

각 사회의 신뢰 수준을 나타내는 또 하나의 지표는 사람들이 얼마나 믿을 수 있게 행동하는지 여부이다. 구성원들이 정직하게 행동하는 사회일수록 신뢰도가 높기 때문이다. 하딘의 말을 빌리면 신뢰성(trustworthiness)이 신뢰(trust)를 낳는 것이다.[5] 또한 타인을 신뢰하는 사회에서는 구성원들이 믿을 수 있게 행동하는 규범이 형성된다. 따라서 〈그림 4.2.〉에서 보듯이 신뢰 수준이 높은(trusting) 사회일수록 믿을 만한(trustworthy) 사람이 많다. 한국의 경우 10명 중 5.4명이 대부분의 사람들이 자신을 공정하게 대하기보다는 이용하려 한다고 응답해 미국(3.8명), 캐나다(3.3명) 등에 비해 신뢰성이 낮은 것으로 나타났다. 즉, 한국은 믿을 수 있게 행동하는 사람들이 적고, (그 때문에)

4 1999~2004년(Wave 4)에서는 71개국이 조사된 반면, 2005~2006년(Wave 5) 조사결과는 2009년 현재까지 56개국이 발표되었다.

5 Hardin, R. (2001). Conceptions and Explanations of Trust. In Karen, C. (Ed.), *Trust in Society*. (pp. 3-39), New York: Russell Sage Foundation.

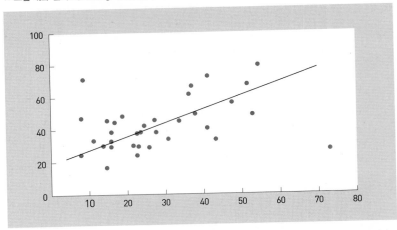

주 : 자료가 존재하는 35개국 대상. x축은 타인을 신뢰한다고 응답한 비중(%), y축은 사람들이 자신을 이용하기보
  다 공정하게 대한다고 응답한 비중(%).
자료 : World Values Survey 1999~2004.

타인에 대한 신뢰도가 낮은 사회이다.

일반인에 대한 신뢰와 함께 각종 사회기관에 대한 신뢰도는 사회
적 자본 수준을 추정하는 중요한 단서이다. 대부분의 사람들이 각
종 사회기관과 접촉한 경험을 통해서 사회 전체에 대한 신뢰성을
판가름하는 경향이 있기 때문이다. 1999~2004년간 세계가치관조
사에 의하면 한국은 다수의 사회기관(국회, 정부, 정당, 경찰, 기업 및 종교
기관)에 대해 외국에 비해 전반적으로 낮은 신뢰도를 보였다.[6] 특히
국회에 대한 한국인의 신뢰도는 10.1%[7]에 불과해 71개 조사대상국

6 단, 언론과 군대에 대해서는 예외로 높은 수준의 신뢰도를 보였다. 예를 들면, 64.7%가 언론을
  신뢰한다고 응답해 OECD 평균 41.1%에 비해 높은 신뢰도를 보였다. 일반적으로 언론 등 정치
  적으로 중립적인 기관은 국회, 정당 등 정치성이 깊은 단체보다 신뢰도가 높은 편이나, 한국의
  경우 양쪽 기관 간 신뢰도 격차가 특히 심한 것으로 나타났다.

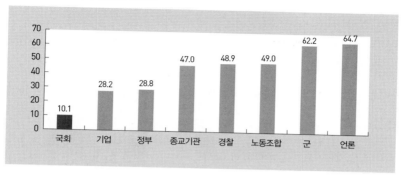

:: 그림 4.3. 한국의 사회기관별 신뢰도

주 : 각종 사회기관에 대해 신뢰한다고 응답한 비중(%).
자료 : World Values Survey 1999~2004.

중 최하위로 나타났다.

한국 사회의 또 다른 특징은 신뢰의 반경이 좁다는 것이다. 후쿠야마에 의하면 신뢰의 반경이 좁은 사회는 신뢰 대상이 가족과 친지 등 가까운 관계에만 한정되고 타인에 대한 신뢰도는 낮은 특징이 있다.[8] 한국인들은 99% 이상이 가족을 신뢰하지만 처음 만난 사람에 대해서는 13%만이 신뢰한다고 응답했다. 물론 타인보다 가족을 더 신뢰하는 것이 당연하지만, 한국은 그 격차가 너무 크다. 〈그림 4.4.〉에서 보듯이 OECD 회원국 중 자료가 존재하는 12개 국가와 비교했을 때 가족과 처음으로 만난 사람 간 신뢰 격차가 크다. 이것은 가족 중심인 한국 사회의 신뢰 반경이 좁다는 후쿠야마의 주장을 뒷받침한다. 한국인은 특히 처음 만난 사람에 대한 신뢰도

---

[7] 상당히 신뢰, 어느 정도 신뢰, 별로 신뢰하지 않음, 전혀 신뢰하지 않음 중 처음 2개를 응답한 비율이다.

[8] Fukuyama, F. (1995). *Trust: The Social Values and the Creation of Prosperity*. New York: Free Press.

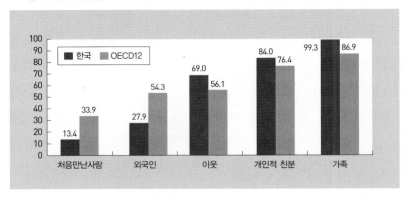

주 : 신뢰도는 완전 또는 약간 신뢰한다고 응답한 비중(%, 다른 선택지는 완전 또는 별로 신뢰하지 않음). OECD 12는 조사에 포함된 OECD 12개국 평균.
자료 : World Values Survey 2005.

가 낮은데, 이것은 일반적 신뢰가 낮음을 의미한다.

한국의 사회적 자본은 1980～1990년대를 거치면서 급격히 감소했다. 1982년에 응답자의 38%가 타인을 신뢰한다고 응답했으나 1996년 이후에는 30% 이하로 감소했다. 외환위기 이후인 2001년도에 27.4%로 최저점을 기록한 후 한국의 사회신뢰도는 30% 아래에서 굳어진 것으로 보인다. 먼저 1982～1996년간 신뢰도가 급격히 감소한 것은 체제 변화에 따른 사회적 불안과 연관이 있어 보인다. 1980년대는 민주화가 진행되고 권위주의가 청산되는 과정에서 정부의 권위가 훼손되면서 체제에 대한 신뢰가 전반적으로 감소했다.[9] 사회적 불안은 타인에 대한 일반적인 신뢰감을 저하시키는 결

9 우천식, 김태종 (2007). "한국 경제·사회의 발전과 사회적 자본." 우천식 외 (공저). 《한국 경제·사회와 사회적 자본》. 서울: 한국개발연구원.

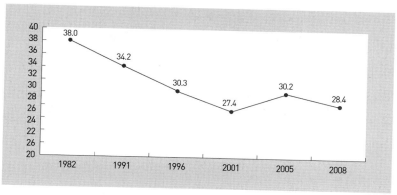

주 : 타인을 신뢰한다고 응답한 비중(%).
자료 : World Values Survey Korea 1982~2005. 2008은 WVS 기준으로 삼성경제연구소와 매일경제신문이
　　　공동으로 한 설문조사 결과.

정적인 원인이다. 오늘의 기득권 세력이 내일 어떻게 될지 모르는
사회에서는 상대방을 신뢰하기가 어렵기 때문이다. 1996~2001년
간 신뢰 수준이 감소한 이유는 외환위기를 겪으면서 법을 집행하고
질서를 유지하는 정부의 리더십과 기능에 대한 공적 신뢰가 감소한
결과로 볼 수 있다.

4.2. 공적 제도 붕괴와 불신의 악순환

이 절에서는 사회적 신뢰의 형성을 공적 제도의 측면에서 접근한
다. 구체적으로 법과 제도가 일반적 신뢰를 제고하는 이론적 경로
를 분석하고, 이를 실증적으로 입증한다. 법이 공정하게 집행되고

계약이 보호되는 사회에서는 신뢰 수준이 높아진다. 법률 체계는 합법적인 계약의 범위를 정하고, 국가는 계약 이행을 담보하며, 법원은 계약 당사자 간 분쟁을 해결한다.[10] 이렇듯 법 제도가 계약의 공정한 집행을 보장하면 거래자들이 서로 신뢰하기 쉽다. 구체적으로 법은 계약의 불이행을 제재하고 피해보상을 명령함으로써 타인을 신뢰하는 데 드는 위험(비용)을 감소시키는 장치이다. 예를 들어, 상대방이 계약을 어겼을 경우 사법 제도는 소유권을 보호하는 제도적 장치로 작동한다. 계약을 집행하고 불법 행위를 처벌하는 제도의 담보 없이는 남을 신뢰하는 행위 자체가 현실적으로 불가능하기 때문이다.[11]

따라서 특정 개인은 못 믿어도 법과 제도를 신뢰하기 때문에 거래가 이루어지는 경우가 많다. 사안에 따라서는 공식적인 계약서에 서명하는 행위 자체만으로도 남을 신뢰할 수 있는 근거가 될 수 있다.[12] 일반적으로 신뢰는 개인의 성향·관계 또는 제도를 기반으로 구축하는 것이 가능한데, 법이 공정하고 잘 준수되는 사회에서는 제도에 대한 신뢰가 개인에 대한 신뢰를 보완할 수 있다. 반면, 법 제도가 불투명하고 잘 준수되지 않는 사회에서는 계약을 집행하고 소유권을 보호하기 위해서 많은 비용이 소요된다. 즉, 남을 신뢰하는 데 따르는 위험부담이 크고 거래 비용이 높아져 신뢰가 감소한다.

---

10 Jensen, M. & Meckling, W. (1976). Theory of the Firm: Managerial Behavior, Agency Costs, and Ownership Structure. *Journal of Financial Economics*, 3, 305-360.

11 Hardin, R. (1992). The Street-Level Epistemology of Trust. *Analyse & Kritik*, 14, 152-176.

12 Zucker, L. (1986). Production of Trust: Institutional Sources of Economic Structure, 1840-1920. *Research in Organizational Behavior*, 8, 53-111.

이러한 사회에서 타인에 대한 신뢰는 전적으로 개인적인 평판이나 인간관계에 의존하게 된다. 심할 경우에는 모든 사람이 서로 전쟁하는(War of all against all) 상황이 발생하고 사회적 신뢰는 깨어진다.[13]

법 제도가 사회의 신뢰를 증진하는 효과는 상대방 B에 대한 신뢰를 바탕으로 거래 여부를 결정하는 A의 예를 들어 설명할 수 있다. B가 거래 후에 계약을 이행할 경우 A는 10의 이익을 얻고, 반대로 약속을 저버릴 경우 10을 손해 본다고 가정한다(거래하지 않았을 때의 수익은 0이다). 위험에 대해 중립적인 A가 B를 신뢰하기로 결정하기 위해서는 B와 거래했을 때의 기대수익(expected profit)이 신뢰하지 않았을 때의 수익인 0보다 커야 한다. 따라서 A의 기대수익은 다음과 같이 표현할 수 있다.

$$p \times 10 + (1-p) \times (-10) > 0$$

여기서 p는 B가 계약을 이행할 확률을 나타내는데, p의 크기는 B의 평판이나 A의 경험 등에 달려 있다. 앞의 식을 풀면 A가 B를 신뢰하고 거래할 조건은 p가 1/2보다 클 때이다. 즉, B가 약속을 지킬 확률이 절반 이상은 되어야 A가 신뢰한다는 의미이다.

지금까지는 개인의 평판이나 성향이 신뢰를 결정하는 유일한 변수이다. 모든 거래의 성사 여부가 상대방의 신뢰도에 대한 개인의 판단에 달려 있기 때문이다. 하지만 앞서 언급했듯이 법질서 등 공

---

13 Levi, M. (1998). A State of Trust. In Braithwaite, V. & Levi, M. (Eds.), *Trust and Governance* (pp. 77-101). New York: Russell Sage Foundation.

적 제도가 신뢰에 영향을 끼치는 원인으로 작용할 수 있다. 상대방이 계약을 지키지 않을 경우 효과적으로 처벌하고 보상받을 수 있도록 법이 집행되는 사회에서는 p가 1/2보다 작을 경우, 즉 B가 약속을 지킬 확률이 절반에 못 미칠 경우에도 A가 거래를 결정할 수 있다. 예를 들어 B가 신뢰를 저버렸을 경우 A가 피해액 10에 대해 절반만큼 보상받을 수 있다고 가정하면, A의 기대수익은 다음과 같이 표현할 수 있다.

$$p \times 10 + (1-p) \times (-10 + 5) > 0$$

이 경우 p가 1/3만 초과하면, A는 B를 신뢰하고 거래가 이루어진다. 즉, 상대방 개인에 대한 믿음이 부족할 경우에도 법 제도로 인해 거래가 이루어진다. 개인에 대한 신뢰를 법에 대한 신뢰가 보완하는 역할을 하는 것이다. 따라서 법질서가 잘 준수되는 국가에서는 위험성이 높은 거래가 계약서도 없이 성사되는 것을 자주 볼 수 있다. 영국의 머천트뱅크 햄브로스(Hambros)의 노르웨이 지사는 그 좋은 사례이다.

어느 금요일 오후 햄브로스의 노르웨이 지사 담당자가 거래 관계가 없는 노르웨이의 유명 선주(船主)로부터 전화를 받았다. 내용은 30분 내에 20만 파운드의 현금이 필요하다는 것이다. 선주의 배 한 척이 암스테르담의 한 조선소에서 수리를 받았는데 수리비 20만 파운드를 현금으로 지불하지 않으면 배가 주말 동안 출항하지 못하고, 선주는 2만 파운드의 비용을 손해 보게 된다는 것이다. 이야기를 들은 햄브로스 담당자는 전화를 끊지 않고 바로 암스테르담의 한 은행에 전신을 통해 암스테르담의 조선소에 20만 파운드를 송금할 것을 요청했다. 전신을 받은 지 3분 후에 암스테르담 은행은 조선소에 돈을 보냈다고 답신을 해왔다.[14]

놀라운 사실은 20만 파운드라는 큰 액수를 빌려주는 거래가 아무런 확인이나 보증 절차 없이 돈을 갚겠다는 선주의 말에만 의지해 이루어진 것이다. 서면 계약서도 없이 암스테르담 은행은 햄브로스를, 또 햄브로스는 노르웨이의 선주를 신뢰한 결과이다. 물론 이와 같이 높은 수준의 신뢰가 가능했던 원인은 견고한 법질서 집행 체계에 있다. 노르웨이에서는 선주가 약속을 이행하지 않았을 경우에도 햄브로스가 비교적 쉽게 돈을 회수할 수 있는 법체계가 마련되어 있다. 민간 소유권을 보호하는 법체계가 제대로 작동하기 때문이다. 물론 암스테르담 은행의 경우 햄브로스가 빌린 돈을 갚을 것을 지금까지의 거래에 비추어 알고 있었다.[15]

햄브로스 사례에서 나타난 신뢰 관계는 법질서 수준이 낮은 국가에서는 찾아보기 어렵다. 계약을 집행하고 소유권을 보호하기 위해 많은 비용이 소요되기 때문이다. 예를 들어, 아프리카의 카메룬에서는 지불되지 않은 상업송장(invoice)을 받아내기 위해 법적 절차를

---

14 Coleman, J. (1990). *Foundation of Social Theory*. Cambridge: Harvard University Press.; Wechsberg, J. (1966). *The Merchant Bankers*. Boston: Little Brown.
15 참고로 선주에게 돈을 빌려준 햄브로스의 노르웨이 지사 담당자는 선주의 회사가 빌린 돈을 지불할 능력이 있다는 정보를 이미 알고 있었다. 즉, 정보가 신뢰를 구축하는 데 도움이 된다.

밟을 경우 소송에만 2년의 기간이 걸리며 송장 금액의 3분의 1에 해당하는 비용이 소요된다.[16] 상대방이 계약을 이행하지 않을 경우 법적 보상을 기대하기가 어렵고 그 때문에 신뢰도는 낮아지게 된다.

법과 제도가 신뢰를 증진시키는 이유는 사람들이 자신의 행동에 대한 사회적·경제적·법적 결과를 고려하기 때문이다.[17] 예를 들어 미국의 증권거래위원회(SEC, Securities and Exchange Commission)와 같은 제도는 투자은행이나 주식 중개인들이 고객을 속일 인센티브를 감소시켜 결국 고객이 중개인을 신뢰하게 한다.[18] 신뢰는 상대방이 약속을 지킬 동기가 있다는 믿음이며 이것은 결국 타인에게 신용을 주거나 타인의 충고를 따르는 행위로 표출된다. 따라서 모든 형태의 신뢰는 배반당할 위험을 어느 정도 내포한다.[19] 국가가 신뢰를 어기는 행위를 감독하고 제재하지 못할 경우 신뢰 수준이 낮아지는 것도 이 같은 이유에서다. 예컨대 일반적으로 신뢰가 높다고 알려진 일본에서도 상호 감시와 구속이 없는 상황에서는 신뢰가 낮아진다는 연구 결과가 있다.[20]

법과 신뢰 간에 양의 상관관계가 존재하지만, 이것이 곧 법질서에서 신뢰 증진으로 연결되는 인과관계를 의미하지는 않는다. 법질서가 확립되어 있지 않기 때문에 사회신뢰가 결여될 수 있지만, 반

---

16 Harford, T. (2006). *Undercover Economist*. Oxford: Oxford University Press.

17 Sobel, J. (2002). Can We Trust Social Capital?. *Journal of Economic Literature*, 40(1), 139-154.

18 Zak, P. & Knack, S. (2001). *op. cit.*

19 Levi, M. (1998). *op. cit.*; Sobel, J. (2002). *op. cit.*

20 Yamagishi, T. (1988). The Provision of a Sanctioning System in the United States and Japan. *Social Psychology Quarterly*, 51(3), 265-271.

대로 신뢰가 부족하기 때문에 법질서가 지켜지지 않는다는 주장을 할 수 있기 때문이다. 예를 들어서 정부에 대한 신뢰가 결여되면 법질서가 정당성을 확보하지 못한다. 노사 및 시위 문제에서 정부에 대한 신뢰가 부족해 법질서가 지켜지지 않는다는 주장이 나오는 이유이다. 하지만 정부에 대한 신뢰는 공적 신뢰(public confidence)로서 일반적 신뢰(generalized trust)와는 구별할 필요가 있다. 〈그림 4.6.〉에서 보듯이 정부에 대한 공적 신뢰가 결여되면 법질서가 붕괴되고 결과적으로 일반적 신뢰가 저하된다.[21] 물론 일반적 신뢰의 저하가 공적 신뢰의 결여로 연결되면 사회질서나 제도에 대한 신뢰 상실로 이어질 수 있다.[22] 이 경우 불신의 악순환이 지속될 가능성이 있지만 이 연구에서는 법질서 붕괴가 일반적 신뢰 저하로 이어지는 경로(〈그림 4.6.〉 박스)에 초점을 둔다.

역인과관계가 나타날 수 있는 또 다른 가능성은 신뢰가 법을 대체할 수 있다는 것이다. 서로 신뢰하는 사회에서는 법이 정교하게 상황을 규정하지 않아도 문제를 해결하기 쉽다. 즉, 거래 비용이 감소하게 되는 것이다. 특히 환경이 복잡해서 관련 법을 만들거나 집행하는 비용이 높을 경우 사회적 신뢰가 중요한 역할을 하게 된다. 예를 들어, 비즈니스 사회에서는 많은 거래가 구두로 이루어지며

---

[21] 신뢰가 없어서 법질서가 지켜지지 않는지, 혹은 법질서를 지키지 않아 신뢰가 없는 것인지는 정책적으로 중요한 문제이다. 만약 신뢰 부족이 원인이라면 신뢰 회복에 중점을 두어야지 법질서 준수에만 정책을 집중하면 순환의 오류에 빠질 수 있다. 반대로 법질서가 문제라면 법질서 수준을 높이는 대책이 신뢰 부족을 해결할 수단을 제공한다. 법질서를 제대로 지키지 않는 원인 중에서 신뢰 부족 자체가 원인이 될 수 있는 것은 배제하는 것이 중요하다.
[22] 하지만 일반적 신뢰가 법질서에 영향을 미치는 경로는 이론적으로 불확실하다. 일반적 신뢰가 법의 집행과 준수를 어떻게 개선하는지 명확하게 설명하기 어렵기 때문이다.

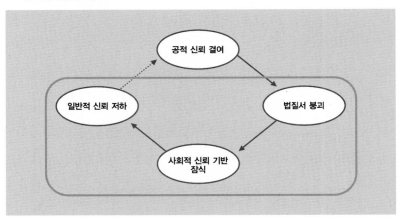

거래자들은 좋은 평판을 유지하기 위해 법적인 의무가 없어도 약속을 성실히 이행한다. 즉, 신뢰가 법을 대체한다고 할 수 있다.

그러나 일반적으로 법은 대부분 사회 불신을 전제로 만들어진다. 법은 계약에서 신뢰를 저해하는 행위를 금지해 분쟁이나 다툼을 막는 역할을 한다.[23] 따라서 신뢰가 부족하고 불확실성이 높은 사회에서는 법질서를 확립하는 것이 중요하다. 악수로 이루어지는 비공식적인 약속이 계약의 이행을 담보하지 못하는 사회에서는 결국 공인 계약서나 소환장 등 공식적인 제도에 의지하게 된다. 1970년대부터 미국 사회의 일반적 신뢰가 감소한 것과 변호사, 판사 및 경찰 등 법을 집행하는 기관의 수가 늘어난 것이 밀접하게 연관되어 있다는 주장이 존재한다.[24] 즉, 법이 "인공적인" 신뢰를 만들어낸 것이다.

---

23 물론 조정 문제 때문에 신뢰가 있어도 불확실성을 줄이기 위해 법이 필요한 경우도 있다.

또한 환경이 변해서 기존 법이 현실을 따라가지 못할 때 신뢰가 줄어든다. 최근의 글로벌 금융위기는 법이 변화하는 현실을 반영하지 못해 시장의 신뢰위기를 초래한 것으로 해석될 수 있다. 금융규제가 고도화되는 금융기법을 따라가지 못했기 때문에 서브프라임 모기지 사태가 발생한 것이다.

법 제도와 사회신뢰

KDI의 연구에 따르면 한국 사회에 만연해 있는 범법행위와 이를 용인하는 풍조가 경제의 효율성과 성장 잠재력을 저해하는 것으로 나타났다.[25] 1991~2000년간을 분석한 이 연구 결과에 따르면 법질서 지수(PRS Group 자료)가 평균적으로 한 단위 올라갈수록 연평균 경제성장률이 0.9%p 높은 것으로 추정되었다.

법질서에서 경제성장으로 이어지는 경로에는 바로 신뢰가 있다. 즉, 법질서가 잘 지켜지면 신뢰가 높아져 투자와 거래가 활성화되고, 결국 경제성장에 도움이 된다.

본 연구는 법질서가 일반적 신뢰에 미치는 영향을 국가별로 횡단면 분석했는데, 분석 결과 법질서 수준이 높은 국가일수록 일반적 신뢰 수준이 높은 것으로 나타났다.[26] 예를 들어 법질서가 지켜지는 정도를 나타내는 세계은행의 법 지배 지수(Rule of Law Index)가 높은

---

24 Putnam, R. D. (2000). *Bowling Alone: The Collapse and Revival of Community*. New York: Touchstone Books.

25 차문중 (2007). "법질서의 준수가 경제성장에 미치는 영향." (KDI 정책포럼 제173호). 한국개발연구원.

26 보다 자세한 분석 결과는 이 책의 〈부록 A.1. 법질서가 신뢰에 미치는 영향 분석〉 참조.

국가인 덴마크에서는 66.5%의 응답자가 남을 신뢰하는 반면, 법질
서 수준이 가장 낮은 국가인 알제리의 신뢰 수준은 11.2%에 불과하
였다. 또한 한국의 법 지배 지수가 현재의 0.71에서 미국 수준인
1.72로 증가하면 신뢰도가 미국(36.3%)에 근접하도록 향상된다. 즉,
한국과 미국의 일반적인 신뢰 차이는 대부분 법질서의 차이로 설명
될 수 있다.

　　법질서 수준을 나타내는 다른 설명변수인 부패 인식 지수(Corruption
Perceptions Index)와 법률기관에 대한 신뢰 역시 일반적 신뢰와 양의
상관관계를 보였다. 부패가 적거나 (법률기관에 대한 신뢰가 높기 때문에)
법질서의 집행이 효과적인 국가일수록 일반적 신뢰의 수준이 높게
나타났다.

:: 그림 4.7. **법질서와 일반적 신뢰**

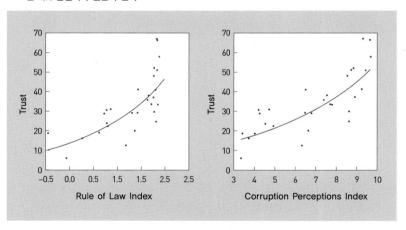

주 : 25개 OECD 국가 대상. x축은 법 지배 지수(1996~1998년 평균)와 부패 인식 지수(1998년), y축은 일반적
　　신뢰도(1999~2004년 조사). 부패 인식 지수는 높을수록 부패가 적은 것을 의미.
자료 : World Bank ; Transparency International ; World Values Survey 1999~2004.

〈그림 4.7.〉은 OECD 국가를 대상으로 법질서와 일반적 신뢰의 상관관계를 보여준다. 법질서 수준은 세계은행의 법 지배 지수(왼쪽 그림)와 국제투명성기구(Transparency International)의 부패 인식 지수(오른쪽 그림)로 파악하였고, 일반적 신뢰도는 세계가치관조사의 결과이다. 그림에서 보듯이 법질서가 잘 집행되는 국가일수록 일반적 신뢰 수준이 높은 것을 확인할 수 있다.

5. 갈등사회와 사회적 네트워크의 모순

'아프리카의 성장 비극(Africa's Growth Tragedy)'이란 말이 있다. 여러 민족과 부족으로 구성된 아프리카 국가에서 그룹 간 경쟁이 협력을 저해하고 결국 성장에 필요한 정책이나 인프라 공급이 부족해진다는 의미이다. 한 예로 아프리카 가나의 사례를 들 수 있다.[1] 가나의 주요 수출품은 코코아인데, 주로 인구의 13%를 차지하는 아샨티족의 영역에서 생산된다. 아샨티족이 코코아 생산을 독차지하면서 연안에 거주하는 아칸족의 불만이 쌓여갔다. 그러던 중 1950년대 초 인구의 30%를 차지하는 아칸족 출신의 콰메 은쿠르마가 집권하면서 상황이 반전되었다. 콰메 은쿠르마는 집권 후 곧 코코아 가격을 동결시키는 법을 통과시키고 지속적으로 무거운 세금을 부과하였다. 이후 1969년 아샨티족이 재집권한 후 가장 먼저 한 일이 코코아

1 Easterly, W. & Levine, R. (1997). Africa's Growth Tragedy: Politics and Ethnic Divisions. *The Quarterly Journal of Economics*, 112(4), 1203-1250.

가격을 재인상하는 것이었다. 1971년에는 세계 시장의 코코아 가격이 떨어지고 있었음에도 불구하고 국내 코코아 가격을 다시 인상하였다. 결국 아샨티 정권은 군부 쿠데타로 전복되었다. 이후 1970~1980년대에 걸쳐 공식 환율의 과대평가를 통한 코코아 수출에 대한 징벌적 세금이 지속되었다. 결국 1949년에 세계 코코아 시장 가격의 89%를 받던 가나의 코코아 생산자들은 1983년에는 단 6%만을 받을 수 있었다. 1955년 가나 GDP의 19%를 차지하던 코코아 수출은 1983년 GDP의 3%로 축소되었다. 물론 가나의 사례는 민족 집단 간 경쟁의 폐해를 보여주지만, 소득계층 간 갈등도 동일하게 사회통합을 방해한다.

5장에서는 한국과 같이 사회적 갈등과 분열이 심한 사회에서 신뢰 등 사회협력을 증진하기 위해 어떠한 전략과 방향이 필요한지를 검토하기로 한다. 앞서 2장에서 서술한 대로 사회적 신뢰의 증진을 위해서는 공적 제도와 사회적 네트워크 구축이라는 2가지 접근 방식이 가능하다. 이와 관련해 4장에서는 법질서 등 공적 제도가 사회적 신뢰에 미치는 영향을 분석했다. 그리고 5장은 사회적 분열이 심한 사회에서는 왜 네트워크가 사회적 신뢰를 오히려 저해할 수 있는지 제시하는 것을 목적으로 한다.

일반적으로 사회적 네트워크가 밀집하게 형성된 사회에서는 각종 자발적 단체가 활성화되고, 이것은 곧 수평적인 인간관계를 촉진해 사회적 신뢰와 협력의 수준이 높아진다. 수평적 네트워크가 발달된 사회에서는 정보의 흐름이 효율적으로 이루어지고 비공식적인 사회규범이 잘 지켜지기 때문에 서로 신뢰하기 쉽다. 예컨대 거래 당사자가 누구인지, 또 어떻게 행동할 것인지 예측하기 쉽다. 또한 단체 활동은 구성원들에게 협력과 화합의 습관을 심어주고 공동체 정신을 함양한다.[2] 이외에도 여러 연구에서 단체가입률과 일반적 신뢰가 밀접하게 연관되어 있음을 실증적으로 보여주었다.[3] 전문 직업 시장이 고도로 발달된 미국에서조차 개인의 취업은 친척이나 이웃 등 인적 네트워크를 통해 이루어지는 경우가 많다. 네트워크가 밀집한 사회일수록 개인의 신뢰성에 대한 정보가 비교적 쉽게 알려지고, 결국 사회의 신뢰를 구축하는 데 도움이 된다. 또한 신뢰 관계가 구축되면 신기술이나 새로운 시장 기회는 물론 신용이 떨어지는 업체(혹은 개인)에 대한 정보가 효율적으로 움직인다.[4] 1980년대 마다가스카르(Madagascar)의 농산물 시장이 자유화된 후 수많은 상점이 생겨났는데, 네트워크가 잘 구축된, 즉 거래 관계가 넓은 상인일수록 많은 이득을 거둘 수 있었다.[5] 구체적으로는 친분 관계가 있는 상인의 수가 2배 증가하면 매출이 37% 증가하는 것으로 나타났다.

사회적 네트워크가 발달하기 위해서는 비공식적이고 자발적인 단체 활동이 활발하게 이루어져야 한다. 각종 시민단체나 종교, 친

---

2 Putnam, R., Leonardi, R. & Nanetti, R. (1993). *Making Democracy* Work. New Jersey: Princeton University Press.

3 Brehm, J. & Rahn, W. (1997). Individual-Level Evidence for the Causes and Consequences of Social Capital. *The American Journal of Political Science*, 41(3), 999-1023.

4 Grief, A. (1993). Contract Enforceability and Economic Institutions in Early Trade: The Maghribi Traders' Coalition. *The American Economic Review*, 83, 525-548.; Fafchamps, M. & Minten, B. (2002). Returns to Social Network Capital among Traders. *Oxford Economic Papers*, 54, 173-206.

5 Fafchamps, M. & Minten, B. (2002). *ibid*.

목단체의 활성화가 경우에 따라서 사회협력 증진에 긍정적인 효과를 미칠 수 있는 이유이다. 세계가치관조사(World Values Survey)의 국가별 단체가입 데이터를 이용한 한 연구는 교육·예술·문화 단체, 봉사 단체, 청소년 단체, 스포츠·여가 단체 등 비공식적 단체의 가입 비중이 높은 국가일수록 일반적 신뢰 수준이 높은 것을 발견했다.[6] 이들은 퍼트넘이 사회협력에 긍정적인 영향을 끼친다고 주장한 단체들이다. 네트워크의 발달과 관련되어 중요한 변수로서 소득 불균형과 민족 다양성을 들 수 있다. 소득 불균형과 민족 다양성은 사회의 분열 수준을 대리하는 변수이다. 소득계층 간 격차가 크고 민족 분포가 다양한 사회일수록 자발적 단체 활동이 활발히 이루어지기 어렵고 결과적으로 신뢰가 감소한다. 즉, 분열된 사회에서는 서로 다른 계층이나 직업에 속한 구성원들이 자발적으로 모이기 어렵기 때문에 네트워크가 발전하기 어렵고 사회적 신뢰가 감소한다. 이런 이유로 여러 연구에서 소득 불균형과 민족 다양성이 심화된 사회에서 신뢰가 부족하다는 것을 통계적으로 보여주었다.[7]

1960년대 말 미국에는 다저타운(Dodgertown)이라 불리는 프로야구 선수들의 훈련 캠프가 있었다.[8] 당시 다저타운에서는 마이너리그와 메이저리그 중 어떤 리그에 속하는지에 따라 식사 시간에 자리에

---

6 Knack, S. (2003). Groups, Growth and Trust: A Cross-Country Evidence on the Olson and Putnam Hypotheses. *Public Choice*, 117, 341-355.

7 Knack, S. & Keefer, P. (1997). Does Social Capital Have an Economic Payoff? A Cross-Country Investigation. *The Quarterly Journal of Economics*, 112(4), 1251-1288.; La Porta, *et al.* (1997). Trust in Large Organizations. *The American Economic Review, Papers and Proceedings of the Hundred and Fourth Annual Meeting of the American Economic Association* (May 1997), 333-338.

8 Harford, T. (2008). *Logic of Life*. New York: Random House.

앉는 방법이 달랐다고 한다. 마이너리그 선수들은 음식을 받은 후 안쪽 빈자리부터 차례대로 채워 앉도록 규정되어 있었다. 만약 백인 선수가 흑인 선수와 같이 앉기를 원하지 않으면 밖에 나가서 자신의 돈으로 식사를 사먹어야 했다. 당연히 같은 테이블에 백인 선수와 흑인 선수가 함께 식사를 하게 되었다. 반면 메이저리그 선수들은 자신의 자리를 선택할 수 있었고, 결과적으로 인종이 섞인 테이블이 드물었다고 한다.

일반적으로 개인들은 자신과 비슷한 처지에 있는 사람들과 어울리기를 선호한다. 따라서 자신과 같은 소득이나 인종 그룹에 속한 사람들과 모임이나 단체를 구성하게 된다. 미국의 지역을 대상으로 한 연구에 따르면 소득이 불균형하고 인종 분포가 다양한 지역일수록 종교, 시민, 교육 및 레저 단체에 가입하는 비중이 저조했다.[9] 특히 이러한 현상은 멤버 간 접촉이 잦은 교회나 청소년 단체에서 두드러진 반면, 접촉이 적은 전문직협회에서는 이질성(heterogeneity)이 큰 문제가 되지 않았다. 상대방과의 직접적인 교류가 필요한 단체 가입은 결국 회원의 인종이나 연령 등 인구통계(demographics)와 밀접한 관계가 있다.

앞의 다저타운 사례를 처음 언급했던 노벨경제학상 수상자 토머스 셸링(Thomas Schelling)은 유명한 체스판 모형을 통해 사람들이 자신과 비슷한 사람들을 이웃으로 얻기 위해, 아니면 자신과 다른 사람들을 피하기 위해 아주 조금만 노력해도 결국은 극단적으로 분리

---

[9] Alesina, A. & La Ferrara, E. (2000). Participation in Heterogeneous Communities. *The Quarterly Journal of Economics*, 115(3), 847-904.

된 사회가 나타날 수 있다고 주장하였다. 즉, 아주 미약한 동기가 극도의 결과를 낳게 된다.

사회적 분열이 심한 사회에서는 각종 단체 활동이 오히려 사회협력에 부정적인 효과를 미칠 수도 있다. 노조나 전문직협회 등 이익단체들이 정부로비를 통해 조세특혜나 독점규제의 보호를 얻기 위해 서로 경쟁하는 과정에서 사회 불안이 심화되기 때문이다. 물론 분배나 지대 추구(rent-seeking)가 목적이 아닌 단순 친목이나 문화, 여가 단체의 경우 사회의 신뢰와 협력을 촉진하기 쉽다. 하지만 단순한 친목 모임일지라도 그 멤버십이 노조나 전문직협회 등 이익단체와 겹치는 경우에는 단순한 모임이 사회신뢰를 저해하는 원인이 될 수 있다. 일반적으로 소득 수준이나 직업, 민족 등으로 멤버십이 결정되는 단체들은 조직 내부에서만 신뢰와 협력이 증진될 수 있다.[10] 예컨대 한국 사회에서는 혈연, 지연, 학연에 따라 여러 친목 단체가 밀집하게 포진해 있는데, 이것은 단체 내부의 신뢰를 높이는 역할을 한다. 하지만 조직의 폐쇄성 때문에 사회 전체의 신뢰와 협력에는 오히려 부정적인 영향을 줄 수 있다. 즉, 한국같이 분열된 사회에서는 사람들이 폐쇄적인 단체를 중심으로 모이는 것이 오히려 신뢰 수준을 낮출 수 있다.

사회적 신뢰 증진을 설명하는 두 번째 접근 방식인 공적 제도의 역할은 앞서 4장에서 설명했다. 법질서 등 공적 제도는 타인을 신뢰하는 데 따르는 위험 비용을 낮추고 계약이 불이행될 경우에 대한

---

10 Knack, S. (2003). *op. cit.*

보상을 담보함으로써 사회의 신뢰와 협력 수준을 높이는 역할을 한다. 즉, 법질서는 서로 배신하는 행위로 발생되는 손실을 감소시켜 신뢰를 증진한다. 법이 공정하고 효율적으로 집행되고, 또 구성원이 법을 잘 지키는 사회는 공정한(fair) 사회이다. 신뢰에 대한 기존 연구에 따르면 공정한 사회일수록 구성원들의 신뢰도가 높아진다. 예를 들면, 능력이나 경제적 성과가 아닌 다른 이유로 임금이 결정되는 사회에서는 신뢰가 떨어진다.[11] 하딘은 "강력한 정부는 계약을 집행하고 절도 등의 행위를 처벌함으로써 신뢰를 담보할 수 있다."라고 했다.[12] 또한 법이 공정하게 집행되는 사회에서는 정부 지도자가 임의로 행동하는 것을 방지해 정부정책의 신뢰성을 제고할 수 있다.

반대로 법과 제도가 신뢰 형성을 방해한다는 견해도 존재한다. 나이트는 법질서에 지나치게 의존하다 보면 법의 비인격적이고 틀에 박힌 특성상 생산적인 사회 교류와 커뮤니티 형성을 방해할 수 있다고 했다.[13] 따라서 법이 신뢰를 제고하기 위해서 갖추어야 할 2가지 조건이 있는데, 첫 번째는 법 제도가 지역사회의 상식, 즉 비공식적 규범과 조화를 이루어야 한다는 것이다. 홈스에 따르면 안정적인 법체계는 옳고 그름을 떠나서 그 지역사회의 실질적인 정서와 수요를 반영해야 한다.[14] 그 사회의 도덕적 기준과 일치하는 법

---

11 Zak, P. & Knack, S. (2001). Trust and Growth. *The Economic Journal*, 111 (April), 295-321.
12 Hardin, R. (1992). The Street-Level Epistemology of Trust. *Analyse & Kritik*, 14, 152-176; Knack, S. & Keefer, P. (1997). *op. cit.*에서 재인용.
13 Knight, J. (2001). Social Norms and the Rule of Law: Fostering Trust in a Socially-Diverse Society. In Karen, C. (Ed.), *Trust in Society* (pp. 354-373). New York: Russell Sage Foundation.
14 Holmes, O. (1881). The Common Law. New York: Little Brown.; Knight, J. (2001). *op. cit.*

제도는 당연히 잘 지켜지게 된다. 두 번째 조건은 법이 사회의 다양한 이해관계를 수용할 수 있도록 유연해야 한다는 점이다. 이 조건은 특히 소득계층이나 민족 구성이 다양한 사회에서 중요하다. 다양한 사회에서 법률의 해석은 다른 이해관계를 가진 그룹 간의 갈등을 해소하는 실마리를 제공할 수 있기 때문이다.

5장의 주제는 사회분열이 심각한 사회에서 신뢰를 증진하기 위해서 사회적 네트워크의 활성화보다는 법질서 등 공적 제도에 초점을 맞추는 것이 더 효과적이라는 것이다. 분열된 사회에서 밀집하게 형성된 폐쇄적 네트워크는 계층이나 단체 간의 경쟁을 자극해 사회의 신뢰를 해칠 수 있기 때문이다. 이를 보여주기 위해 먼저 소득 분배를 중심으로 한국의 사회분열 현상을 살펴보고, 다음으로 분열된 사회에서는 사회적 네트워크가 신뢰를 증진하는 효과가 없다는 것을 보여준다. 반면, 법질서가 신뢰를 증진하는 효과는 사회분열 상태에 관계없이 일정하다.

5.1. 한국 사회의 갈등과 분열[15]

한국은 소득 분포, 연고주의, 노사 문제, 이념갈등 등 여러 분야에서 사회분열 현상이 심각하게 나타나고 있다. 이 중에서도 특히 소득계층 간 분열 문제가 심각하다. 윤인진의 여론조사에 따르면 가장

---

15 이동원 (2009). "한국의 소득불균형과 사회행복." 삼성경제연구소. 참조.

많은 응답자(35.5%)가 계층 간 분열을 한국 사회에서 가장 심각한 사회갈등의 원인으로 뽑고 있다.[16] 그 다음으로 지역갈등(22.7%), 노사 갈등(19.7%), 이념갈등(8.9%)이 심각한 것으로 나타난다. 이외에도 여러 조사에서 계층 간 갈등이 한국 사회의 가장 심각한 분열 요인으로 나타난다. 전영평 등의 조사에서는 가장 많은 응답자인 47%가 이러한 사회분열의 원인으로 "무분별한 자기이익 추구"를 지적했다.[17] 즉, 계층이나 이익집단 간 지대 추구가 사회분열의 핵심에 있다는 의미이다. 특히 김태홍 등의 조사에서는 대다수의 응답자 (80.8%)가 향후 10년간 사회갈등이 심화될 것이라고 전망했다.[18]

한국 사회의 계층 간 분열은 필연적으로 혈연, 지연, 학연과 연결되어 있다. 후쿠야마는 한국, 중국 등 동아시아 국가들은 전통적으로 가족 중심 사회이므로 일반적인 신뢰 형성이 어렵다고 진단한 바 있다.[19] 혈연, 지연, 학연으로 폐쇄적인 네트워크를 형성하고 지대 추구를 목적으로 이를 활용하다 보니 소득 분배 문제와 연결된다. 이 절에서는 한국 사회 분열의 핵심에 있는 소득 불균형을 진단한다. 〈그림 5.1.〉에서 보듯이 소득분포의 불평등도를 측정하기 위한 지니계수는 1990년대 초반 이후 악화되는 추세이다. 특히 외환위기인 1997년을 전후로 경기침체와 구조조정, 대규모 실업 등으로

---

16 윤인진 (2008). "한국인의 갈등의식과 갈등조정방식."《2008 KDI 공개정책토론회》12월 15일. 서울: 한국개발연구원.
17 전영평 외 (2005). "사회갈등에 관한 국민의식 및 정책수요 조사." (협동연구총서 05-02-05). 경제·인문사회연구회.
18 김태홍 외 (2005). "국민통합을 위한 사회갈등 해소방안 연구." (협동연구총서 05-02-01). 경제·인문사회연구회.
19 Fukuyama, F. (1995). *Trust: The Social Values and the Creation of Prosperity*. New York: Free Press.

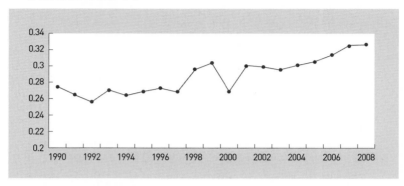

주 : 도시가구 2인 이상, 시장소득 기준.
자료 : 통계청 KOSIS DB.

소득 격차가 커지면서 한국의 지니계수는 급속하게 상승하고 있다.

한편, OECD 국가와 비교할 때 지니계수로 본 한국의 소득 불균형은 상대적으로 양호한 편이다. 2000년대 중반 기준으로 한국의 지니계수는 OECD 평균 수준(30개국 중 14위)이다. 그러나 소득 불균형을 보여주는 다른 지표인 소득 10분위 배율(상위 10%/하위 10%)로 보면, 한국은 OECD 국가 중 일곱 번째로 빈부 격차가 심한 국가이다. 한국의 상위 10% 가계소득은 하위 10% 가계소득의 4.7배로 OECD 평균인 4.2배를 상회한다. 지니계수에 비해 소득 10분위 배율이 나쁘게 나오는 이유는 빈부 격차가 크기 때문이다.

소득 분배 구조를 보여주는 또 다른 개념으로서 소득 양극화를 들 수 있다.[20] 소득 양극화는 중산층이 감소하면서 소득 분포가 양

---

20 소득 양극화 논의는 민승규 외 (2006). "소득 양극화의 현황과 원인." 삼성경제연구소.

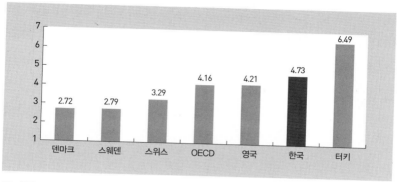

주 : 상위 10%/하위 10%.
자료 : OECD (2009). Society at a Glance 2009: OECD Social Indicators.

극으로 쏠리는 현상을 보여주어, 소득분위별 분배 상황이 고르지 못한 정도(즉, 모든 사람이 똑같은 소득을 나누어 갖는 균등분배를 이루지 못하는 정도)를 보여주는 소득 불균형과 구별된다. 한국의 소득 양극화는 소득 불균형과 같이 외환위기 직후인 1998년부터 중산층이 해체되면서 심화되기 시작했다. 소득 양극화의 원인으로는 세계화 진전, 비IT 부문 생산성 약화와 함께 기업·금융·노동 시장의 구조조정을 들 수 있다. 세계화의 진전은 고급 인력과 단순 노동력 간 임금 격차를 심화시켰고, 비IT 부문 생산성 약화는 관련 부문의 고용을 감소시켰다. 기업·금융·노동 시장의 구조조정은 실직자들의 자영업 진입과 경쟁을 심화시켜 자영업자들의 실질소득을 감소시켰다. 양극화 지수는 2000~2002년 잠시 완화되었으나 이후 다시 증가하는 추세이다. 특히 한국의 소득 양극화 문제점은 중산층의 축소가 대부분 하위 소득계층의 증가로 이어지는 것이다. 또한 소득 불균형

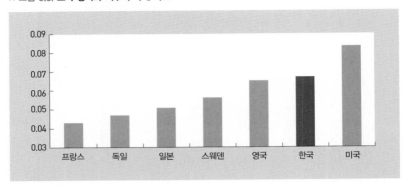

주 : 소득 양극화 지수는 ER 지수.
자료 : 민승규 외 (2006). "소득 양극화의 현황과 원인." 삼성경제연구소.

을 나타내는 지니계수와 달리 한국의 소득 양극화 정도는 선진국에 비해 높은 편이다.

한국 사회의 소득 불균형 혹은 양극화는 글로벌 경제위기로 앞으로도 지속적으로 악화될 전망이다. 내수가 위축되고 고용 부진이 지속되면 기술과 경쟁력이 부족한 취약계층이 먼저 타격을 받기 때문이다. 실제로 2009년 1/4분기에 2~4분위의 소득 증가율은 전년 동기 대비 0.7~1.3%에 달한 반면, 하위 1분위의 소득 증가율은 -5.1%를 기록했다.[21] 2010년에는 국내경기가 회복세로 돌아설 전망이나, 경기회복의 효과는 저소득층에 가장 늦게 나타난다. 특히 고용 부진은 취약계층의 소득이 감소하는 주요 원인으로 작용할 것으로 보인다.

---

21 기획재정부 (2009. 5). "2009년 1/4분기 가계동향 분석."

5.2. 사회 분열로 사라지는 긍정적 네트워크 효과

앞서 설명한 대로 분열된 사회에서는 사회적 네트워크가 발달할수록 사회적 신뢰가 약해질 가능성이 크다. 이 절에서는 네트워크가 일반적 신뢰에 미치는 영향을 소득 균형의 관점에서 분열된 국가와 그렇지 않은 국가로 나누어 분석했다.[22] 그 결과, 일반적으로 네트워크가 잘 발달하고 단체 활동이 활발한 사회일수록 신뢰가 높은 편이나, 소득 불균형이 심한 분열된 국가에서는 네트워크의 효과가 거의 없는 것으로 나타났다. 반면, 법 제도가 사회신뢰에 미치는 긍정적인 효과는 사회분열 정도에 관계없이 동일하게 나타났다.

〈그림 5.4.〉는 지니계수의 중위값을 기준으로 나눈 두 그룹의 네

:: 그림 5.4. **사회분열, 네트워크와 신뢰**

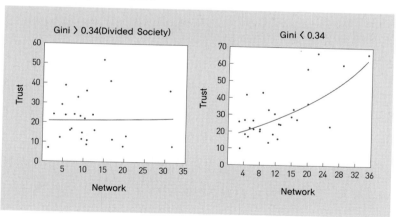

주 : x축은 각국의 네트워크 수준, y축은 일반적 신뢰도.

---

22 보다 자세한 분석 결과는 이 책의 〈부록 A.2. 분열된 사회에서의 네트워크와 사회신뢰〉 참조.

트워크가 신뢰에 미치는 영향을 보여준다. 각국의 네트워크 수준과 세계가치관조사의 일반적 신뢰도를 활용한 것인데, 네트워크 수준은 종교 단체, 교육·예술·문화 단체, 스포츠·여가 단체 등 6개 단체에 가입한 비중으로 측정하였다. 왼쪽 그림은 지니계수가 중위값 (그리스 0.34) 이상으로 소득이 불균형한 30개 국가를, 오른쪽 그림은 지니계수가 중위값 이하로 소득이 비교적 평등하게 분배되는 30개 국가를 나타낸다. 그림에서 보듯이 소득 분배의 측면에서 분열된 국가군(왼쪽)에서는 네트워크와 신뢰 간 관계가 없는 것을 확인할 수 있다. 반면에 지니계수가 중위값 이하인 국가군(오른쪽)에서는 네트워크와 신뢰 간 양의 관계를 명확하게 확인할 수 있다. 지니계수가 중위값 이상인 국가군의 평균 신뢰도는 23.0%로, 중위값 이하인 국가군의 평균 신뢰도 30.9%보다 7.9%p 낮게 나타났다.

퍼트넘은 사회적 네트워크가 활성화되면 사회 구성원들이 각종 단체 활동에 참여해 서로 신뢰하는 기반이 마련된다고 주장했다.[23] 하지만 분열된 사회에서는 네트워크 활동이 서로 비슷한 계층이나 그룹을 중심으로 폐쇄적으로 이루어지기 쉽다. 협소한 성격의 단체 활동은 목적에 관계없이 사회적 신뢰를 증진하기보다는 오히려 파괴할 가능성이 높다.

즉, 분열된 사회에서는 사람들이 모이는 것이 사회협력을 오히려 저해할 수 있다. 반면에 사회분열의 정도에 관계없이 높은 법질서 수준은 사회신뢰를 증진시키는 것으로 나타났다. 결론적으로 사회

---

23 Putnam, R. D., Leonardi, R. & Nanetti, R. (1993). *op. cit.*; Putnam, R. D. (2000). *Bowling Alone : The Collapse and Revival of Community*. New York: Touchstone Books.

분열이 심한 사회에서 일반적 신뢰를 증진하는 방법으로서 네트워크보다는 법과 공적 제도가 효과적이다.

앞에서 언급한 대로 한국 사회는 소득계층 간 분열이 심각한 편이다. 한국 사회의 소득계층을 둘러싼 분열은 혈연·지연·학연과 밀접한 연관이 있다. 혈연·지연·학연을 중심으로 폐쇄적 네트워크가 발달하고, 결국 자신이 속한 집단의 이해를 지키기 위해 다른 집단과 경쟁하기 때문이다. 많은 연구가 분열이 심각한 사회에서 민주주의가 발전하기 어렵다고 주장한다.[24] 여러 계층으로 분열된 사회일수록 서로 다른 입장 차이를 좁히고 합의점을 도출하기 어렵기 때문이다. 이 연구의 분석 결과가 시사하는 점은 한국 사회의 신뢰 회복은 결국 공적 제도에 기초해야 한다는 것이다.

물론 이것이 한국은 모이면 안 되는 사회라는 점을 의미하지는 않는다. 다만 혈연, 지연, 학연으로 복잡하게 얽힌 사회구조에서 단순한 친목 단체라 할지라도 사회적 신뢰를 저해하는 원인을 제공할 수 있다. 예를 들면, 향우회 등 친목 단체나 순수한 봉사 단체도 정치적 혹은 경제적 목적으로 지대 추구 경쟁에 이용될 소지가 크다. 《국부론》에서 애덤 스미스는 "같은 업종에 종사하는 사람들이 단순히 친목을 위해 만날 경우라도 결과는 종종 가격을 담합하는 행위로 나타난다."라고 지적했다. 계층, 직업 및 인종으로 멤버십이 결정되는 단체는 그 단체에 속하지 않은 사람들에 대한 불신을 조장하기 쉽다. 한국 사회의 혈연, 지연, 학연이 사회 불안을 조장하는 이유이다.

---

24 Lijphart, A. (2004). Constitutional Design for Divided Societies. *Journal of Democracy*, 15(2), 96-109.

사회적 자본의 측정과 정책과제

Rebuilding Trust

6. 사회적 자본, 어떻게 측정할 것인가?

경영학자 피터 드러커(Peter Drucker)는 측정할 수 없는 것은 관리할 수 없다고 말했다. 사회적 자본 연구의 가장 큰 한계를 나타내는 말이기도 하다. 측정할 수 없으면 개선이 불가능하기 때문이다. 무형의 개념을 측정하려는 노력은 그동안 경제학계 등에서 지속적으로 시도되어왔다. 예를 들면, 맥클로스키는 설득의 경제적 효과를 추정하였다.[1] "말은 중요하지 않다(Talk Is Cheap)"라는 경제학계의 격언이 틀리다는 것을 입증하기 위해 맥클로스키는 보이지 않는 말(설득)의 중요성을 수치로 계산했다. 이를 위해 미국의 총 근로 시간 1억 1,900만 년(1993년 기준) 중에서 얼마나 설득을 위해 사용되었는지를

---

1 McCloseky, D. & Klamer, A. (1995). One Quarter of GDP is Persuasion. *The American Economic Review*, 85(2), 191-195.

추정했다. 구체적으로 법조인, 홍보 전문가, 영화인, 종교인 등은 100%의 시간을 설득을 위해 사용하는 직업으로 구분하고, 나머지 직업들도 75%(기자, 상담 전문가 등), 50%(경찰, 사회과학자 등), 25%(자연과학자 등) 직업군으로 구분했다. 가중평균을 이용해 계산한 결과, 총 근로 시간에서 설득이 차지하는 비중은 무려 26%에 달했다.

물론 사회적 자본의 경우에는 추정이 이처럼 단순하지는 않다. 사회적 자본은 사회적으로 지속가능한 성장의 핵심에 위치하지만, 그 중요성에 비해 개념의 다양성 때문에 측정하기 어려운 한계가 있다. 일반적으로 신뢰나 규범이 사회적 자본을 대표한다고 이해하지만 이외에도 시민의식, 네트워크의 수준, 구성원의 자발성, 소득 균형 등 협력을 촉진하는 사회구조 등 다양한 개념 요소가 존재한다. 이러한 개념의 다양성과 무형적인 특징이 사회적 자본의 크기와 범위를 측정하는 데 어려움으로 작용한다. 6장에서는 기존 연구에서 사회적 자본을 측정하기 위해 사용한 다양한 방법과 변수를 소개한다.

6.1. 사회적 자본 측정을 위한 다양한 변수

기존 연구는 사회적 자본을 크게 신뢰와 규범의 태도(attitude)와 단체 활동 등 네트워크의 2가지 차원으로 정의한다. 결과적으로 2~3개의 다양한 개념이 사회적 자본을 측정하는 기준에 대한 혼란을 초래했다.[2] 아직까지 학계에서 일반적으로 인정되는 사회적 자본의 포괄적인 지표는 존재하지 않는다.

프랜시스 후쿠야마(Francis Fukuyama)는 사회적 자본을 사람들의 관계에서 협력을 촉진하는 비공식적인 규범으로 정의한다. 이 비공식적 규범에서 생겨나는 신뢰와 네트워크는 조직이나 사회가 효율적으로 작동하기 위한 윤활유 역할을 한다.[3] 퍼트넘에게 사회적 자본은 개인 간의 연결고리를 의미하며, 이 사회적 네트워크에서 신뢰와 '호혜의 규범(norm of reciprocity)'이 생겨난다.[4] 마치 화폐가 물물교환보다 효율적인 것같이 호혜성의 규범이 작동하는 사회는 신뢰가 없는 사회보다 효율적이다. 즉, 모든 호의의 대가를 물물교환과 같이 즉시 지급받을 필요가 없기 때문에 더 많은 협력과 거래가 이루어질 수 있다. 또한 밀집된 사회적 네트워크는 기회주의나 부정행위를 저지를 인센티브를 감소시켜 사회적 신뢰를 증진한다.

후쿠야마의 '협력을 촉진하는 비공식적인 규범'은 사회적 자본이 나타내는 가치에 초점을 둔 개념이고, 퍼트넘의 '개인 간 네트워크'는 사회적 자본의 형태에 초점을 맞춘 개념이다. 결국 규범과 네트워크라는 서로 다른 성질의 개념이 동시에 사회적 자본을 나타내지만 아직까지 두 개념의 관계가 논리적으로 설명되지 못한 상황이다. 따라서 대부분의 연구가 사회적 자본을 종합적으로 측정하기보

---

2 Durlauf, S. (2002). On the Empirics of Social Capital. *The Economic Journal*, 112(483), F459-F479.

3 Fukuyama, F. (1999). *The Great Disruption*. New York: Simon and Schuster.; Fukuyama, F. (1999). Social Capital and Civil Society. *Paper prepared for delivery at the IMF Conference on Second Generation Reforms*.

4 Putnam, R. D. (2000). *Bowling Alone: The Collapse and Revival of Community*. New York: Touchstone Books.

다는 신뢰, 규범, 네트워크 등 사회적 자본을 구성하는 주요 요소를 개별적으로 측정하고 있다.

사회적 자본의 가장 대표적 구성 요소인 신뢰는 일반적 신뢰와 공적 신뢰로 구분된다. 일반적 신뢰를 측정하는 대표적인 설문은 "대부분의 사람을 믿을 수 있는가?"라는 질문에 대해 ① "대부분 믿을 수 있다"와 ② "조심하지 않으면 안 된다" 중 하나를 선택하게 한다. 공적 신뢰는 정부, 국회, 경찰, 기업, 언론, 교육, 종교 등 주요 사회기관을 믿을 수 있다고 응답한 비중으로 측정된다. 신뢰를 측정하는 대표적 기관인 세계가치관조사(World Values Survey)는 각국을 대상으로 일반적 신뢰와 공적 신뢰를 조사한다. 세계가치관조사는 현재까지 1981~1984년(21개국), 1989~1993년(43개국), 1994~1999년(55개국), 1999~2004년(71개국)에 걸쳐 시행되었다. (2005~2006년 조사는 2009년 현재까지 56개국에 대한 결과만 발표되었다.) 이 조사를 통해 일반적 신뢰의 대상인 '대부분의 사람' 이외에도 가족이나 친구, 타 종교인 등에 대한 신뢰를 나라별로 비교할 수 있다. 가족에 대한 신뢰와 처음 만난 사람에 대한 신뢰의 차이가 작을수록 신뢰의 범위가 넓은 사회로 볼 수 있다. 신뢰가 주로 가족에게 집중되는 동아시아와 남미 사회에서는 타인을 믿지 못하는 성향이 강하고 이것이 사회 전체적인 측면의 협력을 저해한다. 〈표 6.1.〉은 세계가치관조사가 분석한 사회적 신뢰의 대상을 보여준다. 세계가치관조사 외에도 미국의 종합사회조사(GSS, General Social Survey) 및 한국의 한국종합사회조사(KGSS, Korean General Social Survey)가 양국의 신뢰에 대해 조사하고 있다. 하지만 질문과 응답의 선택 방식이 달라서 비교하기 쉽지

구분	대상
일반적 신뢰	대부분 사람, 가족, 친분, 타 종교, 외국인, 처음 만난 사람
공적 신뢰	군, 교육, 언론, 노동조합, 경찰, 국회, 행정기관, 사회보험, 언론, 정부, 정당, 기업, 사법기관

않다는 단점이 있다. 예를 들어 2004년 KGSS는 선택지가 4개(항상 신뢰, 대체로 신뢰, 대체로 조심, 항상 조심)로 2002년 미국 GSS가 제공한 3개(신뢰, 조심, 경우에 따라 다름)와 달라 비교하는 데 무리가 있다.[5]

신뢰 다음으로 사회적 자본을 정의하는 데 널리 쓰이는 개념은 '호혜성에 기초한 사회적 규범'이다. 이 개념은 요기 베라(Yogi Berra)[6]의 "당신이 남의 장례식에 가지 않으면 남들도 당신의 장례식에 오지 않을 것이다(If you don't go to somebody's funeral, they won't come to yours)."라는 말에서 잘 표현된다.[7] 즉, 타인을 위한 선의의 행동이 언젠가는 자신에게 돌아온다는 기대감이 사람들이 서로 협력해 공공의 이익을 추구할 수 있게 하는 사회적 규범을 만든다. 성경에 나오는 황금률("대접받고자 하는 대로 남에게 대접하라")이 가장 대표적인 예이다. 남이 나를 이용하기보다 공정하게 대한다고 생각하는 사람이 많을수록 호혜성이 풍부한 사회이다. 요기 베라의 말을 빌리면 모든 사람이 모든 사람의 장례식에 참석하는 사회이다. 사회규범을 간접적으로 측정할 수 있는 변수로는 기부, 자원봉사, 탈세, 부패, 범죄 및 법규 위반 등이 있다. 호혜성의 규범이 잘 작동하는 사회일

---

5 이재혁 (2005). "신뢰와 시민사회: 한국, 미국 조사 비교." 《2005년 KGSS 심포지엄》 (pp. 202-233), 5월 19일. 한국언론재단 국제회의장.
6 미국 메이저 리그의 전설적인 포수로, "It ain't over till it is over." 등 수많은 명언을 남겼다.
7 Putnam, R. D. (2000). op. cit.

수록 당장의 대가 없이 남에게 호의를 베풀고 또한 남에게 피해를 주는 행위를 멀리하기 때문이다.

세계가치관조사는 호혜성의 규범을 측정할 수 있는 2가지 질문을 포함한다.

(1) 사람들이 기회가 생긴다면 당신을 이용한다고 생각하는가, 아니면 공정하게 대한다고 생각하는가?
(2) 다음 행동이 항상 정당화될 수 있다고 생각하는가, 아니면 정당화되지 못한다고 생각하는가?
   ① 정부 보조금 부정 수급   ② 공공교통 무임승차
   ③ 탈세   ④ 뇌물수수

물론 세계가치관조사와 종합사회조사 등 설문조사는 답변이 다분히 주관적일 수 있다는 한계가 있다. 예를 들면, 신뢰하는 사람이 누구를 의미하는지 응답자에게 모호할 수 있다. 이를 보완하기 위해 최근 조사에서는 가족, 친구, 이웃, 처음 만난 사람별로 구분해 신뢰에 대한 질문을 한다. 또한 어디까지가 신뢰하는 것인지, 즉 신뢰의 정확한 개념이 응답자에게 불분명할 수도 있다. 이 문제를 경제학적인 관점에서 접근한 한 연구에서는 돈을 빌려주는 것에 대한 질문을 제안하기도 했다. 즉, 친분이 있는 100인 중(가족 제외) 몇 명에게 소득의 5%에 해당하는 돈을 빌려줄 수 있는가라는 질문이다.[8]

---

8 Paldam, M. & Svendsen, T. (1999). Is Social Capital an Effective Smoke Condenser?. (Social Capital Working Paper No. 11). Washington: World Bank.

이 같은 한계에도 불구하고 세계가치관조사 등은 현재까지 사회적 신뢰를 추정하는 가장 보편적인 자료로 활용되고 있다. 또한 관련 데이터가 어느 정도 객관성이 있다는 증거도 제시되고 있다. 리더스 다이제스트사는 1990년대 후반에 유럽, 미국, 아시아의 주요 도시에 50달러 상당의 현금과 연락처가 든 지갑을 무작위로 떨어트린 후 회수율을 실험했다.[9] 결과는 설문조사에 기초한 지역별 신뢰에 대한 예상을 크게 벗어나지 않았다. 노르웨이의 오슬로(Oslo) 등에서는 지갑 회수율이 100%인 반면 남부 이탈리아의 라벤나(Ravenna), 독일의 바이마르(Weimar)에서는 20%만이 회수되었다. 리더스 다이제스트사의 실험에서 국가별로 회수된 지갑의 수와 세계가치관조사의 신뢰도 간에는 0.67이라는 높은 상관관계가 있는 것으로 나타난다.[10] 또한 회수된 지갑의 수와 "남의 돈을 주워서 돌려주지 않는 것이 타당한가?"라는 질문을 바탕으로 한 신뢰도와는 0.52의 상관관계가 있었다. 결과적으로 말과 실제 행동의 차이 등 설문조사의 여러 가지 한계점에도 불구하고, 세계가치관조사의 신뢰는 각국의 '일반적 신뢰'의 대체적인 수준을 반영한다고 볼 수 있다.

설문조사의 한계점을 보완한 실험 연구에서도 같은 결과가 나와 있다. 대학생을 대상으로 실시한 '신뢰 실험'에서 타인을 신뢰한다고 응답한 학생일수록 신뢰 있게 행동하는 것으로 나타났다.[11] 이

---

9 물론 리더스 다이제스트사도 인정했듯이 이런 종류의 실험에는 다분히 비과학적인 요소가 많으므로 결과를 해석할 때 주의할 필요가 있다.

10 Knack, S. & Keefer, P. (1997). Does Social Capital Have an Economic Payoff? A Cross-Country Investigation. *The Quarterly Journal of Economics*, 112(4), 1251-1288.

11 Glaeer, E., Laibson, D., Scheinkman, J. & Soutter, C. (2000). Measuring Trust. *The Quarterly Journal of Economics*, 115(3), 811-846.

실험은 먼저 미국 하버드 대학생 258명을 대상으로 신뢰에 대한 가치관조사를 하고, 이 중 196명을 선별해 3~4주 후에 신뢰 게임을 시행했다. 신뢰 게임은 두 명씩 짝을 지어 진행되었는데, 한 사람이 0~15달러의 돈을 보내면 받는 사람은 그 2배의 돈을 받게 되고 이후 보낸 사람에게 받은 금액만큼 돌려보내는 방식이다. 이 실험에서는 돌려주는 돈의 액수가 신뢰의 수준을 나타낸다.[12] 실험 결과에 따르면 신뢰에 관한 세계가치관조사에 대한 응답과 그 응답자가 신뢰 게임에서 받은 돈을 돌려준 액수 간에 34%의 상관관계가 있었다. 또한 서로 다른 민족이나 국적의 사람과 게임을 할 경우에 더 적은 액수의 돈을 돌려주는 것으로 나타났다. 아무것도 돌려보내지 않은 경우의 대부분(12번 중 11번)이 서로 다른 민족이나 국적의 학생들이 게임을 한 경우였다. 마지막으로 이 실험에서는 실험 당사자 간에 관계(공통된 친구의 수나 알고 지낸 기간 등)가 많을수록 서로 신뢰할 가능성이 높은 것으로 나타났다. 즉, 사회적 네트워크가 신뢰를 증진한다는 의미이다.

사회적 자본의 마지막 요소인 네트워크 활동은 주로 사회복지, 종교, 노조, 정당, 환경, 청소년, 스포츠 단체 등에 대한 참여 여부와 자원봉사 활동 등으로 추정한다. 특히 보이스카우트 등 청소년을 위한 단체 활동은 어릴 적부터 사회성과 협동심을 키우는 데 도움이 된다고 알려져 있다. 미국 50개 주의 사회적 자본을 측정하기 위

---

12 두 번째 게임은 실험 대상자가 10달러가 든 봉투를 공공장소에 떨어트리는 방식으로 리더스 다이제스트사 실험과 비슷하다. 이 게임에서는 대상자가 봉투에 부여하는 가치로 일반적인 신뢰를 추정한다.

해 퍼트넘은 커뮤니티 네트워크 활동을 이용했다.[13] 〈표 6.2.〉에서 보듯이 퍼트넘의 사회적 자본 지수는 주로 네트워크 활동으로 이루어졌으며, 신뢰는 14개 요소 중 2개로 비교적 적은 비중을 차지한다. 특히 단체의 종류에 관계없이 참여한 단체의 수가 많거나 활동 횟수가 많을수록 사회적 자본이 높다고 가정한 것이 특징이다. 풍부한 단체 활동이 구성원들에게 협동심과 결속력을 심어준다고 보기 때문이다. 퍼트넘에 따르면 미국의 사회적 자본은 캐나다 접경에 위치한 북부지역에 집중되어 있다. 남부지역의 사회적 자본이 낮은 역사적 배경으로는 노예 제도를 들 수 있다. 노예 제도는 흑인 사회 내부의, 또 흑인과 백인 간의 사회적 자본을 파괴하는 제도였다. 흑인 사회에서 호혜에 기초한 네트워크가 발달하면 반란을 일으킬 위협이 있고, 흑인과 백인의 수평적 관계는 노예 제도의 정당성을 위협하기 때문이다. 퍼트넘은 또한 각종 사회단체 참여, 기부 활동, 신뢰가 줄어드는 추세에 비추어 볼 때 미국의 사회적 자본이 감소하고 있다는 유명한 진단을 하고, 그 이유로 TV 시청이나 제2차 세계 대전 세대의 죽음을 들고 있다.

코스타와 칸은 1952~1998년간 미국의 사회적 자본 추이를 커뮤니티와 가정생활로 구분해 추정했다.[14] 커뮤니티 차원의 사회적 자본은 자원봉사 및 단체 활동을 포함하고, 가정생활 차원의 사회적 자본은 가족·이웃 간 친목 활동으로 추정했다. 분석 결과에 따르면

---

13 Putnam, R. D. (2000). *op. cit.*
14 Costa, D. & Kahn, M. (2003). Understanding the American Decline in Social Capital, 1952-1998. *Kyklos*, 56, 17-46.

구분	구성요소
커뮤니티 단체 활동	• 지역사회기관 위원회 참여 • 클럽이나 단체의 간부로 활동 • 인구 천 명당 시민사회단체 수 • 클럽 미팅에 참여한 수 • 평균 단체 구성원 수
공공업무 참여	• 대통령 선거 참여율 • 지역사회나 학교의 공청회에 참여
자원봉사	• 인구 천 명당 비영리 단체의 수 • 커뮤니티 활동에 봉사한 횟수 • 자원봉사한 횟수
비공식적 사회활동	• 친구와 시간을 많이 보냄 • 집에서 여가를 즐긴 횟수
사회적 신뢰	• 대부분의 사람을 신뢰할 수 있다고 응답 • 대부분의 사람이 정직하다고 응답

자료 : Putnam, R. D. (2000). *Bowling Alone : The Collapse and Revival of Community.* New York: Touchstone Books.

1970년대부터 자원봉사와 단체 활동이 감소했는데, 소득 불균형과 민족 다양성이 사회적 자본 감소의 가장 큰 원인이었다. 가족·이웃 간 친목 활동은 1965년부터 주로 여성에게서 감소했는데, 여성의 직업 참여가 주요 원인이었다.

일반적으로 사회적 네트워크와 신뢰 간에는 밀접한 인과관계가 있는 것으로 알려져 있다. 1972~1994년간 미국 종합사회조사(GSS) 결과를 분석한 연구에 따르면 시민사회 참여와 신뢰 간에는 양의 상관관계가 있었다.[15] 구체적으로 커뮤니티에 적극적으로 참여하는 응답자일수록 타인을 신뢰하는 것으로 나타났다. 또한 타인을

---

[15] Brehm, J. & Rahn, W. (1997). Individual-Level Evidence for the Causes and Consequences of Social Capital. *The American Journal of Political Science*, 41(3), 999-1023.

신뢰하는 응답자일수록 정부기관을 신용하는 것으로 나타났다. 결과적으로 커뮤니티 활동이 활발한 사회에서는 정부가 국민의 신뢰와 지지를 바탕으로 정책 목표를 효과적으로 달성할 수 있다.[16]

아프리카 베냉(Benin), 말라위(Malawi), 마다가스카르(Madagascar) 3개국에서 활동하는 농산물 상인들의 거래를 분석한 연구에서는 밀집한 네트워크를 형성한 상인일수록 시장에서 높은 신뢰를 받는 것으로 나타났다.[17] 이 연구에서는 신뢰를 거래계약이 깨지지 않는다는 믿음으로 정의하고, 상인의 신용거래(trade credit)를 통해 신뢰 수준을 추정했다. 추정을 위해 사용된 질문은 "공급자에게서 신용으로 물건을 구입할 수 있는가?"와 "당신은 고객에게 신용으로 납품하는가?"이다. 또한 실제 거래에서 신용거래가 차지하는 비중을 이용해 신뢰의 양을 추정했다. 네트워크를 측정하기 위해서는 친분이 있는 상인의 수, 같은 직종에 있는 친지의 수, 참여하는 협회의 수를 이용했다. 연구 결과에 따르면 풍부한 네트워크 관계를 구축한 상인일수록 신용거래를 많이 하는 것으로 나타났다. 즉, 네트워크 관계는 개인 간의 신뢰를 바탕으로 시장거래를 증진한다는 점에서 '사회적 네트워크 자본(social network capital)'이라고 불릴 수 있다는 것이다. 물론 이 결과를 해석할 때 주의할 점은 신용거래와 네트워크의 인과관계가 분명하지 않을 수 있다는 것이다. 예컨대, 매출규모가 큰 상인일수록 지역의 다른 상인과 네트워크를 만들 유인이 크다.

---

[16] 반면에 부패와 비효율성 때문에 국민의 신뢰를 얻지 못하는 정부는 사회의 일반적 신뢰를 저해할 수 있다.

[17] Fafchamps, M. (2003). Ethnicity and Networks in African Trade. *Contributions to Economic Analysis & Policy*, 2(1), Article 14.

2000년 세계가치관조사의 대상인 70개국을 분석한 연구에 따르면 네트워크와 신뢰 수준의 상관관계에는 상당한 지역 차이가 있는 것으로 나타났다.[18] 북남미와 서유럽 국가들에서는 사회적 네트워크(단체 참여 및 봉사 활동으로 추정)와 신뢰 간에 양의 상관관계가 있으나, 동유럽과 아프리카 지역 내에서는 네트워크 활동이 활발한 국가일수록 오히려 신뢰 수준이 낮은 것으로 나타났다. 〈표 6.3.〉은 지역별 사회적 자본 분포를 보여준다. 서유럽, 북미, 아시아는 신뢰도가 높은 수준이며, 북미와 아프리카 국가들은 단체 참여율이 높은 편이다. 아프리카 지역의 경우 인구의 65.0%가 단체에 참여할 정도로 높은 네트워크 수준을 보이나 신뢰도는 17.9%로 낮다. 남미 역시 서유럽과 비슷한 네트워크 수준을 보여주나 신뢰는 서유럽의 절반에 불과하다.

　모든 종류의 단체 활동이 신뢰와 사회적 협력을 증진하지는 않으며 단체의 성격에 따라 다양한 결과를 가져올 수 있다. 예를 들어 혈연을 중심으로 이루어진 남부 이탈리아의 네트워크는 가족 이외의 타인을 불신하게 함으로써 사회협력을 저해하는 결과를 가져온다. 또한 특정 단체들이 구성원들의 이익을 대변하기 위해 행동하면 사회협력과 결속을 오히려 저해할 수 있다.[19] 따라서 자발적인 교류를 통해 사회신뢰와 협력을 증진하는 단체(예컨대 스포츠, 종교, 문화·여가, 청소년 클럽)와 지대 추구를 위해 국가에 영향력을 행사함으로

---

18 Rossteutscher, S. (2008). Social Capital and Civic Engagement: A Comparative Perspective. *The Handbook of Social Capital*, 208-240.

19 Olson, M. (1982). *The Rise and Decline of Nations*. New Haven, CT: Yale University Press.; Knack, S. & Keefer, P. (1997). *op. cit.*

	신뢰	단체 참여(%)	자원봉사(%)
서유럽	37.1	48.2	24.4
동유럽	21.1	25.2	16.5
북미	37.3	76.2	51.3
남미	18.1	46.6	33.1
아프리카	17.9	65.0	64.8
아시아	35.9	45.3	38.2

자료 : World Values Survey 2000; Rossteutscher, S. (2008). Social Capital and Civic Engagement: A Comparative perspective. *The Handbook of Social Capital*, pp. 208-240에서 재인용.

써 사회협력을 저해할 수 있는 전문적인 이익단체(예컨대 정치 단체, 노동조합)를 구분할 필요가 있다.[20] 물론 이 같은 단순 분류에는 한계가 있다. 올리버는 미국의 지역사회를 대상으로 한 연구에서 상대적으로 소득 수준이 높고 같은 민족이 모여 사는 지역일수록 시민사회 참여가 적음을 발견했는데,[21] 이는 소득과 인종을 둘러싼 정치적 갈등이 오히려 시민사회의 활동을 촉진하는 효과가 있음을 의미한다. 즉, 시민사회 활동도 성격에 따라 협력보다는 사회갈등과 연관이 깊을 수 있다. 올리버는 시민사회 참여를 측정하기 위해 지역선거 참여율, 선출 공무원과의 교제, 지역사회 모임 참여, 자발적 단체 활동의 4가지 변수를 이용했다. 이 중 지역사회 모임과 자발적 단체

---

20 Knack, S. & Keefer, P. (1997). *op. cit.* 여기에서는 퍼트넘 그룹과 올슨 그룹으로 두 단체를 구분했지만 경제성장이나 신뢰에 미치는 영향을 분석한 연구에서 유의한 결과를 도출해내지는 못했다.

21 Oliver, E. J. (1999). The Effects of Metropolitan Economic Segregation on Local Civic Participation. *The American Journal of Political Science*, 43(1), 186-212.

활동은 신뢰와 규범을 형성하는 대표적인 네트워크이다. 이외에도 일부에서는 종교 단체를 따로 구분할 필요가 있다고 주장한다.[22] 종교 단체는 자선과 이타주의를 통해 사회통합을 촉진할 수 있으나, 반면에 종교 간 대립 탓에 사회갈등의 원인이 될 수도 있다.

　미국 남북전쟁 당시 북군의 충성도를 결정하는 요인을 분석한 연구에서는 중대(company)의 사회적 자본 수준을 커뮤니티적인 특징을 이용해 추정했다.[23] 중대 단위는 100명이라는 비교적 적은 수로 구성되어 있기 때문에 지속적인 교류를 바탕으로 한 커뮤니티 형성을 측정하는 좋은 변수이다. 또한 중대원에게 걸린 이해관계가 크기 때문에 개인의 헌신(commitment) 정도를 측정하기 쉽다. 연구 결과에 의하면 분석 대상인 북군의 303개 중대 중에서 대원들의 출생지, 직업, 나이 차이가 적은 중대일수록 탈영이 드문 것으로 나타났다. 즉, 커뮤니티적인 특징이 비슷한 사람이 모인 조직일수록 조직에 대한 충성도가 높았다. 구성이 이질적인 조직은 생산성이 떨어지는데, 그 이유는 사회적 통합과 비공식적인 의사소통이 어렵기 때문이다. 또한 사회적 자본이 적은 조직에서는 이기적인 행동에 대한 제재나 처벌 역시 비효과적이다. 이질적인 조직에 속한 구성원의 충성도가 떨어지는 이유는 현대에서도 자주 볼 수 있는데, 예를 들면 직원들의 나이, 교육, 경력, 인종 차이가 심한 회사일수록 이직률이 높은 것으로 알려져 있다. 또한 여러 연구에서 인종이나

---

22 Rossteutscher, S. (2008). *op. cit.*
23 Costa, D. & Kahn, M. (2003). Cowards and Heroes: Group Loyalty in *the American Civil War*. *The Quarterly Journal of Economics*, 118(2), 519-548.

소득 분배가 불균등한 사회일수록 단체 참여율과 신뢰도가 저조하다고 나타난다.[24]

이외에도 여러 연구에서 사회의 협력과 결속의 수준을 가늠하게 해주는 사회·정치·경제적 변수를 이용해 사회적 자본 수준을 추정하고 있다. 〈표 6.4.〉에서 보듯이 이러한 변수들은 사회적 자본의 기본 개념인 신뢰, 규범, 네트워크와 직·간접적으로 관련이 있다. 예를 들어, 사회적 자본은 민주주의와 밀접한 연관이 있다고 알려져 있다. 자발적인 단체 활동은 정치 참여를 촉진함으로써 민주주의 발전에 기여한다. 민주주의는 또한 일반적 신뢰와도 밀접한 관계가 있다고 알려져 있다.[25] 민주주의는 사회갈등을 해소하는 제도이며, 타인이나 사회 제도에 대한 신뢰가 높은 사회일수록 합의를 통해 계층이나 단체 간 갈등이 효율적으로 관리될 수 있다. 신뢰도가 낮은 사회에서 민주주의가 발전하기 어려운 이유는 자신과 다른 생각을 가진 단체가 집권할 경우 공정한 절차와 규칙에 따라 행동하지 않을 것이라고 믿기 때문이다.

사회적 자본의 양을 개인적인 차원에서 추정한 미시적 변수로서는 카풀(car pooling)을 들 수 있다. 카풀은 ① 신뢰와 같이 눈에 보이지 않는 사회적 자본이 실제 행위로 표현되는 것을 보여주고, ② 구성원 간의 실질적인 교류와 상호작용이 필요한 네트워크이며, 마지막으로 ③ 서로 같은 지역에 살아야 가능하기 때문에 사회적 자본

---

24 Alesina, A. & La Ferrara, E. (2000). Participation in Heterogeneous Communities. *The Quarterly Journal of Economics*, 115(3), 847-904.

25 Paxton, P. (1999). Is Social Capital Declining in the United States? A Multiple Indicator Assessment. *The American Journal of Sociology*, 105(1), 88-127.

구분	대상
사회적	범죄율, 부패, 언론 자유, 인권, 인종갈등, 카풀
정치적	민주주의, 정치적 권리, 법원의 독립성, 소유권 보호
경제적	소득 불평등, 노동쟁의(파업), 주택 소유

이 작동하는 범위를 비교적 정확히 알 수 있다. 찰스와 클라인은 미국의 카풀 자료를 이용해 서로 같은 인종 간에 사회적 자본이 쉽게 형성된다는 것을 보여주었다.[26] 연구 결과에 따르면 자신과 같은 인종이 많은 지역에 거주하는 사람일수록 카풀에 참여할 가능성이 높다. 예를 들면, 동양인의 경우 동양인이 많이 모여 사는 지역에 거주할 경우 카풀에 더 많이 참여하는 반면, 상대적으로 같은 지역에 거주하는 다른 인종들은 카풀에 적게 참여한다. 즉, 서로 같은 인종 간에 지속적인 사회적 관계가 형성될 가능성이 높다.

마지막으로 주택 소유 비중으로 지역의 사회적 자본을 측정하기도 한다. 주택을 소유한 사람일수록 지역사회의 사회적 자본에 투자할 경제적 인센티브가 높기 때문이다.[27] 커뮤니티의 사회적 환경이 자산 가격에 영향을 줄 수 있고, 일반적으로 소유주의 주택 보유 기간이 길기 때문이다. 연구 결과에 따르면 집을 소유한 사람은 그렇지 않은 사람에 비해 지역사회 문제 해결에 참여할 가능성이 10%, 교육감이 누구인지 알 가능성이 13%, 지역사회 선거에 참여

---

26 Charles, K. & Kline, P. (2002). Relational Costs and the Production of Social Capital: Evidence from Carpooling. (NBER Working Paper No. 9041). NBER.

27 DiPasquale, D. & Glaeser, E. (1998). Incentives and Social Capital: Are Homeowners Better Citizens?. (NBER Working Paper No. 6363). NBER.

할 가능성이 16%, 지역 단체에 가입할 가능성은 22% 높았다. 결국 주택을 소유한 사람일수록 좋은 시민(good citizen)이 될 인센티브가 높다.

6.2. 기존 연구의 한계와 포괄적 측정의 필요성

이 같은 다양한 접근에도 불구하고 사회적 자본 측정을 시도한 기존 연구는 몇 가지 한계를 지니고 있다.[28]

첫 번째로 사회적 자본의 다차원성(multi-dimensionality) 때문에 연구자들이 각각 다른 측면의 사회적 자본을 측정하고 있다. 이러한 연구는 다양한 이론적·경험적 접근 방법을 가능하게 하는 반면, 사회적 자본을 포괄적으로 측정하는 것을 어렵게 한다.

두 번째로 많은 연구가 사회적 자본의 기본 개념인 신뢰, 규범 및 네트워크 활동과는 직접 연관이 없는, 즉 대표성이 부족한 변수를 이용함으로써 사회적 자본의 개념에 대한 혼란을 초래했다.[29] 이 같은 연구에서 자주 사용되는 헌혈이나 교육 등의 변수들은 사회적 자본이 축적된 결과를 보여준다. 문제는 이러한 변수들이 너무 포괄적으로 사용되다 보면 사회적 자본의 개념 자체가 희석되는 부작

---

28 Sabatini, F. (2006). The Empirics of Social Capital and Economic Developement: A Critical Perspective. *Foundazione Eni Enrio Mattei Note di Lavoro* Series Index: ⟨http://www.feem.it/Feem/Pub/Publications/WPapers/default.htm⟩; Sabatini, F. (2009). Social Capital as Social Networks: A New Framework for Measurement and an Empirical Analysis of its Determinants and Consequences. *The Journal of Socio-Economics*, 38(3), 429-442.
29 Durlauf, S.(2002). *op. cit.*

용이 생긴다.

세 번째 한계는 사회적 자본의 측정을 위해 가장 대표적으로 이용되는 일반적 신뢰가 다소 미시적이라는 것이다. '대부분의 사람을 믿을 수 있는가' 라는 질문에 대한 개개인의 응답을 모아서 만든 사회적 신뢰는 신뢰가 형성되는 사회적·역사적인 상황과는 연결고리가 약한 약점이 있다.[30] 또한 많은 연구가 자발적인 단체 활동을 사회적 자본 수준의 대리변수(proxy)로 이용한다. 수평적이고 다양한 사회적 네트워크가 존재하는 사회일수록 단체 활동이 신뢰와 사회적 협력을 촉진한다는 것이 근거이다.[31] 하지만 단체 활동이 신뢰를 촉진하기보다 남을 신뢰하는 사람일수록 단체에 참여할 가능성이 높을 수 있다. 또한 단체 내에서 발생한 신뢰가 사회 전체로 전이되는 과정이나 네트워크 활동과 신뢰의 관계에 대한 충분한 설명이 아직 없는 상황이다.[32]

결국 사회적 자본을 종합적으로 측정하기 위해서는 사회적 신뢰와 네트워크 활동을 동시에 반영할 필요가 있다. 사회적 네트워크는 신뢰만으로는 설명할 수 없는 사회적·역사적 상황을 반영한다. 반면 네트워크가 사회적 협력을 촉진하는 매개체로 작용하기 위해서는 사회적 신뢰가 필요하다. 또한 신뢰, 네트워크와 함께 사회적 자본의 개념을 대리하는 여러 거시적 변수를 사회적 자본의 종합지

---

30 Foley, M. & Edwards, B. (1999). Is It Time to Disinvest in Social Capital?. *Journal of Public Policy*, 19(2), 199-231.

31 Putnam, R., Leonardi, R. & Nanetti, R. (1993). *Making Democracy Work*. New Jersey: Princeton University Press.

32 Uslaner, E. (2002). *The Moral Value of Trust*. Cambridge: Cambridge University Press.

수에 포함시킬 필요가 있다. 그동안 제한적으로 시도되었던 사회적 자본의 포괄적 측정 방법을 3개의 대표적인 연구를 통해 살펴보도록 하자.

먼저 팩스턴(Paxton)은 미국 사회의 신뢰와 자발적 단체 활동을 나타내는 15개 변수를 이용해 1975~1995년간 미국의 사회적 자본의 변화를 추정했다.[33] 구체적으로 개인과 사회기관에 대한 신뢰와 자발적 단체 활동을 각각 추정한 후, 평균치를 곱하는 방법으로 사회적 자본 수준을 추정한 것이다. 하지만 신뢰와 단체 활동을 나타내는 변수들이 포괄적이지 못하며 단순히 평균치를 곱하는 방법에 대한 근거를 제시하지 못한 한계가 있다.

잠재적 계급(latent class) 모형으로 사회적 자본을 추정하는 방법도 있다.[34] 이 방식의 장점은 사회적 자본이 근본적으로 다차원적인 개념인 것을 고려하는 데 있다. 구체적으로 미국 종합사회조사(GSS)의 18개 질문에 1만 4,527명이 응답한 패턴을 분석해 신뢰·규범 수준과 자발적 단체 활동에 따라 7개의 사회적 자본 그룹으로 나누었다. 예를 들면, 사회적 자본 수준이 가장 낮은 그룹 1에 속하는 응답자들은 대부분 타인을 신뢰하지 않으며, 평균 1.0개 이하의 자발적 단체에 참여한다. 반면, 사회적 자본이 풍부한 그룹 7에 속한 응답자들은 대부분 타인을 신뢰하며, 가입한 단체 수는 평균 7.0개이다. 7개의 그룹은 사회적 자본의 양의 격차를 나타내기보다는 다른 종류의 사

33 Paxton, P. (1999). *op. cit.*
34 Owen, A. & Videras, J. (2006). Reconsidering Social Capital: A Latent Class Approach. (Hamilton College Working Paper. No. 06/03). Hamilton College.

회적 자본을 나타낸다고 보는 것이 적합하다. 하지만 이 방식은 아직까지 개인별 사회적 자본 수준을 분류하는 데 그치고, 국가 간 사회적 자본 수준을 비교하기 어렵다는 한계가 있다.

한편, 사바티니는 주성분 분석(Principal Component Analysis) 기법을 사용해 이탈리아 각 지역의 사회적 자본 수준을 측정했다.[35] 주성분 분석은 데이터집합에 속한 변수들 간의 선형 관계(linear relationship)를 이용해 전체 데이터의 변이(variability) 정도를 몇 개의 변수로 압축하는 분석 방법이다. 주성분 분석에서는 소수의 변수가 데이터집합에 포함된 모든 정보를 함유하기 때문에 목적하는 개념을 효율적으로 지수화할 수 있다. 따라서 주성분 분석을 활용하면 추정에 활용되는 독립변수로 활용될 자료 간의 다공선성(multicollinearity)이나 상호 인과관계를 정확하게 파악하지 못한 상태에서도 동시에 많은 자료를 추정에 이용할 수 있는 장점이 있다. 이들 자료를 주성분 분석으로 처리해 계량분석에서 추정된 몇 개의 주성분 지표를 활용할 수 있기 때문이다.

구체적으로 사바티니는 이탈리아의 사회적 자본을 강한 가족관계, 비공식적 네트워크, 자원봉사 단체, 정치 참여, 시민 참여의 5개 차원으로 나누고, 총 200여 개의 지표를 4개의 그룹으로 압축해 지수를 만들었다. 그러나 사바티니의 분석은 사회적 신뢰와 규범보다는 주로 네트워크 활동을 중심으로 사회적 자본을 추정했기 때문에 많은 지표에도 불구하고 포괄적이지 못한 한계가 있다. 사바티니의

---

35 Sabatini, F. (2009). *op. cit.*

분석 기법을 국가별 사회적 자본 지수 측정에 도입한 연구는 아직까지 없다.

결론적으로 사회적 자본 측정을 시도한 기존 연구는 사회적 자본을 구성하는 신뢰, 규범 및 네트워크 활동을 포괄적으로 다루지 않았으며, 또한 다뤘다 해도 구성 요소 간의 연결고리를 충분히 고려하지 않거나 대상이 개인 차원이나 한 국가 내 지역으로 한정되는 한계가 있다. 따라서 이 책에서는 이러한 기존 연구의 한계를 보완하는 종합적이고 포괄적인 사회적 자본의 국가별 지수를 개발하는 것에 목적을 두었다.

7. 사회적 자본 지수의 개발

사회적 자본의 규모를 국가별로 비교한 종합적인 지표는 아직까지 없다. 참조할 연구가 적기 때문에 지수의 구조는 가능한 단순하면서도 사회적 자본에 대한 기존 이론을 종합적으로 반영하도록 노력했다. 이 장에서는 세계 사회적 자본 지수를 만들기 위해 사용한 모형과 데이터를 설명한다.

사회적 자본 지수는 3가지 주요 목표를 기준으로 구축했다.[1] 첫 번째는 데이터가 존재하는 범위 안에서 가능한 많은 국가를 포함하는 것인데, 이를 위해서 특정 국가에만 적용되는 변수들보다는 포괄적인 변수를 사용하기 위해 노력했다. 두 번째는 세계은행(World Bank), 세계가치관조사(World Values Survey) 등과 같이 중립적이고 국제적인 신용이 있는 기관에서 나온 데이터를 이용하려고 노력했다. 또

---

1 사회적 자본 지수 구성의 3가지 목표는 Gwartney, J. & Lawson, R. (2006). *Economic Freedom of the World: 2006 Annual Report*. Economic Freedom Network. 참조.

한 객관적인 성격의 데이터와 설문조사에 기초한 주관적인 데이터를 병행해 사용했다. 마지막으로 데이터의 출처, 지수의 구조 및 지수를 산출하는 방법론에 대해 투명하고 자세한 설명을 하기 위해 노력했다.

사회적 자본의 모형 구조는 기존 연구 결과를 바탕으로 구성했다. 〈그림 7.1.〉은 지수 측정에 사용된 사회적 자본의 기본 구조를 보여준다. 〈그림 1.1.〉에서 소개한 기존 연구의 사회적 자본 구조와 비교하면 그 차이점을 확인할 수 있다. 기존 연구는 사회적 자본을 대체로 신뢰, 규범 및 사회적 네트워크로 구성되어 있다고 본다. 예를 들면, 퍼트넘은 미국의 50개 주를 대상으로 한 사회적 자본 지수를 구축했는데, 주로 지역사회의 네트워크와 사회적 신뢰로 구성되어 있다.[2] 그에 비해 이번 연구에서는 사회적 자본 구조에 대한 기존의 이론적 논의를 바탕으로 좀 더 포괄적인 사회적 자본 지수를 개발했다.

이번 연구에서 개발한 사회적 자본 지수의 구조는 크게 태도적인 측면을 나타내는 ① 신뢰와 ② 사회규범, 인프라적인 측면을 보여주는 ③ 네트워크와 ④ 사회구조의 총 4개 분야로 구성되어 있다. 태도와 인프라가 유기적으로 사회적 자본을 형성하고 결국 사회협력과 결속을 증진하는 원동력이 된다. 4개 분야는 다시 각각 2개의 세부 파트로 나누어진다. ① 신뢰는 A. 일반적 신뢰와 B. 공적 신뢰로, ② 사회규범은 A. 호혜성과 B. 규범적 행동으로, ③ 네트워크는 A. 퍼트넘 그룹과 B. 올슨 그룹으로, ④ 사회구조는 A. 문화적 요인

---

2 Putnam, R. D. (2000). *Bowling Alone: The Collapse and Revival of Community*. New York: Touchstone Books.

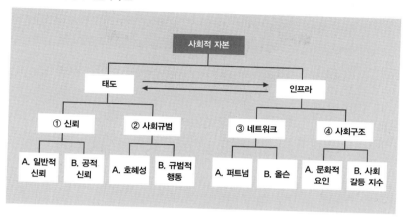

과 B. 사회갈등 지수로 구분된다. 8개의 세부 파트는 총 28개 구성 항목과 44개의 변수로 이루어져 있다.

7.1. 사회적 자본의 태도적인 측면 : 신뢰와 사회규범

① 신뢰

사회적 자본을 구성하는 첫 번째 분야인 신뢰는 사회적 자본을 대표하는 개념이다. 후쿠야마에 따르면 신뢰는 조직의 협력을 촉진할 뿐 아니라 정직, 약속 이행, 의무 준수, 상호주의 등 사회 결속을 이루는 전통적 미덕과 밀접한 연관성이 있다.[3] 하지만 신뢰가 사회협

---

3 Fukuyama, F. (1999). Social Capital and Civil Society. *Paper prepared for delivery at the IMF Conference on Second Generation Reforms.*

력을 만들기 위해서는 신뢰의 범위가 사회 전체, 즉 알지 못하는 타인에게까지 확대되어야 한다. 신뢰의 대상이 가족이나 조직에 한정될 경우에는 오히려 자신이 속한 조직의 이익을 위해 타인을 적대시해 사회협력을 저해할 수 있다. 예를 들면, 남부 이탈리아, 동아시아와 남미의 일부 지역에서는 신뢰 자본이 주로 가족이나 친구에게 집중되고, 타인을 대할 때는 신뢰나 규범에서 다른 잣대를 사용하게 된다. 이러한 사회에서는 부패가 발생할 문화적 요인이 많은데, 즉 자신의 가족을 위해 남에게 피해를 주는 행위가 암묵적으로 용인된다. 타인에 대한 신뢰가 사회협력으로 이어지기 위해서는 또한 정부, 법원, 경찰 등 공적 제도에 대한 신뢰가 뒷받침되어야 한다. 공적 제도는 그 사회 전체의 신뢰도를 가늠할 수 있는 척도이다. 실제로 사람들은 공무원의 청렴도를 가지고 사회의 신뢰 수준을 판단하는 근거로 삼는다. 따라서 정부기관이 국민의 신뢰를 얻지 못하면 사회 전체의 협력을 저해하게 된다.

신뢰는 일반적 신뢰(①-A)와 공적 신뢰(①-B)로 구분했다. 일반적 신뢰는 신뢰도, 공정성, 금융 시장 신뢰로 추정했다. 신뢰도(trust)는 각국에서 '대부분의 사람을 신뢰할 수 있다'고 응답한 비중이다. 대부분의 사람을 신뢰한다는 것은 가족이나 친구뿐 아니라 친교 관계가 없는 타인까지 신뢰하는 것을 의미한다. 일반적 신뢰는 국가별 격차가 두드러지게 나타나는 것이 특징인데, 사회협력의 수준이 높다고 알려진 스웨덴(67.2%), 덴마크(66.5%), 핀란드(58.1%)의 북구유럽이 상위 3위의 신뢰도를 나타낸다. 특이한 점은 공산권인 중국(53.4%)과 중동의 사우디아라비아(53.0%)가 4~5위에 랭크된 것이다.

일반적으로 구공산권 국가들은 신뢰 수준이 낮은데, 이는 이들 국가의 정부들이 과거에 압제적인 정책을 주로 사용해왔기 때문이다. 예를 들면, 구소련의 KGB, 루마니아의 세쿠리타테(Securitate), 동독의 슈타지(Stasi)는 주민들을 밀고자로 채용해 서로 감시하게 하고 검거된 정치범을 가혹하게 다루어 결국 서로 믿지 못하는 사회를 야기했다.[4] 그러한 사회에서는 자신의 직계가족 외에는 아무도 믿지 않는 것이 당연할 것이다. 하지만 중국과 베트남은 공산권임에도 불구하고 높은 신뢰 수준을 보여주고 있다. 또한 대체로 이슬람 국가들의 신뢰 수준이 낮은 것으로 나타나는데, 사우디아라비아는 높은 신뢰 수준을 보여준다. 한국의 신뢰도는 28.8%로 상위권 국가들의 절반 수준으로 나타났다.

공정성은 남들이 자신을 이용하지 않고 공정하게 대한다고 응답한 비중으로 추정했다. 공정성도 신뢰도와 마찬가지로 스웨덴(79.5%)이 가장 높은 순위에 랭크되었다. 하지만 상위 10위권에 동아시아 국가 5개(중국, 베트남, 필리핀, 대만, 인도네시아)가 포함되었다. 이 같은 결과가 의미하는 것은 신뢰의 측면에서 나타나는 사회적 자본이 단순히 소득 수준이 높은 서방 선진국에 국한되지 않는다는 것이다. 즉, 사회적 자본이 서방의 개념(western concept)이라고 주장하는 것에는 무리가 있다. 5장에서 보았듯이 사회적 자본에 영향을 주는 변수는 소득 수준뿐 아니라 소득 불균형, 종교, 교육 등 여러 가지가 있다. 오히려 1인당 GDP는 신뢰의 원인이기보다는 신뢰사회에서

---

4 Bjørnskov, C. (2006). Determinants of Generalized Trust: A Cross-Country Comparison. *Public Choice*, 130, 1-21.

나타날 수 있는 결과 중 하나라는 의견이 지배적이다.

금융 시장 신뢰는 국내 대출규모로 추정했다. 국내 대출규모는 민간 부문에 대한 대출규모가 GDP에서 차지하는 비중이다. 신뢰도와 공정성은 설문조사에 기초한 주관적인 데이터인 반면, 대출규모는 각 나라의 신뢰 수준과 밀접한 연관이 있는 금융 시장의 발전 규모를 객관적으로 보여준다. 대출규모가 크다는 것은 그만큼 금융 시장의 신뢰도가 발달되었다는 증거이다. 신뢰가 지역의 금융 산업 발전, 특히 대출과 밀접한 연관이 있다는 연구가 다수 존재한다.[5]

정부나 사회기관에 대한 공적 신뢰는 일반적 신뢰와 밀접한 연관이 있다. 예를 들면, 공공기관이 공정하고 효율적으로 작동하는 사회에서는 타인을 신뢰하기 쉽다.[6] 공적 신뢰(①-B)는 공공기관 신뢰도, 법률기관 신뢰도, 정부의 소유권 보호, 사회기관 신뢰도로 구분해 측정했다. 공공기관 신뢰도는 정부, 국회, 경찰, 사법 제도, 군대, 행정사무, 정당 등 7개 기관에 대한 각각의 신뢰도이다. 7개 공공기관은 대부분 국가의 법과 규제가 만들어지거나 집행되는 것과 연관이 있다. 공공기관이 공정하고 효율적으로 업무를 집행하면 시민의 신뢰를 얻을 수 있고, 공공기관에 대한 신뢰(confidence)는 곧 타인에 대한 일반적인 신뢰(trust)로 이어진다.[7] 또한 7개 기관 중 법을 만들고 집행하는 정부, 국회, 경찰, 사법 제도에 대한 신뢰도의 평균값(법

5 Guiso, L., Sapienza, P. & Zingales, L. (2004). The Role of Social Capital in Financial Developement. *The American Economic Review*, 94(3), 526-556.

6 Rothstein, B. & Stolle, D. (2008). The State and Social Capital: An Institutional Theory of Generalized Trust. *Comparative Politics*, 40(4), 441-459.

7 Rothstein, B. & Stolle, D. (2008). *op. cit.*

률기관 신뢰도)도 변수로 포함시켰다.

예를 들면, 사회의 법과 질서를 유지하는 기관은 계약을 어기거나 신뢰를 저버리는 행동을 감시하고 처벌하는 역할을 한다. 법을 집행하는 기관이 공정하고 효율적으로 일을 처리할수록 법이나 계약을 어기는 행동이 처벌을 피하기 어렵다. 따라서 사람들은 타인들도 대체로 법을 지키고 정직하게 행동할 것이라고 믿는다. 또한 국회의원, 경찰, 공무원, 법관 등 법을 만들고 집행하는 사람들은 사회의 가치를 대표한다고 볼 수 있으며, 그들의 행동은 곧 일반인에게 사회의 도덕적 기준을 보여주는 중요한 바로미터로 작용한다. 따라서 공인이나 사회 지도층의 부정부패가 심하고 국민의 신뢰를 얻지 못하는 사회에서는 일반적 신뢰를 기대하기 어렵다. 이 같은 사실이 한국 사회에 주는 교훈은 탈세, 뇌물수수 등 고위층의 법적이나 도덕적으로 부적절한 행동은 사회 전반의 신뢰 수준을 저해한다는 것이다.

정부의 소유권 보호는 법적 구조·소유권을 이용해 추정했다. 소유권이 법적으로 잘 보장되는 사회일수록 타인과 자유롭게 각종 계약을 체결하며 거래할 수 있다. 안정된 소유권은 사회신뢰의 척도이다. 국가의 법적 시스템이 소유권 보호, 계약 집행 및 분쟁 조정에 실패할 경우 투자가 줄어들고 시장거래가 원활하게 이루어지지 않는다. 법적 구조·소유권은 세계경제자유(EFW, Economic Freedom of the World) 지수의 한 부분으로서 사법 제도의 독립성과 소유권 보장을 주요 변수로 포함한다.

마지막으로 사회기관 신뢰도는 종교기관, 언론, 노조, 방송, 기업 등 5개 사회기관에 대한 각각의 신뢰도이다. 종교, 교육, 언론 등은 사회의 문화적·도덕적 배경을 보여준다. 예를 들면, 가톨릭이나 이슬람 사회에서는 전통적으로 수직적인 인간관계가 형성되어 일반적 신뢰 수준이 낮은 것으로 알려진 반면, 교육 수준이 높은 사회일수록 신뢰가 풍부한 것으로 알려져 있다. 종교 분포나 교육 수준과는 별도로 종교기관이나 교육기관에 대한 신뢰도는 사회의 신뢰를 대표한다. 언론과 주요 기업 역시 사회의 여론과 경제활동을 대표하는 기관으로 이들 기관에 대한 신뢰도가 낮다는 것은 그만큼 사회 전반에 대한 신뢰도가 저조하다는 것을 의미한다.

〈그림 7.2.〉에서 공적 신뢰와 일반적 신뢰 간에 양의 상관관계가 있음을 볼 수 있다. 공공기관에 대한 신뢰가 높은 국가일수록 타인에 대한 일반적 신뢰가 높다. 물론 양 변수 간의 인과관계는 확실하지 않다. 공정하고 효율적인 공공기관에 대한 높은 신뢰가 사회 전반의 신뢰를 증진할 수도 있지만, 반대로 사회의 일반적 신뢰 수준이 공공기관에 종사하는 사람들의 행태에 반영될 여지도 크다. 하지만 사회적 자본 지수를 구성하는 데 중요한 점은 인과관계의 방향성보다는 두 변수 간의 연관성이다.

② 사회규범

사회적 자본을 구성하는 두 번째 분야인 사회규범은 호혜성(②-A)과 규범적 행동(②-B)으로 나뉜다. 호혜성(reciprocity)에 기초한 사회규범은 구성원 간의 책임의식을 증진해 사회협력의 수준을 높인다.[8]

호혜성(②-A)은 시민의식을 이용해 추정했다. 시민의식은 탈세,

:: 그림 7.2. **공적 신뢰와 일반적 신뢰**

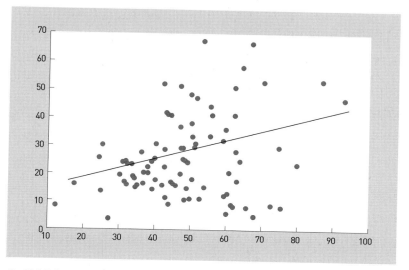

주 : 89개 국가 대상. x축은 공공기관에 대한 신뢰도, y축은 일반적 신뢰.
자료 : World Values Survey 1999~2006.

정부 보조금 부정 수급, 공공교통 무임승차, 뇌물수수 등 4가지 행위가 정당화되지 못한다고 응답한 비중을 이용했다.[9] 4가지 부정행위가 정당하다고 생각하는 사람이 많은 사회일수록 시민의식이 낙후하다고 볼 수 있다. 자신의 행동이 타인과 사회 전체에 미치는 영향과 그러한 행동이 결과적으로 자신에게 돌아올 것을 고려하지 않기 때문이다. 특히 탈세는 호혜성에 기초한 사회규범을 나타내는 대표적인 변수로서 신뢰와 깊은 연관이 있다. 신뢰는 공공재 공급

---

[8] Putnam, R. D. (2000). *op. cit.*; Fukuyama, F. (1995). *Trust: The Social Values and the Creation of Prosperity.* New York: Free Press.; Lin, N. (2001). *Social Capital.* Cambridge: Cambridge University Press.

[9] 세계가치관조사는 각각의 부정행위에 대해 응답자에게 0(절대 불가)~10(정당화) 중에서 하나를 선택하게 했다. 시민의식 변수는 전체 응답자 중 0~3을 선택한 비중이다.

을 해결하는 데 필수 요소이다. 자신이 낸 세금이 올바르게 쓰이지 않고 세금을 낸 만큼 혜택이 돌아오지 않으며, 남들이 올바르게 세금을 내지 않는다고 믿으면 세금을 탈루할 인센티브가 높아진다. 즉, 정부와 타인에 대한 불신이 탈세로 연결된다. 한국 사회의 경우 사업소득자는 실제 소득의 50%만 신고한다고 알려질 정도로 탈세가 심각하다. 따라서 탈세하기 어려운 근로자들의 세금 부담이 상대적으로 과중하며 이것은 극심한 조세저항으로 나타난다. 물론 소득 파악을 강화한다거나 가산세를 높이면 탈세를 어느 정도 막을 수 있을지 모르나 근본적인 대책은 못 된다. 26%에 불과한 러시아의 조세순응을 소득 파악이나 가산세 증가만으로 스웨덴 수준인 98%로 끌어올릴 수는 없다. 결국 신뢰와 규범을 높이는 것이 문제 해결의 중심이다.

규범적 행동(②-B)은 법률 제도 등 강제성을 가진 사회규범이 지켜지는 정도를 나타낸다. 일반적으로 법질서가 잘 지켜지는 사회에서는 타인에 대한 신뢰도가 높고 사회협력도 증진된다고 알려져 있다.[10] 규범적 행동은 부패, 법의 지배, 법적 기원으로 구분해 측정했다.

부패는 국제투명성기구(Transparency International)에서 매년 발표하는 부패 인식 지수(Corruption Perceptions Index)를 이용해 추정했다. 국

---

10 La Porta, R. *et al.* (1997). Trust in Large Organizations. *The American Economic Review, Papers and Proceedings of the Hundred and Fourth Annual Meeting of the American Economic Association* (May 1997), 333-338.; Levi, M. (1998). A State of Trust. In Braithwaite, V. & Levi, M. (Eds.), *Trust and Governance* (pp. 77-101). New York: Russell Sage Foundation.; Knack, S. & Keefer, P. (1997). Does Social Capital Have an Economic Payoff? A Cross-Country Investigation. *The Quarterly Journal of Economics*, 112(4), 1251-1288.; Zak, P. & Knack, S. (2001). Trust and Growth. *The Economic Journal*, 111 (April), 295-321.

제투명성기구는 부패를 공무원과 정치인들이 지위를 이용해 사적인 이익을 추구하는 것으로 정의하고 국가별로 기업인이나 연구자들을 대상으로 부패 정도를 조사하고 있다. 부정부패는 해당 국가의 탈규범적 성향의 수준을 나타내며, 사회의 신뢰를 저하시키는 역할을 한다. 뇌물수수 등 부정부패가 만연한 사회에서는 부적절한 방법으로 경쟁하는 것이 일반화되기 때문에 타인을 불신하게 된다. 라 포르타 등을 포함한 여러 연구에서는 부패된 사회일수록 신뢰가 적음을 보여주었다.[11]

부패와 경제성장의 관계를 분석한 선행 연구는 지금까지 부패가 정책결정을 왜곡해 경제성과에 부정적인 영향을 미치는 것에 중점을 두어왔다.[12] 예컨대 부패한 정부 관리는 뇌물을 준 사람에게 유리한 정책을 결정해 정책의 효율성을 해칠 수 있다. 하지만 부패가 경제성과를 저해할 또 하나의 경로는 사회신뢰의 저하를 통해서다. 서로 불신하는 사회에서는 거래와 투자에 대한 거래 비용이 높기 때문에 경제활동이 전반적으로 위축된다.

법의 지배와 법의 기원은 사회규범이 지켜지는 정도나 비규범적 행동에 대한 사회의 제재를 나타내는 변수이다. 법의 지배는 세계은행의 법 지배 지수(Rule of Law Index)로 추정하였다. 법의 지배는 계약집행, 경찰과 법원의 소유권 보호 및 소유권을 침해하는 범법 행위를 포함한다. 계약이 잘 집행되고 소유권이 잘 보호되는 사회일

---

[11] La Porta, R. *et al.* (1997). *op. cit.*
[12] 황진영 외 (2008). "부패의 통제와 재정지출의 효율성에 관한 국가 간 실증분석." 《규제연구》, 17(2), 171-194.

수록 법과 규범을 어기는 행동에 대한 사회의 제재가 확실하고, 따라서 사람들이 불성실한 행동을 자제하게 된다. 예를 들어 법의 지배 수준이 높은 사회에서는 탈세가 감소한다. 벤저민 프랭클린(Benjamin Franklin)은 인생에서 가장 확실한 것은 죽음과 세금뿐이라고 했다. 즉, 세금은 국가가 국민에게 행사할 수 있는 가장 강력하며 확실한 권력이다. 세금을 내는 행위는 국가의 지배를 인정하는 것과 동등하며, 시민들이 세금에 대해 가지는 태도는 곧 그 사회의 도덕적 감성(moral sentiments)을 나타낸다.

이탈리아에서는 탈세가 축구보다 인기가 있다는 말이 있을 정도로 탈세 문제가 심각하다. 미국에서는 탈세자라고 밝혀지면 이웃에게 배척당하는 반면, 이탈리아에서는 이웃이 어떻게 탈세하는지 배우기 위해 찾아온다. 즉, 이탈리아에서는 탈세를 묵인하고 또한 서로 도와주려는 사회적 태도가 존재한다. 이탈리아의 한 정부 관리는 이탈리아의 탈세 문제를 지역문화로 설명했다. "우리는 개인적이며 규칙을 어기는 것에 관대한 민족이다. 기회가 생기면 새치기를 하거나 버스 무임승차를 즐긴다."[13] 따라서 이탈리아의 심각한 탈세 문제는 규칙을 어기는 것을 용납하는 사회규범에서 비롯된다.

법의 기원은 보통법, 시민법, 사회주의법의 더미변수로 분석했다. 법의 기원 역시 소유권 보호와 밀접한 관련성이 있다. 일반적으로 보통법에 기초한 법체계가 시민법이나 사회주의법에 비해 소유권 보호가 잘 되는 것으로 알려져 있다. 로마법에서 생겨난 시민법

---

13 Kahn, G. & Leo, L. (2007. 6. 28). In Italian Crackdown, Tax Cheats Get the Boot. *Wall Street Journal*.

은 19세기경부터 프랑스와 독일 등지에서 국가권력을 확장하기 위한 도구로 사용되었기 때문에 국가로부터 사유재산을 보호한다는 개념이 약한 편이다. 반면, 영국 보통법은 17세기 이후 왕권을 제한하기 위해 생겼기 때문에 민간의 소유권을 보호하는 것이 주요 기능이었다. 사회주의법은 공산당의 권력을 보호하는 것이 주요 목적이므로 개인의 소유권 자체를 인정하지 않는 경우가 많다.

7.2. 사회적 자본의 인프라적인 측면 : 네트워크와 사회구조

③ 네트워크

사회적 자본을 구성하는 세 번째 분야인 네트워크는 퍼트넘 그룹(③-A)과 올슨 그룹(③-B)으로 구분했다. 퍼트넘 그룹(③-A)은 종교 단체, 교육·문화 단체, 스포츠·여가 단체에 가입한 비중으로 측정했다. 로버트 퍼트넘(Robert D. Putnam)을 비롯한 일부 학자들은 자발적인 단체 활동을 통해 수평적인 인간관계가 활성화되면 사회적 신뢰와 협력의 수준이 증진된다고 주장한다.[14] 즉, 사회 구성원들이 단체 활동을 통해 서로 신뢰하고 협력하는 방법을 배움으로써 사회적 자본이 증진된다. 또한 사회적 네트워크는 호혜성에 기초한 사회규

---

14 Putnam, R., Leonardi, R. & Nanetti, R. (1993). *Making Democracy Work*. New Jersey: Princeton University Press.; Putnam, R. D. (2000). *op. cit.*; La Porta, R. *et al.* (1997). *op. cit.*; La Porta, R. *et al.* (1999). The Quality of Government. *Journal of Law, Economics and Organization*, 15(1), 222-279.; Granovetter, M. (1973). The Strength of Weak Ties. *American Journal of Sociology*, 78, 1360-1380.; Granovetter, M. (1985). Economic Action and Social Structure: The Problem of Embeddedness. *American Journal of Sociology*, n. 91, 481-510.

범을 촉진하고 남을 속이거나 배신하는 행위를 어렵게 하여 사회협력을 증진한다.[15] 마지막으로 네트워크가 발달된 사회에서는 구성원 간 소통과 주요 정보가 이동하기 쉽다.

예를 들면, 캘리포니아의 실리콘 밸리가 성공할 수 있었던 이유 가운데 하나는 기업 간의 수평적 네트워크를 통한 협력 관계가 발달한 것이었다. 경쟁 관계에도 불구하고 기업의 리더들이 자주 만나 기술이나 경영 정보를, 때로는 일과 후 맥주 한잔을 공유한 것이 경쟁력의 원천이 되었다. 또한 활발한 단체 활동은 북부 이탈리아에서 효율적인 지역정부가 생겨나고 경제가 발전하는 원동력이 되었다. 물론 퍼트넘이 말하는 사회협력을 증진하는 단체는 성격이나 목적이 배타적이거나 소득 분배에 초점을 둔 이익단체와는 다르다. 종교, 교육·문화, 스포츠 단체 등은 여타 단체에 비해서 자발적인 교류를 통해 사회신뢰와 협력을 증진할 가능성이 높다. 반면에 계층이나 직업, 또는 민족별로 멤버십이 결정되는 단체는 신뢰나 협력 관계가 단체 내에서만 발달되기 쉽다.

올슨 그룹(③-B)은 국가별로 노조, 정당 및 전문협회에 가입한 비중으로 측정했다. 맨커 올슨(Mancur Olson)에 따르면 멤버들의 이익을 보호하는 것이 주요 목적인 단체들은 사회 전체에 과중한 비용을 초래할 수 있다.[16] 이러한 이익집단이 늘어나면 지대 추구 경쟁이 심화되어 사회협력을 저해할 수 있다. 예를 들면, 노조, 전문협회나

---

15 Knight, J. (2001). Social Norms and the Rule of Law: Fostering Trust in a Socially-Diverse Society. *Trust in Society*, 354-373.
16 Olson, M. (1982). *The Rise and Decline of Nations*. New Haven, CT.: Yale University Press.

동업조합들은 정부에 대한 로비를 통해 자신들에게만 유리한 세제 감면, 관세 혜택, 독점규제 정책을 관철시킨다. 이러한 정책은 결국 사회 전체에서 이익단체로 소득을 이전시킨다. 또한 특정 이익단체를 위한 법과 규제가 늘어나면 시장이 왜곡되고 투자와 신기술 개발이 줄어든다.[17] 올슨은 전쟁 등 극적인 사회 붕괴가 오랫동안 발생하지 않은 국가일수록 이러한 이익단체들이 늘어나고 결국 경제성장에 부정적인 영향을 끼친다고 주장했다. 반대의 예로서 일본과 독일은 제2차 세계 대전에서 패망하면서 기존 이익집단 네트워크가 붕괴했기 때문에 경제를 재건하는 데 오히려 도움이 되었다. 올슨 그룹에 속하는 단체들은 결국 다른 단체와 지대 추구 경쟁에 집중함으로써 사회 전체의 신뢰와 협력 관계를 저해하는 역할을 한다.

하지만 퍼트넘 그룹과 올슨 그룹으로 나누는 것은 지나치게 단순한 구분일 수 있다.[18] 독일 바이마르공화국에서는 퍼트넘 그룹에 속하는 시민단체도 기존 사회분열 양상을 극복하지 못했는데, 예를 들면 같은 지역사회에서도 사회주의자, 가톨릭 신도, 부르주아 개신교도들이 각각 별개의 합창단을 운영했다.[19] 이러한 사회에서는 퍼트넘 그룹도 사회신뢰나 협력보다는 단체 간의 분열과 갈등을 심화시킬 수 있다. 또한 올슨 그룹에 속하는 전문협회나 동업조합들은 정부를 로비하는 것 외에도 직업윤리 규범을 만들어 사회신뢰를

---

17 Knack, S. (2003). Groups, Growth and Trust: A Cross-Country Evidence on the Olson and Putnam *Hypotheses*. *Public Choice*, 117, 341-355.

18 *Ibid*.

19 Berman, S. (1997). Civil Society and the Collapse of the Weimar Republic. *World Politics*, 49, 401-429.; Knack, S. (2003). *op. cit*. 에서 재인용

높이는 역할을 할 수 있다.[20] 따라서 두 그룹에 속하는 단체에 가입한 비중이 종합지수에 어떤 영향을 줄지는 확실하지 않다. 마지막으로 이 연구에서 사용한 단체 가입 비중은 구성원들이 얼마나 적극적으로 단체 활동에 참여하는지 측정하지 못하는 한계가 있다.

④ 사회구조

사회적 자본을 구성하는 네 번째 분야인 사회구조는 사회협력이나 화합과 관련이 있는 사회구조적 특징을 나타내는 11개 항목, 14개 변수로 구성했다. 사회구조는 문화적 요인(④-A)과 사회갈등(④-B)으로 구분했다. 문화적 요인(④-A)은 사회의 협력과 화합에 영향을 주는 사회 저변에 깔린 문화적인 배경을 나타낸다. 일반적으로 수평적 사회관계가 발달한 문화일수록 사회협력 수준이 높다는 의견이 지배적이다.[21] 이 연구에서는 문화적 요인에 사회의 이질성을 보여주는 항목으로 이민자 비중 및 도시화를, 수평적 네트워크의 발달 정도를 나타내는 항목으로 비공식적 교제, TV 보급률, 인터넷 보급률을, 수직적인 사회구조를 보여주는 항목으로 정치적 권리와 종교를 포함시켰다.

이민자 비중과 도시화는 사회적 자본을 저해하는 사회구조적 요인으로 알려져 있다. 이민자의 비중이 높은 사회일수록 인구 구성이 이질적이므로 결국 네트워크 형성과 사회적 신뢰가 저하된다.

---

20 Bergsten, G. S. (1985). On the Role of Social Norms in a Market Economy. *Public Choice*, 65, 113-137.; Knack, S. (2003). *op. cit.*에서 재인용

21 Putnam, R. D., Leonardi, R. & Nanetti, R. (1993). *op. cit.*; La Porta, R. *et al.* (1997). *op. cit.*; La Porta, R. *et al.* (1999). *op. cit.*; Bjørnskov, C. (2006). *op. cit.*

도시와 농촌지역에서는 다른 성격의 사회적 네트워크가 만들어진다. 도시는 농촌에 비해 인구가 밀집되어 있고 익명성이 높다. 따라서 도시에서는 농촌에 비해 범위가 넓은 '약한 연결망(weak tie)'이 발달할 가능성이 높다.

비공식적 교제는 친구, 직장 동료, 종교적 친우, 스포츠클럽 회원들과 한 달에 한두 번 이상 교제하는 사람이 차지하는 비중으로 측정했다. 직장 동료나 종교적 친우들과 보내는 시간이 많을수록 사회의 신뢰와 협력의 수준이 높아진다. 퍼트넘은 20세기 후반 미국에서 TV 시청이 증가한 것이 사회적 자본이 감소하는 원인이 되었다고 설명했다.[22] 집에서 TV를 시청하는 시간이 늘어나면서 가족이나 친구들과 보내는 시간이 줄어들었고, 결과적으로 자발적인 친목 단체 활동이 감소했다. 친목 단체 활동은 사회적 신뢰나 협력 수준과 밀접한 연관이 있다. 일반적으로 가족과 보내는 시간이 직장 동료, 종교적 친우와 보내는 시간보다 많겠지만 그 격차가 완만할수록 신뢰의 범위가 넓은 '약한 연결망'이 발달한 사회라고 볼 수 있다. '약한 연결망'은 대상이 가족이나 친지로 국한된 '강한 연결망'보다 일반적인 신뢰나 사회협력을 증진하는 효과가 더 크다.

TV나 인터넷 보급률은 수평적 네트워크 발전에 영향을 준다. 앞서 설명한 대로 TV 시청으로 보내는 시간이 많을수록 비공식적 교제가 감소하는 등 수평적 네트워크의 형성이 방해받을 수 있다. 반면에 인터넷 보급률은 정보의 흐름과 사회적 이슈를 원활하게 소통

---

22 Putnam, R. D. (2000). *op. cit.*

하게 해 수평적인 네트워크 형성에 도움이 된다. 특히 인터넷 보급률이 높은 사회에서는 온라인 동호회 등 수평적인 형태의 커뮤니티가 활성화된다.

정치적 권리는 사회가 구성원의 정치적 견해를 실천할 자유를 허용하는 정도를 나타낸다. 또한 시민의 정치적 권리를 보장하는 국가일수록 개인의 소유권이 잘 보호되기 때문에 정부에 대한 공적 신뢰가 형성되기 쉽다. 반면에 정치적 권리를 무시하는 국가일수록 개인의 소유권 보호가 약하고 민간 활동에 대한 정부의 개입은 강한 편이다. 예를 들면, 러시아의 차르, 오토만 제국의 술탄, 일본 에도막부 시대의 쇼군은 모두 군부, 귀족, 종교, 관료 계급을 완벽하게 장악하고 강력한 통치를 했는데, 당연히 사유재산 보호가 약한 편이었다. 반면에 유럽의 전제주의에서는 군주의 권력이 법과 교회 및 귀족계급에 의해 일부 제한되었는데, 결과적으로 이들 국가에서는 시민의 소유권과 정치적 권리가 일정 부분 보장되었다.[23] 영국에서는 유럽 전제주의보다 한 발 앞서 귀족계급이 왕권을 장악했는데 결국 상당한 수준의 정치적 권리와 소유권이 보장되었다.

종교는 사회의 신뢰 수준에 영향을 미치는 사회의 네트워크 구조를 보여주는 변수이다. 수직적인 종교는 수평적인 네트워크의 형성을 방해함으로써 신뢰의 형성을 저해한다고 알려져 있다.[24] 수직적인 종교는 또한 수직적인 의무 관계를 만들어 사회를 분열시킨다.[25]

---

23 Finer, S. (1997). *The History of Government*. Cambridge: Cambridge University Press.; La Porta, R. *et al.* (1999). *op. cit.*
24 La Porta, R. *et al.* (1997). *op. cit.*
25 Bjørnskov, C. (2006). *op. cit.*

종교변수는 대표적인 수직적 종교인 가톨릭과 이슬람 교인이 인구에서 차지하는 비중으로 추정했다. 가톨릭이나 이슬람교는 전통적으로 국가권력을 지지하고, 교리가 사람들의 일상생활을 제약하는 측면이 강하기 때문에 수직적인 사회구조를 낳는다. 란데스는 가톨릭과 이슬람교의 편협하고 포용력이 적은 문화가 경제발전을 저하시켰다고 주장하기도 했다.[26] 15세기를 시작으로 남부유럽과 라틴아메리카의 가톨릭 국가들은 시민의 교육과 여행을 제한하고 서적을 검열하는 등 새로운 아이디어의 교환을 방해했다. 당시 가톨릭 교회가 새로이 등장하는 종교개혁을 억누르고 교세를 유지하기 위해 많은 노력을 기울였기 때문이다. 이러한 노력은 결과적으로 스페인, 포르투갈, 이탈리아의 몰락과 라틴아메리카의 빈곤을 초래했다. 13세기부터 시작된 이슬람 국가의 쇠퇴도 같은 맥락에서 이해할 수 있다.[27] 잭과 낵은 가톨릭과 이슬람교가 인구에서 차지하는 비중이 큰 국가일수록 신뢰 수준이 낮다고 결론지었다.[28]

사회갈등(④-B)[29]은 사회적 합의를 방해하고 이익집단 간 지대 추구(rent-seeking) 경쟁을 자극해 경제적 비용을 초래한다. 로드릭은 오일쇼크 등 외부의 충격이 가해질 때 국가가 가지고 있는 잠재적 사회갈등 요인(소득 불균형, 민족 다양성)과 갈등관리 제도(민주주의 지수, 정부 기관의 질, 사회보험 지출)가 경제성장에 영향을 미친다고 주장했다.[30]

26 Landes, D. (1998). *The Wealth and Poverty of Nations*. New York: W. W. Norton.
27 La Porta, R. *et al.* (1999). *op. cit.*
28 Zak, P. & Knack, S. (2001). *op. cit.*
29 사회갈등에 대한 논의는 주로 박준 외 (2009). "한국의 사회갈등과 경제적 비용." 삼성경제연구소. 참조.

예를 들면, 92개국을 대상으로 한 분석에서 사회갈등 요인이 큰 국가일수록 오일쇼크 이후인 1975~1989년 성장률이 1960~1975년 성장률에 비해 크게 감소한 것으로 나타났다. 즉, 1975년 이후 저조한 성장률을 경험한 국가들의 공통점은 분열된 사회와 취약한 갈등 관리였다. 사회갈등은 경제위기 시에 필요한 재정정책과 이자율, 실질임금 등 주요 가격의 조정을 지연시킨다. 브라질의 경우 임금 물가 연동(wage indexation)과 확대 재정정책의 수혜를 입은 집단이 정부의 긴축 재정에 저항함으로써 인플레이션이 1979년 50%에서 1988년 1,000%로 악화되었다. 소득이 불평등하고 민주주의에 기초한 사회적 합의가 미숙한 국가일수록 이익집단 간 경쟁으로 성장에 도움이 되지 않는 정책을 추구하기 쉽다. 또한 이질적인 사회일수록 경제성장의 기반이 되는 교육 및 인프라에 대한 국민의 합의를 얻기 어렵고 정부정책의 질이 낮은 편이다.[31]

사회갈등은 사회협력에 영향을 미치는 구조적·제도적 특징인 소득 불균형, 민주주의 지수, 정부 역량, 사회갈등 지수를 이용해 측정했다. 소득 불균형은 인종 다양성과 함께 사회에 내재된 구조적인 갈등 요인이다. 소득계층이나 인종집단 간 대립은 사회의 신뢰를 깨트리고 정부정책의 효과에 부정적인 영향을 끼친다.[32] 소득이 불균형하거나 다양한 민족이 모여 사는 지역일수록 계층과 민족의 타

30 Rodrik, D. (1999). Where Did All the Growth Go? External Shocks, Social Conflict, and Growth Collapses. *Journal of Economic Growth*, 4(4), 385-412.

31 Alesina A. & Rodrik, D. (1994). Distributive Politics and Economic Growth. The *Quarterly Journal of Economics*, 109(2), 465-490.; Easterly, W. & Levine, R. (1997). Africa's Growth Tragedy: Politics and Ethnic Divisions. *The Quarterly Journal of Economics*, 112(4). 1203-1250.; La Porta, R. *et al.* (1999). *op. cit.*

협이 어렵기 때문이다. 예를 들면, 이질적인 사회는 공공재의 종류나 재원조달 방법에 대한 합의점을 찾기 어렵기 때문에 정부 지출이 작아지는 경향이 있다.[33] 미국 워싱턴 근처에 위치한 프린스 조지 카운티(Prince George County) 사례가 이 같은 현실을 잘 보여준다.[34] 원래 백인이 주로 모여 살던 이 지역에 중산층 흑인이 다수 이주해 오면서 인종 분포가 다양해졌다. 결국 이 지역에서는 TRIM(1978년)이라고 불리는 법안이 통과되었는데, 주요 내용은 재산세 증가를 막아 공립학교에 대한 지원을 줄이는 것이었다. 이 사례가 보여주는 것은 특정 집단으로부터 걷힌 세금이 다른 집단에도 혜택을 주는 공공재를 위해 사용될 경우, 주민들이 공공재 공급을 줄일 수 있다는 것이다.

또 다른 예로서 소득 불균형이 심한 편인 멕시코의 경우 GDP 대비 정부 소비지출이 11.7%로 소득 분포가 비교적 균등한 스웨덴(26.8%)에 비해 적은 편이다. 결국 이질적이고 대립적인 사회일수록 공공재 공급으로 나타나는 정부정책의 품질이 낮고 따라서 경제성장도 더딘 편이다.

소득 불균형으로 나타나는 구조적 사회갈등을 적절히 관리하고 계층 간 합의를 이끌어내는 갈등관리 장치로서 민주주의와 정부 역

---

32 Rodrik, D. (1999). *op. cit.*; Alesina, A. & La Ferrara, E. (2000). Participation in Heterogeneous Communities. *The Quarterly Journal of Economics*, 115(3), 847-904.; Alesina, A. & La Ferrara, E. (2002). Who Trust Others?. *Journal of Public Economics*, 85, 207-234.

33 Lee, D. & Borcherding, T. (2006). Public Choice of Tax and Regulatory Instruments-The Role of Heterogeneity. *Public Finance Review*, 34(6), 607-636.

34 Alesina, A., Baqir, R. & Easterly, W. (1999). Public Goods and Ethnic Divisions. *The Quarterly Journal of Economics*, 114(4), 1243-1284.

량을 들 수 있다. 민주주의는 다양한 이해관계를 공식적인 의사결정 절차로 조정함으로써 갈등을 관리하는 제도이다. 사회갈등의 구조적 요인이 심한 사회에서도 의회, 선거, 정당 등 민주주의 제도가 제대로 작동하면 사회의 통합성이 제고된다. 예를 들면, 소득계층, 종교, 언어 등 사회균열이 심했던 네덜란드, 스위스 등에서 민주주의가 사회협력을 유지하는 데 도움이 되었다. 이들 국가에서는 다양한 집단 간 경쟁과 갈등을 해소하기 위해 비례대표제와 합의를 강조하는 권력분점식 민주주의(Power-Sharing Democracy)를 운영했다.[35] 스위스는 19세기 말 연방정부가 산업 발전을 위해 추진한 철도 산업 합병에 가톨릭·프랑스어권 칸톤(Canton) 주민들이 반대하면서 갈등이 고조되고 연방평의회가 해체 위기에 직면했다. 그러나 집권하던 자유민주당이 소수파인 가톨릭계 인사에게 연방평의회 의석을 보장하면서 정당 간 협력으로 철도 산업 합병 건을 통과시킬 수 있었다. 이후 스위스는 소수파에게 연방정부 참여를 보장하는 전통이 지속되고 있다. 반면, 민주주의 제도가 성숙하지 못한 태국의 경우 민주적 절차와 결과에 사회집단들이 불복하면서 계층 및 지역갈등이 심화되었다.

한편, 정부 역량은 사회갈등을 효과적으로 관리하는 정부의 소프트웨어적 기술(skill)을 의미한다. 능력 있는 정부는 평소 특정 이익집단의 압력에 흔들리지 않고 법과 원칙에 따라 일관성 있게 정책을 추진한다. 또한 정부가 반대 집단과 타협을 통해 합의점을 모색

---

35 Lijphart, A. (2004). Constitutional Design for Divided Societies. *Journal of Democracy*, 15(2), 96-109.

구분	구성요소	구성항목
① 신뢰	일반적 신뢰	신뢰, 공정성, 금융시장 신뢰
	공적 신뢰	공공기관, 법률기관, 사회기관에 대한 신뢰도, 소유권 보호
② 사회규범	호혜성	시민의식
	규범적 행동	부패, 법의 지배, 법의 기원
③ 네트워크	퍼트넘 그룹	종교, 교육·예술·문화, 스포츠·여가단체 가입 비중
	올슨 그룹	노조, 정당, 전문협회 가입 비중
④ 사회구조	문화	이민자 비중, 도시화, 비공식적 교제, TV 보급률, 인터넷 보급률, 정치적 권리, 종교
	사회갈등	소득 불균형, 민주주의 지수, 정부 역량, 사회갈등 지수

하면 정책의 정당성이 제고된다. 따라서 능력 있는 정부는 국민의 신뢰를 얻기 쉽다. 예를 들면, 싱가포르는 중국계가 인구의 78%를 차지함에도 불구하고 정부가 공용어로 중국어 대신 영어를 채택함으로써 평화적으로 다민족 국가 체제를 유지했다. 반면, 남아프리카공화국의 국민당 정부는 1948~1994년간 극단적인 인종분리정책(Apartheid)을 실시해 인종갈등을 악화시켰다.

　마지막으로 사회갈등 지수는 소득 불균형과 민족 다양성 등 구조적 갈등요인을 갈등관리장치인 민주주의와 정부 역량의 평균으로 나눈 값이다. 갈등 지수는 결국 구조적인 갈등 요인에 대처하는 국가의 전략적 대응 수준을 보여준다고 할 수 있다. 사회갈등 지수는 사회갈등의 관리가 경제성장에 미치는 영향을 보여주는 로드릭의 모형[36]을 이용했다. 〈표 7.1.〉은 지수 개발에 사용된 사회적 자본의

---

36 Rodrik, D. (1999). *op cit.*

구성 요소와 항목을 보여준다.

〈표 7.2.〉는 사회적 자본 지수를 만들기 위해 사용한 데이터의 내용 및 출처를 정리한 것이다.

:: 표 7.2. **주요 변수의 내용과 출처**

변수	내용 및 출처
신뢰(Trust)	대부분의 사람을 신뢰할 수 있다고 응답한 비중 Source : World Values Survey 1999~2006(WVS)
공정성(Fair)	남들이 자신을 이용하지 않고 공정하게 대한다고 응답한 비중. Wave 4는 퍼센트 비중을, Wave 5는 1~10 사이의 가중평균×10을 사용 Source : WVS
금융시장 신뢰	민간 부문 국내여신(GDP 대비 %) Source: World Development Indicators (2000~2007)
공공기관 신뢰도	정부, 국회, 경찰, 사법 제도, 군대, 행정사무, 정당에 대한 신뢰도. A great deal, Quite a lot, Not very much, None at all 중 처음 2개를 선택한 비중 Source : WVS
법률기관 신뢰도	정부, 국회, 경찰, 사법 제도에 대한 신뢰도 평균 Source : WVS
정부 소유권 보호	법적 구조·소유권 : 법 제도가 소유권을 보호하는 정도를 측정. 사법 제도의 독립성, 소유권 보호, 계약의 법적 구속력 등이 포함 Source : Economic Freedom of the World (2000~2006)
사회기관 신뢰도	종교, 언론, 노조, 방송, 기업에 대한 신뢰도. A great deal, Quite a lot, Not very much, None at all 중 처음 2개를 선택한 비중 Source : WVS
시민의식	(1) 정부보조금 부정 수급 (2) 공공교통 무임승차 (3) 탈세 (4) 뇌물수수를 정당화할 수 없다고 응답한 비중. 0(절대불가)~10(정당화) 중 1~3을 선택한 비중 Source : WVS
부패	부패 인식 지수(Corruption Perceptions Index)가 작을수록 공무원과 정치인들이 지위를 이용하여 사익 추구. 범위는 0(부패)~10(청렴) Source : Transparency International (2000~2007)
법의 지배	법 지배 지수(Rule of Law Index)가 클수록 사회의 법과 질서가 잘 지켜짐. 계약 집행의 수준 및 경찰과 법원의 질 포함(2000~2007년 평균). 범위는 −2.5~2.5 Source : Kaufmann, D. *et al*. (2008). Governance Matters VII: Aggregate and Individual Governance Indicators 1996~2007. (World Bank Policy Research Department Working Paper No. 4654). World Bank.

변수	내용 및 출처
*법의 기원	영국 보통법 = 0, 시민법 = 1, 사회주의법 = 2 Source : La Porta, R. *et al.* (1999). The Quality of Government. *Journal of Low, Economics and Organization*, 15(1), 222-279
퍼트넘 그룹	종교, 교육·예술·문화, 스포츠·여가 단체에 가입한 비중 Source : WVS
*올슨 그룹	노조, 정치정당, 전문협회에 가입한 비중 Source : WVS
*이민자 비중	인구 중 이민자 비중 Source : World Migrant Stock: The 2005 Revision Population Database (UN) (2000, 2005)
*도시인구 비중	인구 중 도시에 거주하는 비중 Source : World Development Indicators (2000~2007)
비공식적 교제	친구, 직장동료, 종교적 친우, 스포츠클럽 회원과 한 달에 한 번 이상 교제하는 비중 Source : WVS
*TV 보급률	TV를 소유한 가정의 비중(% of Population) Source : World Development Indicators (2000~2007)
인터넷 보급률	인구 100명당 인터넷 사용자 수 Source : World Development Indicators (2000~2007)
*정치적 권리	political rights ranking의 평균값(2002~2008년). 범위는 1(최고 수준의 정치적 자유)~7(최저 수준) Source : Freedom in the World (2002~2008)
*종교	인구에서 가톨릭과 이슬람교가 차지하는 비중 Source : La Porta, R. *et al.* (1999)
*지니계수	소득 불균형. 범위는 0(평등)~1(1인이 소유) Source : World Development Indicators (1990~2000)
민주주의	민주주의 지수(1991~2007년 평균). 범위는 0~10(민주주의) Source : Polity Ⅳ Project : Political Regime Characteristics and Transitions, 1800~2007
정부 역량	정부 관료의 직무능력, 공공 서비스의 품질, 공무원의 정치적 중립성, 정부의 신뢰도로 정의(2000~2007년 평균) Source : Kaufmann, D. *et al.* (2008)
*갈등 지수	사회갈등 지수 = $\dfrac{aug(\text{소득 불균형, 민족 다양성})}{aug(\text{민주주의 지수, 정부 역량})}$ Source : 박준 외 (2009). "한국의 사회갈등과 경제적 비용." 삼성경제연구소

주 : *는 값이 클수록 사회적 자본에 부정적인 영향.

8. 세계 사회적 자본 지수

북유럽 국가들이 높은 신뢰사회라는 점은 익히 알려진 사실이다. 하지만 최근 들어 동유럽으로부터 불법 이민자들이 몰려들면서 사회갈등이 심화될 기미가 보이고, 범죄율이 늘어나면서 사회신뢰도 예전 같지 않다는 얘기가 종종 나온다. 즉, 사회적 자본도 시간에 따라 변할 수 있다는 말이다. 하지만 남미나 아프리카 등 대부분의 다른 지역보다는 사회적 자본이 월등히 높다고 알려진다. 아직도 덴마크의 코펜하겐에서는 아기를 유모차에 태워 길가에 둔 채 쇼핑을 할 수 있는 반면, 페루의 리마에서는 길가에 자전거도 마음놓고 묶어두지 못한다.

물론 지금까지의 얘기들은 객관적인 데이터보다는 어느 정도 신빙성 있는 경험에 근거한 추측(educated guess)에 불과하다. 그동안 사회적 자본의 국가별 수준 차이에 대해 무수히 많은 추측이 나온 바있다. 일부에서는 사회적 자본이 서방 선진국 위주의 개념(western concept)이기 때문에 현상을 제대로 보여주지 못한다는 문제점을 제기한다. 하지만 일반적으로 소득이나 사회통합의 수준이 높을수록 사회적 자본이 풍부한 사회라는 점에는 어느 정도 합의점이 존재한다. 물론 객관적인 수치를 바탕으로 한 주장은 드물다.

이 장에서는 앞서 7장에서 소개한 사회적 자본 모형을 바탕으로 추정한 세계 사회적 자본 지수의 결과를 분석한다. 먼저 각국의 사회적 자본 수준을 비교한 후(〈8.1. 각국의 사회적 자본 지수 순위〉), 추정한 지수와 주요 경제사회적 변수 간의 관계를 살펴본다(〈8.2. 사회적 자본 지수와 주요 사회·경제적 지표〉).

8.1. 각국의 사회적 자본 지수 순위

주성분 분석(Principal Component Analysis)을 통해 72개국의 사회적 자본 수준을 추정한 결과는 〈표 8.1.〉에 정리되어 있다.[1] 국가 간의 상대적 비교를 용이하게 하기 위해 추정치를 5.0에 표준화한 것이므로 표준치로부터 이격도를 비교하면 각국의 사회적 자본 수준을 파악할 수 있다.

72개 분석 대상국 중에서 가장 상위권을 차지하는 국가는 네덜란드, 덴마크, 호주, 뉴질랜드, 스웨덴 등으로 사회적 자본의 종합지수 값이 8.0을 상회한다. 이 밖에 7.0을 초과하는 나라는 아이슬란드,

---

1 분석방법에 대한 자세한 내용은 이 책의 〈부록 A. 사회적 자본 지수의 분석 방법과 결과〉 참조.

스위스, 미국 등으로 모두 OECD 국가에 해당된다. 이것은 일반적으로 알려져 있는 전통적 인식과 일치하는 것으로서 소득 수준이 높은 선진국은 사회적 자본 역시 여타 국가들과 비교해 매우 풍부한 상태에 있음을 설명해준다.

사회적 자본의 종합지수가 높은 국가들은 사회적 자본의 구성 요인으로 활용된 신뢰와 규범, 네트워크 및 사회구조적 특징에서 모두 높은 점수를 받고 있다. 특히 네덜란드와 덴마크 등 북유럽 국가들은 4가지 모든 영역에서 높은 점수를 차지했고, 이러한 요인이 사회적 자본의 종합 평가에 반영된 것으로 보인다. 이들 국가들은 전통적으로 높은 신뢰 수준과 함께 소유권을 보호하는 공적 제도가 잘 구비되어 있는 것으로 알려져 있다.

한편, 한국은 종합지수에서 측정 대상 72개 국가 중 25위를 차지하고 있다. 전체에서는 상위권에 속하지만, 지수에 포함된 29개 OECD 회원국 중에서는 하위권인 22위로 선진국에 비해서 비교적 낮은 수준의 사회적 자본을 보여준다.[2] 한국이 받은 사회적 자본 점수인 5.70은 OECD 평균인 6.55에 비해 낮은 수준이다. 한국의 사회적 자본 지수가 낮게 나타난 원인과 향후 확충 방안에 관해서는 다음 장에서 상세히 논의하겠지만, 이 지수만으로도 사회적 자본이 빈약한 우리 사회의 특성이 잘 반영되었다고 할 수 있다. 〈그림 8.1.〉에서 보듯이 OECD 국가 중에서 한국보다 사회적 자본이 취약한 국가는 남유럽의 그리스, 포르투갈, 구공산권 국가인 헝가리, 폴

---

2 노르웨이는 제외.

란드 및 남미의 멕시코 등으로 경제 수준이 낮은 국가들이다. 선진국 중에서는 사회적 자본이 취약하다고 알려진 이탈리아와 비슷한 수준이다. 예를 들면, 마피아는 남부 이탈리아 사회에 만연한 불신을 이용해 조직 내부의 신뢰를 견고히 하고 건축, 경매, 운송 등 여러 분야에 걸쳐 독점체제를 구축하고 타 집단을 배척했다.

:: 표 8.1. **사회적 자본 지수 추정 결과(종합표)**

순위	국가명	총계	순위	국가명	총계
1	네덜란드	8.29	20	프랑스	6.23
2	덴마크	8.23	21	스페인	5.95
3	호주	8.12	22	이탈리아	5.87
4	뉴질랜드	8.06	23	키프로스	5.80
5	스웨덴	8.06	24	에스토니아	5.71
6	아이슬란드	7.77	25	**한국**	**5.70**
7	스위스	7.75	26	몰타	5.65
8	미국	7.43	27	슬로베니아	5.58
9	캐나다	7.39	28	그리스	5.57
10	오스트리아	7.17	29	헝가리	5.44
11	룩셈부르크	7.16	30	크로아티아	5.17
12	핀란드	7.06	31	리투아니아	4.98
13	영국	7.05	32	칠레	4.98
14	독일	6.98	33	슬로바키아	4.96
15	벨기에	6.83	34	포르투갈	4.93
16	아일랜드	6.69	35	라트비아	4.88
17	일본	6.44	36	폴란드	4.77
18	대만	6.40	37	불가리아	4.77
19	체코	6.24	38	트리니다드토바고	4.67

순위	국가명	총계	순위	국가명	총계
39	마케도니아	4.50	56	콜롬비아	3.56
40	타이	4.45	57	베네수엘라	3.43
41	세르비아	4.43	58	인도	3.39
42	아르헨티나	4.38	59	이란	3.38
43	남아프리카공화국	4.29	60	인도네시아	3.33
44	요르단	4.14	61	모로코	3.29
45	브라질	4.04	62	벨라루스	3.18
46	페루	4.02	63	키르기스스탄	3.12
47	우크라이나	4.00	64	베트남	3.11
48	보스니아 헤르체고비나	3.98	65	알제리	3.07
49	터키	3.97	66	필리핀	3.00
50	말레이시아	3.94	67	이집트	2.97
51	러시아	3.91	68	중국	2.78
52	알바니아	3.87	69	방글라데시	2.54
53	루마니아	3.83	70	부르키나파소	2.24
54	멕시코	3.79	71	우간다	2.06
55	몰도바	3.68	72	짐바브웨	1.62

　　사회적 자본 지수의 추정 결과를 OECD 회원국을 대상으로 요인별로 분석하면, 신뢰 부문의 분석 결과는 〈표 8.2.〉와 같다. 신뢰 지수는 일반적 신뢰와 경찰 등 소유권을 보호하는 정부의 기능에 대한 신뢰가 중요한 항목을 차지하고 있다. 또한 GDP 대비 국내여신 비중으로 나타나는 금융 시장의 신뢰와 국회, 언론, 종교 등 사회기관에 대한 신뢰도 등이 포함되어 있다.

　　신뢰 부문의 지수는 호주가 7.78로 가장 높았으며, 네덜란드와 덴

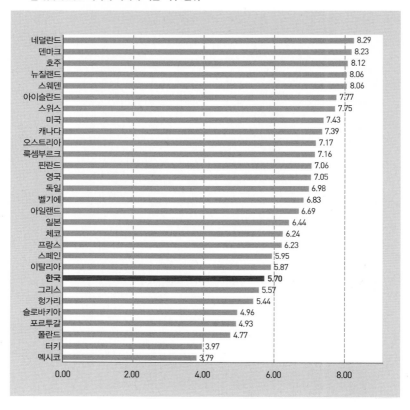

마크, 뉴질랜드, 영국 등이 모두 7.30 이상의 높은 점수를 나타내고 있다. 신뢰는 일반적 신뢰와 공적 신뢰로 구분되며, 후자는 공공·사회기관에 대한 신뢰를 나타내는 것으로서 대체로 일반적 신뢰 수준과 높은 상관관계를 나타내는 것으로 나타났다. 일반적 신뢰는 사람에 대한 신뢰와 공정성 등이 중요한 요인인데, 네덜란드와 덴마크 등 북유럽 3국이 매우 높은 수준을 나타냈으며 이러한 결과가 신뢰 부문의 사회적 자본 지수에 반영된 것으로 보인다. 신뢰 부문에서 1위를 기록한 호주의 경우에는 경찰에 대한 신뢰, 소유권 보호, 일반적 신뢰 등의 구성 항목에서 공통적으로 높은 평가를 받았다.

사회규범 부문에 대한 추정 결과는 〈표 8.2.〉에 요약되어 있다. 사회규범은 호혜(reciprocity)를 나타내는 시민의식과 규범적 행동을 반영하는 부패, 법의 지배 등으로 구성되어 있는데, 덴마크(7.75)와 아이슬란드(7.69), 뉴질랜드(7.68), 핀란드(7.51) 등이 이 부문에서도 가장 높은 점수를 나타내고 있다. 이들 국가들은 대부분 탈세나 정부 보조금 부정 수급 등에 반영된 시민의식이 높은 것으로 나타나 있다. 또한 부정부패가 적고 '법의 지배' 지수가 높은 특징을 갖고 있다.

네트워크 부문에 대한 추정 결과에서는 네덜란드, 스웨덴, 미국, 덴마크 등이 여전히 8.0이 넘는 높은 수준을 나타내고 있다(〈표 8.3.〉 참조). 네트워크 부문은 종교, 교육·문화, 스포츠 및 여가 단체의 가입 비중과 노조 및 정당 등 전문단체에 대한 가입 비중 등을 구성요인으로 추정했는데, 상위권 국가에서는 순위에 큰 변화가 나타나지 않았다. 그러나 신뢰와 사회규범, 사회구조 요인 등에서 15위권에 머물고 있는 미국이 3위로 부상한 것이 두드러진다. 미국의 경우에는 특히 스포츠·여가, 교육·예술·문화, 종교단체 가입 비중 등이 높아 네트워크 부문 지수가 높게 평가된 것으로 보인다.

사회적 자본을 형성하는 또 다른 요인은 사회협력에 영향을 미치는 사회구조적 특징인데, 사회의 이질성을 보여주는 이민자 비중과 도시화, 수평적 네트워크의 발달 정도를 보여주는 비공식적 교제, TV 보급률, 인터넷 보급률, 마지막으로 수직적인 사회구조를 나타내는 정치적 자유, 종교 등이 포함되어 있다. 또한 사회적 갈등과 연관이 깊은 소득 불균형, 정부의 역량과 사회갈등 지수 등도 구조적 특징을 형성하는 요인으로 작용한다.

사회구조적 요인의 추정 결과 덴마크와 호주, 뉴질랜드 등이 가장 높은 점수를 받고 있으며, 스웨덴과 스위스 등도 7.0을 초과하는 나라로 분석되었다. 한국은 사회구조에서도 OECD의 하위권에 머무는 5.77을 받아 사회구조적 요인의 개선을 통한 사회적 자본의 확충 여지가 많은 것으로 평가되고 있다.

지금까지 살펴본 OECD 국가에 대한 구성 부문별 분석에서는 다음과 같은 몇 가지 특징을 찾아볼 수 있다. 먼저 덴마크, 네덜란드, 호주, 스웨덴 등이 모든 부문에서 상대적으로 높은 점수를 획득해 세계적으로 가장 풍부한 사회적 자본을 보유한 것으로 평가된다. 세계 최대의 경제·군사 강국인 미국은 종합지수면에서는 8위를 기록했으나, 사회규범과 사회구조 측면에서는 15위를 나타내 부문별 격차가 상당히 크게 나타나고 있다. 반면, 네트워크 지수에서는 3위를 나타내 종합지수의 상향에 기여하고 있음을 알 수 있다. 아시아의 부국인 일본은 종합지수에서 17위를 나타내어 경제력에 비해 상대적으로 사회적 자본이 취약한 것으로 평가되었으며, 특히 네트워크 지수에서는 세계 35위를 나타내어 OECD에서도 중하위권인 것으로 밝혀졌다. 영국 역시 종합지수에서는 13위로 나타났지만, 네트워크 부문에서는 세계 60위를 나타내 OECD의 하위권(25위)에 머무르고 있다.

사회적 자본은 각국의 문화·역사적 특성에 의해 형성되지만, 대

:: 표 8.2. 사회적 자본의 구성 부문별 추정(OECD) : 신뢰와 사회규범

신뢰 지수			사회규범 지수		
순위	국가명	지수	순위	국가명	지수
1	호주	7.78	1	덴마크	7.75
2	네덜란드	7.60	2	아이슬란드	7.69
3	덴마크	7.38	3	뉴질랜드	7.68
4	뉴질랜드	7.35	4	핀란드	7.51
5	영국	7.30	5	스위스	7.49
6	스위스	7.15	6	호주	7.46
7	오스트리아	7.06	7	캐나다	7.40
8	스웨덴	7.01	8	스웨덴	7.35
9	미국	6.89	9	네덜란드	7.33
10	독일	6.71	10	영국	7.21
11	아일랜드	6.65	11	오스트리아	7.09
12	캐나다	6.53	12	아일랜드	7.00
13	체코	6.52	13	독일	6.92
14	일본	6.49	14	룩셈부르크	6.88
15	아이슬란드	6.47	15	미국	6.81
16	핀란드	6.33	16	일본	6.49
17	벨기에	6.16	17	벨기에	6.27
18	룩셈부르크	6.13	18	스페인	6.10
19	스페인	6.12	19	포르투갈	6.04
20	프랑스	6.08	20	프랑스	5.94
21	이탈리아	6.02	21	이탈리아	5.54
22	헝가리	5.69	22	한국	5.19
23	그리스	5.43	23	헝가리	5.15
24	한국	5.21	24	체코	5.02
25	폴란드	5.07	25	터키	4.82
26	슬로바키아	4.21	26	폴란드	4.65
27	포르투갈	4.20	27	그리스	4.64
28	멕시코	3.84	28	슬로바키아	4.23
29	터키	3.75	29	멕시코	3.60
OECD 평균		6.18	OECD 평균		6.32

:: 표 8.3. **사회적 자본의 구성 부문별 추정(OECD) : 네트워크와 사회구조 요인**

네트워크 지수			사회구조 요인 지수		
순위	국가명	지수	순위	국가명	지수
1	네덜란드	9.65	1	덴마크	7.41
2	스웨덴	9.12	2	호주	7.39
3	미국	8.90	3	뉴질랜드	7.30
4	덴마크	8.06	4	아이슬란드	7.23
5	아이슬란드	7.91	5	룩셈부르크	7.21
6	뉴질랜드	7.59	6	스웨덴	7.20
7	캐나다	7.07	7	스위스	7.13
8	호주	6.94	8	네덜란드	7.10
9	스위스	6.88	9	캐나다	6.86
10	벨기에	6.42	10	영국	6.79
11	핀란드	6.16	11	독일	6.77
12	**한국**	**6.00**	12	벨기에	6.68
13	룩셈부르크	5.89	13	핀란드	6.62
14	오스트리아	5.86	14	오스트리아	6.58
15	그리스	5.83	15	미국	6.42
16	아일랜드	5.72	16	프랑스	6.35
17	체코	5.58	17	일본	6.19
18	슬로바키아	5.16	18	체코	6.08
19	독일	5.02	19	아일랜드	6.06
20	일본	4.64	20	스페인	5.90
21	이탈리아	4.64	21	이탈리아	5.82
22	멕시코	4.45	**22**	**한국**	**5.77**
23	프랑스	4.39	23	헝가리	5.67
24	스페인	3.92	24	슬로바키아	5.64
25	영국	3.70	25	그리스	5.64
26	포르투갈	3.65	26	포르투갈	5.37
27	헝가리	3.63	27	폴란드	5.06
28	폴란드	3.60	28	터키	4.60
29	터키	2.92	29	멕시코	4.23
	OECD 평균	**5.84**		OECD 평균	**6.31**

체로 경제발전 수준에 따라 사회적 자본이 풍부해지는 경향을 나타낸다. 그러나 일본이나 한국처럼 경제발전 수준에 비해 상대적으로 사회적 자본이 취약한 경우도 많고, 뉴질랜드나 덴마크처럼 소규모 국가에서 사회적 자본이 풍부한 경우가 많이 나타나는 특징을 갖고 있다. 특히 국민소득이 일정 수준 이상인 선진국 중에서는 단순한 소득지표보다도 격조 높은 문화적 전통과 사회복지 제도, 사회 부문 간 균형발전 등을 달성한 북·중부 유럽국가들의 사회적 자본이 풍요로운 것으로 나타났다. 또한 비교적 신생 국가로 유럽 전통에 따라 법과 사회질서, 문화와 규범을 재창출해낸 호주와 뉴질랜드 등도 사회적 자본이 풍부한 것으로 추정되었다. 사회적 자본 지수로 나타난 한국 사회적 자본의 특징은 다음 장에서 자세하게 설명할 것이다.

8.2. 사회적 자본 지수와 주요 사회·경제적 지표

이 절의 목적은 2가지이다. 첫 번째는 사회적 자본이 근대 경제발전 이론의 난제인 시장과 국가의 딜레마를 해결하는 효과적인 대안임을 보이는 것이다. 근대 경제발전 이론은 시장과 국가 중에서 어느 것을 우선시하느냐에 따라 시장의 자유로운 작동을 강조하는 신고전파 이론, 시장을 인정하되 자본 축적에서 국가의 역할이 중요하다고 보는 중상주의 보호무역 이론, 시장경제를 부정하고 국가가 경제활동을 전면 통제하는 사회주의 계획경제 이론 등으로 구분되

었다. 이와 같이 시장주의와 국가주의의 양 극단 사이에서 경제성
장과 사회통합의 조화를 지속적으로 가능하게 할 이론적 대안을 찾
는 실험은 한계에 달했다. 시장주의는 시장실패를 보완하기 위해
만든 제도가 제대로 작동하지 못하면서 사회 공동체를 해체시키는
경향이 있음이 지난 1929년 대공황, 2008년 글로벌 금융위기 등으
로 드러났다. 한편 국가주의도 대안이 되지는 못했다. 국가가 경제
체제의 '종합사령실(control tower)' 역할을 일정 단계 이상 지속할 경
우 경제의 비효율성이 심화되었고, 국가주의에서 시장주의로 급격
한 전환은 사회 불안을 가중시켰다. 계획경제의 비효율성 때문에
구소련이 붕괴한 이후 국가기구의 통제가 약화되면서 러시아 사회
에서 권력이 사유화되고 사회·경제적 불평등이 급속도로 악화된
것이 좋은 예이다.

사회적 자본 이론은 강한 시장이나 강한 국가 대신에 강한 사회
가 경제발전을 가능하게 한다고 본다. 사회적 자본 이론은 시장주
의와 달리 경제 주체를 사회적 관계를 무시하고 효용을 극대화하는
원자화된 개인(atomic individual)으로 보지 않는다. 사회적 자본 이론은
경제 주체들 사이의 사회적 관계에서 형성되는 신뢰와 규범 등이
공동체를 유지·발전시키는 중요한 요소임을 강조한다. 그리고 이
러한 사회적 신뢰와 호혜의 규범은 국가의 계획이나 지시에 의해
육성되는 것이 아니라는 점에서 사회적 자본 이론은 국가주의와 다
르다. 신뢰와 규범은 경제 주체들 간의 자발적인 상호 작용에 의해
자생적으로 형성된다. 물론 계약을 집행하고 소유권을 보호하는 정
부는 사회적 자본 형성에 중요한 역할을 한다. 따라서 사회적 자본

이론은 시장과 국가의 이분법적 구도를 넘어 성장과 통합, 효율과 형평, 자유와 연대 사이에 조화를 모색하는 새로운 경제발전 전략을 추구한다.

이 절의 두 번째 목적은 이 연구에서 개발한 세계 사회적 자본 지수의 타당성(validity)을 검증하는 것이다. 이미 이 책의 3장에서 살펴본 대로 사회적 신뢰가 경제적으로 국가를 부강하게 하고, 사회적인 안정도 증진시켜준다는 것을 기존 문헌을 통해 확인할 수 있었다. 여기서는 세계 사회적 자본 지수를 이용해 사회적 신뢰와 이론적으로 강한 상관관계가 있으면서 그보다 광범위하고 종합적 개념인 사회적 자본이 경제발전과 사회 안정에 어떤 효과가 있는지 살펴볼 것이다. 여기서도 앞의 3장과 같은 결과가 나온다면 이 연구에서 개발한 세계 사회적 자본 지수는 경험적 지표로 타당성이 있는 것으로 볼 수 있다.

사회적 자본 지수와 1인당 국민소득

사회적 신뢰, 호혜의 규범 등 사회적 자본이 결핍된 사회에서는 계약 당사자 간 고의적 의무 위반이나 회피의 가능성 때문에 거래 비용이 증가해 경제활동이 억제된다. 또한 경제 주체들 간에 불신이 깊은 사회에서는 상호협력이 어렵기 때문에 경제성장에 필요한 교육, 보건, 인프라 등 공공재 생산이 부족해지기 쉽다. 그리고 경제성장을 위해서는 환경 변화에 대응한 신속한 경제조정이 필수이지만 사회적 자본이 부족한 사회에서는 사회적 합의 도출이 어려워 경제조정이 지연된다.

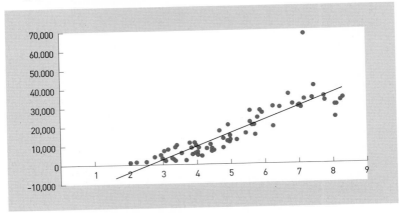

주 : 72개국 대상. x축은 사회적 자본 지수, y축은 1인당 GDP(달러).
자료 : World Development Indicators 2000~2007(2005년 기준).

　　이러한 이유로 사회적 자본은 경제발전에 필수 요소라고 할 수 있다. 사회적 자본 지수와 1인당 GDP의 관계를 통계적으로 분석해 보면 양자 간 매우 강한 상관관계가 나타난다. 〈그림 8.2.〉에서 보는 바와 같이 사회적 자본 지수가 1인당 GDP 변이의 약 78%를 설명하는 것을 알 수 있다. 또한 0과 1 사이의 값으로 정의되는 피어슨 상관계수는 0.89로서, 이론적 예측과 같이 매우 강한 양(+)의 상관관계를 보여주고 있다.

사회적 자본 지수와 공공재

대표적인 공공재인 교육과 보건의 경우에도 사회적 자본과 밀접한 관계가 있다는 결과가 나왔다. 먼저 사회적 자본 지수가 높을수록 교육에 대한 공공투자 확대로 중등교육 등록자 비율이 높아져 사회의 전반적인 인적 자본 수준을 제고시킨다는 것을 알 수 있다. 〈그림 8.3.〉에서 보듯이 학령기 인구 중 중등교육 등록자의 비율은 12%(부르키나파소)에서 153.2%(호주)에 이르기까지 국가 간에 차이가 크다. 그런데 사회적 자본 지수 단 하나의 변수가 이러한 국가 간 교육 수준의 변이의 64.2%를 설명할 수 있는 것으로 나타났다. 피어슨 상관계수로 표시하면 사회적 자본 지수와 중등교육 등록률은 0.80으로 매우 강한 양의 상관관계가 있음을 보여준다.

보건의 경우에도 사회적 자본의 효과는 매우 크다. 한 국가의 전반적인 보건 수준을 나타내는 지표로 영아사망률이 있다. 산모의 영양결핍, 영아에 대한 의료 서비스의 접근성과 질 등 다양한 요인이 영아사망률과 관련이 있다. 보건의료에 대한 공공투자가 부족할 경우 민간 의료 시장을 이용하기 힘든 빈곤층이 영아사망의 위험에 노

:: 그림 8.3. **사회적 자본 지수와 교육**

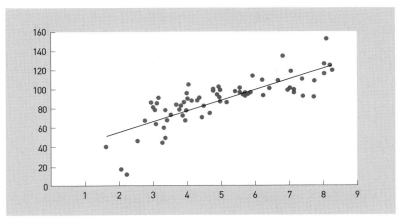

주 : 72개국 대상. x축은 사회적 자본 지수, y축은 중등교육 등록률(%).
자료 : World Development Indicators 2000~2007.

출될 수 있다. 실례로 미국과 일본의 경우를 들 수 있다. 미국의 1인당 국민소득이 일본보다 높음에도 불구하고 미국은 소득 불평등이 일본보다 심하고 의료보험 시장도 민영화되어 있는 등, 의료 서비스가 공공재라는 인식이 부족해 계층별로 의료 서비스에 대한 접근성의 차이가 크다. 미국의 영아사망률이 1,000명당 6.3명으로 2.8명인 일본에 비해 월등히 높은 것도 이와 무관하지 않다.

〈그림 8.4.〉는 사회적 자본 지수와 영아사망률의 관계를 나타낸 것이다. 그림에서 보듯이 사회적 자본 지수가 최소 상태에서 증가함에 따라 영아사망률은 급격히 감소한 후 사회적 자본 지수가 일정 수준에 다다르면 영아사망률은 완만히 감소한다. 국가 간에 존재하는 영아사망률 차이의 약 71%가 사회적 자본 지수로 설명할 수 있다. 피어슨 상관관계로 나타내면 −0.70으로 매우 강한 음의 상관

:: 그림 8.4. **사회적 자본 지수와 영아사망률**

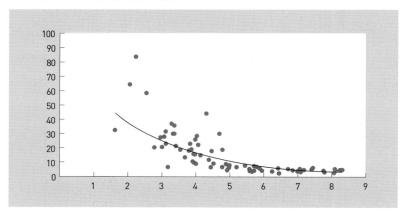

주 : 72개국 대상. x축은 사회적 자본 지수, y축은 영아사망률(출생아 1,000명당 1년 이내에 사망한 영아 수).
자료 : World Development Indicators 2000~2007.

관계가 있음을 보여준다.

사회적 자본 지수와 규제의 품질

정부의 규제도 민간 경제 주체의 인센티브 구조에 영향을 줌으로써 장기적으로 경제성장에 영향을 줄 수 있는 중요한 요소이다. 과다한 정부 규제는 시장경제의 자율성과 창의성을 억제하지만, 어느 정도의 규제는 시장경제의 건전한 발전을 위해 필요하다는 것이 주류 경제학계의 입장이다. 중요한 것은 정부가 꼭 필요한 분야에 스마트한 개입을 하는 것이다. 예를 들어 환경 개선을 위해 정부가 모든 기업에 동일한 온실가스 배출량 감축을 강제하기보다는 배출권 거래시장을 만들어 기업들이 자발적으로 배출량을 저감하도록 유도하는 것이 시장원리에 부합하는 스마트한 규제의 예이다. 또한 정부의 규제를 이용해 특정 집단이 불공정한 경제적 지대(rent)[3]를 독식하지 않도록 주의하는 것도 규제 당국의 책임이라고 할 수 있다.

사회적 자본은 정부의 규제 품질에 어떠한 영향을 미치는가? 사회적 자본이 강한 사회는 맨커 올슨(Mancur Olson)이 말한 '특정 이익집단(special interest group)'이 발호하지 않는 사회이다. 특정 이익집단이 정부기관에 영향력을 행사해 사적 이익에 따라 규제를 포획하는 것이 아니라 다원적 이익단체들이 경쟁관계 속에서 견제와 균형을 이룬다. 또한 시민사회 내에서 공익을 추구하는 건전한 시민단체들 간에 수평적 네트워크가 발달해 이익단체들의 정치적 로비와 압력

---

[3] 정부의 인허가 규제로 신규 기업의 진입이 제한됨으로써 기존 기업에 귀속되는 독점적 이윤이 경제적 지대의 대표적 유형이다.

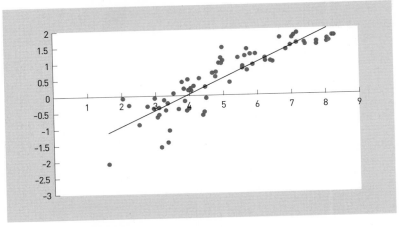

주 : 70개국 대상. x축은 사회적 자본 지수, y축은 정부의 규제 품질.
자료 : 〈http://info.worldbank.org/governance/wgi/index.asp〉 (2000~2008년, 2001년은 없음).

을 감시한다. 이처럼 사회적 자본이 강한 사회에서는 규제를 왜곡
시키려는 강력한 이익집단의 출현이 억제되기 때문에 규제의 품질
도 자연히 높아지게 된다.

〈그림 8.5.〉를 통해 사회적 자본 지수와 규제 품질의 관계를 살펴보
자. 규제 품질은 세계은행의 '세계 정부 지수(WGI, Worldwide Governance
Indicators)' 데이터를 이용했다. 그림에서 보듯이 규제 품질은 −2.09를
기록한 짐바브웨에서 1.88을 기록한 룩셈부르크에 이르기까지 국가
간에 현격한 차이를 보이고 있다. 사회적 자본 지수는 이러한 국가
간 규제 품질 차이의 약 79%를 설명하는 것으로 나타났다. 이를 피
어슨 상관계수로 환산하면 0.89로서, 사회적 자본 지수와 규제 품질
사이에는 강한 양의 상관관계가 있다는 것을 알 수 있다.

사회적 자본 지수와 사회 안정

사회적 자본이 높을수록 사회 불안은 감소한다. 사회적 자본이 높다는 것은 사회 구성원들 간 높은 신뢰가 형성되어 있고, 시민들이 법질서를 잘 준수하며, 자발적 단체 가입을 통해 폭 넓은 사회적 네트워크에 참여함을 의미한다. 또한 소득 불균형, 인종 다양성 등 사회갈등을 유발할 수 있는 구조적 갈등 요인도 적다. 그뿐만 아니라 구조적 갈등 요인이 폭력적으로 표출되지 않도록 관리하는 민주주의의 성숙도와 정부의 갈등조정 능력이 높은 사회이다. 이 모든 것이 이 연구가 제시한 사회적 자본 지수의 개념도에 들어 있다. 따라서 사회적 자본이 높은 사회일수록 갈등이 적고 안정 속에 통합을 이룰 수 있다는 것은 당연한 이야기이다.

어떻게 보면 안정적인 사회라는 것은 대다수의 구성원들이 '현상유지(status quo)'를 선호하는 사회라고도 할 수 있다. 불안한 사회일수록 현재의 사회 시스템에 불만을 가진 집단이 많은 법이다. 그중에 일부는 체념하고 현재의 질서에 순응하며 살지만, 사회불안이 심화될수록 폭력적 수단을 사용해서라도 사회를 변혁시키려는 정치세력이 증가한다. 역사적으로 공산주의 혁명은 안정된 서구 민주주의가 아니라 다수 대중이 구체제의 지배권력으로부터 착취와 수탈을 당하던 러시아, 중국, 쿠바 등 불안정한 사회에서 발생하고 성공했다는 사실이 이를 뒷받침한다.

그렇다면 사회적 자본은 사회구성원들이 현재 누리는 삶의 만족도와 어떤 관계가 있을까? 세계가치관조사에 포함된 삶의 만족도 문항을 이용해 두 변수의 관계를 실증적으로 살펴보았다. 〈그림

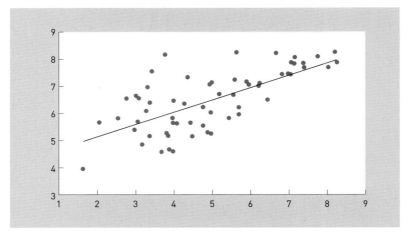

주 : 59개국 대상. x축은 사회적 자본 지수, y축은 삶의 만족도.
자료 : World Values Survey 1999~2006.

8.6.)에서 보듯이 사회적 자본 지수가 높은 사회의 구성원들은 삶에 대한 만족도가 높았고, 사회적 자본 지수는 국가 간에 보이는 국민의 전반적인 삶의 만족도 차이의 약 47%를 설명하는 것으로 나타났다. 이를 피어슨 상관계수로 환산하면 0.69이므로 상당히 강한 양의 상관관계가 있음을 알 수 있다.

지금까지의 실증적 분석 결과는 사회적 자본을 증진함으로써 경제성장과 사회통합을 동시에 달성할 수 있음을 보여주었다. 또한 이 연구가 새로 개발한 사회적 자본 지수가 기존 문헌에서 널리 확인된 사회적 신뢰의 경우와 마찬가지로 1인당 국민소득을 늘리고 정부의 질을 제고하는 방향으로 작용한다는 사실은 사회적 자본 지수가 개념적 척도로 타당성이 있음을 확인해주었다.

사회적 자본은 저성장시대에 접어듦과 동시에 양극화로 인한 사회통합의 위기를 맞고 있는 한국에 새로운 발전 모델을 제시해준다. 시장기구를 정부의 재갈에서 풀어놓기만 하면 자연히 경제는 발전할 것이라는 신고전파 이론이나 정부가 산업정책을 통해 전략산업을 육성하고 시장이 하지 못하는 장기적인 국가경쟁력 확보를 위해 경제적 개입을 해야 한다고 보는 중상주의 이론을 지양하고 신뢰 증진, 법질서 확립, 열린 네트워크 확대 등을 통해 사회적 관계의 선진화를 이루는 것이 21세기 한국의 새로운 발전 모델의 중심이 되어야 한다.

　지금까지 한국은 경제발전에 장애가 된다고 알려진 혈연, 지연, 학연 등을 중시하는 전근대적이고 폐쇄적인 사회적 관계가 지배했음에도 불구하고 정부, 기업, 근로자 등 경제 주체들의 잘살아보겠다는 '경제의지'에 힘입어 눈부신 압축성장을 이룩할 수 있었다. 한국은 1960~2008년 기간 동안 1인당 실질국민소득이 1,877달러에서 2만 5,498달러로 무려 13.6배 증가해 같은 기간 미국(2.8배), 일본(5.5배) 등 선진국의 성장 속도를 크게 앞질렀다.[4] 그러나 선진국이 100년여에 걸쳐 일궈낸 경제적 성과를 불과 한 세대 만에 이루다 보니 퍼트넘이 말한 '시민적 덕성(civic virtue)'이 확립될 시간적 여유를 갖지 못했다. 양적 성장은 이루었지만 그에 걸맞은 정신적·문화적 성숙은 지체된 것이다.

4　2005년도 미국 달러화 구매력평가 기준(US Bureau of Labor Statistics. International Comparisons of GDP per capital and per employed person). 〈http://www.bls.gov/fls/flsgdp.pdf〉(2009. 7. 28.).

과연 한국은 선진국 진입을 위해 앞으로도 우리 국민의 남다른 '경제의지'에만 의존해야 할 것인가? 한국이 북미, 서유럽, 일본 등 경제선진국의 대열에 진입하기 위해서는 현재 한국 사회가 처한 정신적·문화적 지체를 극복하는 것이 우선 과제일 것이다. 시장의 전 지구적 확대로 나타나고 있는 세계화라는 경제 환경의 거대한 변화와 탈물질주의 가치관의 확산은 국가 주도의 성장 전략, 위험을 감수하는 기업의 과감한 투자, 근로자들의 헌신적 노력 등, 과거 한국 경제 발전의 원동력이었던 '경제의지'적 요소를 계속 지탱하기 어렵게 만들고 있다. 사실 경제의지의 약화는 역설적이게도 과거 한국 경제가 고도 성장을 달성함으로써 선진국의 문턱에 다다랐기 때문에 불가피하게 나타나는 현상이다. 다시 말해 한국 경제의 성공이 '경제의지'의 약화 요인으로 작용하고 있다는 것이다. 그렇기 때문에 이제는 '경제의지'만으로는 선진국 진입이 힘들며 '경제의지'를 보완할 수 있는 새로운 국가발전의 원동력을 찾아야 할 때이다. 이것이 바로 사회적 자본 증진이 우리에게 필요한 이유이다.

9. 사회적 자본 확충을 위한 7대 과제

사회적 자본을 바라보는 시각에는 크게 2가지가 있다. 첫 번째는 사회적 자본은 문화이기 때문에 인위적으로 변화시키기 어렵다는 시각이다. 두 번째는 노력하기에 따라서 사회적 자본을 확충하는 것이 가능하다는 시각으로, 이 책은 바로 이 관점을 기반으로 하고 있다. 사회적 자본을 지수로 추정한 것도 이러한 사회적 자본 확충을 도모하려는 노력의 일환이다.

18세기 초반, 아직 영국의 식민지였던 미국은 성숙한 독립국이 되기 위해 갖가지 진통을 겪고 있었다. 신앙의 자유를 찾아온 초창기 이주자들이 정착한 후 한 세대가 지나면서 당시 미국 사회는 각종 종교 및 사회 문제를 안게 되었다. 먼저 종교적으로는 냉정하면서 실제 생활과 관계가 멀어진 기존 교회의 권위주의가 한계를 나

---

1 9장의 요약본이 이동원 외 (2009). "사회적 자본 확충을 위한 정책과제." 삼성경제연구소로 발표되었다.

타내고 있었다. 특히 주류 교회들은 침례교와 퀘이커교 등 자신들과 의견이 다른 종파들을 무자비하게 박해하였다. 뉴잉글랜드 지역에서는 죄 없는 사람들이 마녀로 몰려 고문을 당하거나 심지어는 화형에 처해지기도 했다. 사회적으로는 인구가 급증하고 도시가 커지면서 알코올 중독 등 각종 부작용이 발생하였다.[2]

이에 맞서 1720~1740년경 회중교회(congregational church) 목사 조너선 에드워즈(Jonathan Edwards)와 부흥사 존 웨슬리(John Wesley)를 중심으로 식어가는 신앙적 열정과 도덕적 양심을 되살리기 위한 대각성운동(Great Awakening)이 시작됐다. 믿음과 신앙 체험을 바탕으로 시작한 대각성운동은 이후 사회적 각성으로 이어졌는데, 인디언 선교를 확산시키고 프린스턴(Princeton), 브라운(Brown), 다트머스(Dartmouth), 러트거스(Rutgers) 등 교육기관이 생겨나는 계기가 되었다. 또한 이 시기에 기성 교회에 대한 반성과 신앙의 자유 분위기가 확산되면서 이후 미국독립혁명을 일으키는 계기가 되었다는 주장도 있다.

물론 사회적 자본도 대각성운동과 같이 특별한 역사적 사건을 계기를 바탕으로 확충될 수 있지만, 사회적 자본 부족의 원인에 대한 정밀한 분석과 관련 정책으로도 형성될 수 있다.

앞서 8장에서 분석한 사회적 자본 순위에서 나타나는 것처럼 한국의 사회적 자본은 덴마크나 스웨덴 등 북유럽이나 영미 계열에 비해 크게 낮은 편이다. 한국의 사회적 자본이 주요 선진국에 비해 낮게 나오는 원인은 어디에 있을까?

---

2 1660~1760년간 미국의 인구는 7만 5,000명에서 160만 명으로 증가하였다.

사회적 자본을 구성하는 4개 분야별로 보면, 한국은 신뢰, 사회규범 및 사회구조의 분야에서 전반적으로 사회적 자본 수준이 낮은 것으로 나타났다. 신뢰에서는 72개국 중 31위, 사회규범에서는 28위, 네트워크에서는 14위, 사회구조적 특징에서는 27위를 기록했다 (OECD 29개국 중에서는 각각 24위, 22위, 12위, 22위를 기록). 이 같은 패턴은 선진국과의 비교에서 더 명확하게 나타난다. 〈표 9.1.〉에서 보듯이 신뢰와 사회규범, 사회구조는 네트워크에 비해 OECD 평균과 격차가 큰 편이다. 네트워크의 경우도 OECD 평균 수준을 보이고 있으나 순위가 가장 높은 네덜란드와는 큰 격차를 보인다.

신뢰 분야가 취약하게 나오는 이유는 일반적 신뢰, 경찰에 대한 신뢰, 금융시장 신뢰, 정부의 소유권 보호 항목에서 낮은 점수를 받았기 때문이다. 즉, 경찰 등 정부의 소유권 보호기능에 대한 신뢰 부족이 남을 믿지 못하는 사회를 초래한다고 해석할 수 있다. 경찰, 정부의 소유권 보호 기능에 대한 국민의 신뢰는 사회 전반적인 신뢰 수준과 밀접하게 관련되어 있다. 각종 조사에서 타인을 믿을 수 있다고 응답한 한국인의 비중은 30% 정도로 주요 선진국에 비해 낮은 편이다. 타인을 믿지 못하는 사회에서는 협력의 기반이 되는 사

:: 표 9.1. **사회적 자본의 분야별 지수**

	종합	신뢰	사회규범	네트워크	사회구조
네덜란드	8.29(1)	7.60(2)	7.33(9)	9.65(1)	7.10(8)
한국	5.70(25)	5.21(31)	5.19(28)	6.00(14)	5.77(27)
OECD 평균	6.55	6.18	6.32	5.84	6.31

주 : ( )는 72개국 중 순위.

회적 자본이 형성되기 어렵다. 일반적 신뢰가 낮다는 것은 곧 신뢰
의 반경이 좁은 사회라는 것을 의미한다. 신뢰의 반경이 좁은 사회
에서는 가까운 가족이나 친지만 신뢰하게 되어 타인과 거래 관계를
형성하는 것이 어렵다. 즉, 경제·사회 발전에 부정적인 영향을 끼
치게 된다.

사회규범의 경우 법질서 준수, 부패, 정부 보조금 부정 수급에 대
한 시민의식 항목에서 공통적으로 한국의 사회적 자본이 낮은 수준
으로 판명되었다. 법의 지배가 약한 사회에서는 계약이 잘 집행되
지 않으므로 소유권 보호가 취약하다. 부정부패가 심한 사회에서는
편법이 만연하고 법에 근거한 원칙이 약화되기 때문에 역시 법질서
수준이 낮다. 결국 법 집행이 공정하지 못하거나 잘 지켜지지 않는
사회에서는 호혜의 규범이 부족하다. 즉, 자신의 행동이 남과 사회
전체에 미치는 영향에 대한 관심이 부족하고, 구성원 간의 배려와
책임의식이 결여된 사회이다. 사회구조의 측면에서는 정부 효과성
과 민주주의 등 사회갈등을 해소하는 장치가 미흡한 것으로 나타났
다. 세계은행(World Bank)의 분석에 따르면 한국의 법의 지배와 정부
효과성은 각각 OECD 국가 중 23위와 21위에 불과하다.

:: 표 9.2. **신뢰 분야의 주요 구성항목**

	일반적 신뢰	경찰 신뢰	금융시장 신뢰	소유권 보호
덴마크	66.5(2)	90.9(1)	161.5(6)	9.29(1)
한국	28.8(27)	54.1(40)	99.9(22)	6.55(29)
OECD 평균	34.3	66.0	107.2	7.72

주 : ( )는 72개국 중 순위, 4개 구성 항목은 한국이 취약한 항목.

이 같은 사회적 자본의 부족은 한국이 앞으로 선진국으로 진입하는 데 걸림돌이 될 수 있다. 낮은 신뢰, 후진적 법질서 의식, 폐쇄적 네트워크, 배타적 집단주의는 경제발전을 저해하고 집단 이기주의를 통해 사회분열을 조장하기 때문이다. 예를 들면, 외국 기업이 한국에 대한 직접투자를 꺼리는 이유로 드는 복잡한 규제, 노사신뢰 부족, 인적 네트워크의 폐쇄성은 모두 사회적 자본과 연관이 있는 항목이다.[3] 앞서 4장에서 설명한 대로 한국은 개인이나 정부 및 각종 사회기관에 대한 신뢰도가 낮은 사회이다. 특히 정부에 대한 공적 신뢰가 부족해 시민들이 정부정책에 반대하는 사례가 빈번하게 발생한다. 이러한 한국 사회의 낮은 공적 신뢰는 압축적인 근대화 과정에서 부동산과 대학 입시 등 주요 정책의 방향이 자주 바뀌었던 것과 연관이 깊다.

정부에 대한 신뢰가 저조하다 보니 법질서 준수의식도 낮아 실정법을 어기는 것이 이득이 된다는 사회적 분위기가 형성되었다. 예를 들면, 불법시위를 오래할수록 정부로부터 원하는 것을 얻어낼 수 있다는 기대의식이 형성되었다. 1988~2007년간 합법적 시위를 통해 요구를 관철시킨 비율은 28.2%로 불법시위의 관철 비율 42.2%보다 낮다.[4]

또한 한국 사회에서는 가치 배분의 기준으로 혈연, 지연, 학연 등 비공식적 연고가 중시되는데 이는 공식적 규칙과 절차를 유명무실하게 만들고, 뇌물수수와 뒷거래 등 부패의 원인으로 작용한다. 이

---

3 대한상공회의소 (2008. 2). "주한외국기업의 투자환경 평가와 과제 조사."
4 김선혁 외 (2008). "민주화 이후 한국의 집회시위와 민주주의." 동아시아연구원.

렇게 연줄을 통한 정보와 자원의 획득이 관행화되면서 네트워크에 속하지 못하는 사람은 상대적으로 소외당하게 된다. 과다한 사교육 투자도 후천적으로 얻을 수 있는 연줄인 학연을 확보하기 위한 경쟁의 일종으로 해석할 수 있다.

물론 기업 간 네트워크 역시 폐쇄적, 수직적으로 운영되다 보니 산업 클러스터나 개방형 혁신[5] 등 기업 외부 네트워크의 활용이 취약한 편이다. 한국 기업에서 개방형 혁신을 도입하기 어려운 것은 폐쇄적 네트워크에 익숙해 새로운 파트너를 발굴하고 네트워크를 형성하려는 노력이 부족한 것에 기인한다. 스위스 국제경영개발원(IMD)의 경쟁력 보고서(*The World Competitiveness Yearbook*, 2009)에 따르면 한국은 R&D 투자에는 적극적이나(56개국 중 5위), 기업 간 기술협력은 저조(38위)한 것으로 나타났다.

마지막으로 배타적인 집단주의 문화가 사회갈등을 증폭시킨다. 집단 이기주의의 배타적 속성은 이익집단 분쟁의 자율적 해결을 어렵게 하는데, 경쟁집단이 타협과 양보를 통해 서로 이익을 조정하기보다는 물리력 행사를 통해서라도 자신들의 이익을 극대화하려고 노력한다. 한편 정부는 여론으로부터 갈등을 조기 해결하라는 압력을 받기 때문에 이익집단 분쟁에 직접 개입해 갈등을 서둘러 봉합하려는 경향이 크다.

9장에서는 사회적 자본 지수 결과를 바탕으로 사회신뢰 증진과 법질서 준수 및 사회갈등 해소에 초점을 두고 한국의 사회적 자본을

---

5 자사의 지적 재산과 외부의 기술을 접합하여 새로운 아이디어나 제품을 개발하는 방식을 말한다.

확충할 방법을 논의한다. 먼저 한국에서 신뢰 등 사회적 자본이 부족한 원인을 법질서를 중심으로 살펴보고(〈9.1. 한국의 사회적 신뢰가 낮은 이유〉), 다음으로 사회적 자본을 확충하기 위한 7대 정책과제를 소개한다(〈9.2. 사회적 자본 확충을 위한 정책과제〉).

9.1. 한국의 사회적 신뢰가 낮은 이유

한국 사회의 신뢰 부족을 낮은 법질서 수준 등 사회규범의 측면에서 설명할 수 있다.[6] 2007년 세계은행이 발표한 법 지배 지수(Rule of Law Index)에 따르면 한국의 법질서 준수 수준은 OECD 국가 28개국 중 22위로 하위권에 속한다. 한국보다 법 지배 지수가 낮은 국가는 이탈리아와 체코, 헝가리, 폴란드 등 동유럽 국가들이다. 미국의 리스크 분석기관인 정치위기관리그룹(Political Risk Services Group) 역시 한국의 법질서 준수 수준을 OECD 30개국 중에서 최하위권으로 평가한다.[7]

사회부패는 법질서의 집행 수준을 판가름할 수 있는 지표이다. 부패는 법질서의 집행력을 낮추고 소유권을 약화시켜 타인을 믿고 투자하는 데 따르는 위험 비용을 높인다.[8] 또한 공권력이 개인의 이

---

6 일반적으로 공식적 법 제도는 비공식적 사회규범과 구별되나, 여기서는 규범의 준수와 밀접한 연관이 있는 법질서 준수에 초점을 두었다. 이 책의 4장 참조.
7 차문중 (2007). "법질서의 준수가 경제성장에 미치는 영향." (KDI 정책포럼 제173호). 한국개발연구원.
8 Higbee, J. & Schmid, F. (2004). Rule of Law and Economic Growth. *International Economic Trends* (August). The Federal Reserve Bank of St. Louis.

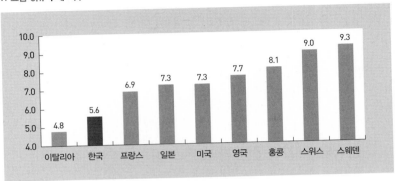

:: 그림 9.1. **부패 지수**

주 : 2008년 기준. 단위가 클수록 부패가 적음.
자료 : 국제투명성기구(Transparency International).

익을 위해 남용되는 정도가 높은 사회에서는 부패가 불신을, 불신이 다시 부패를 초래하는 악순환이 지속된다. 자신이 뇌물을 이용해 시스템을 조작할 수 있다고 생각하면, 다른 사람도 그렇게 할 수 있다는 부정적 기대감이 팽배하고, 이것이 곧 사회 전반에 대한 불신으로 확산될 수 있다.[9] 실제 〈그림 9.1.〉에서 보는 바와 같이 국제투명성기구(Transparency International)는 한국을 선진국에 비해 상대적으로 부패한 국가로 평가한다.

부패와 관련해 한국은 특히 촌지, 탈세 및 법원의 전관예우 문제가 심각하다. 촌지는 교육정책의 근간을 저해하고, 탈세는 조세 제도에 대한 정부와 납세자 간 재협상이 필요할 정도이다. 또한 전직 판검사에 대한 전관예우로 법원의 공정성이 취약하다.

---

[9] 김왕식 (2006). "신뢰증진과 정부의 역할."《정책분석평가회보》, 16(3), 221-240.

한국의 법질서 수준이 낮은 것은 실정법보다는 정서법이 우선시 되는 등 법 집행에 대한 예외 적용이 많은 것에서도 볼 수 있다.[10] 법에 대한 지나친 예외 적용은 법질서 확립을 방해하는 결과를 가져오는데, 법을 어겨도 예외가 허용된다는 기대심리는 법을 준수하지 않을 인센티브를 증가시킨다. 예를 들면, 공권력을 무력화하는 불법시위를 정치적인 이유로 허용할 경우(또는 합법적인 시위를 정치적인 이유로 불허할 경우) 효과적으로 법을 집행하기 어렵다. 대검찰청은 참여정부 시절에 법질서를 훼손한 사례 9건을 뽑았는데 많은 경우 도로 시설을 무단 점거한 채 벌이는 불법시위였다.[11]

사회갈등이 심화되어 법의 권위가 손상된 것이 법 적용의 예외가 많이 발생하게 된 역사적 배경이다. 한국에서는 중국 등 다른 동아시아 국가와 마찬가지로 전통적으로 혈연, 지연, 학연 중심의 폐쇄적인 사회구조가 발전했다. 이러한 연고주의가 새롭게 생겨난 사회질서와 대립하면서 사회갈등이 발생했다. 압축적인 근대화 과정을 통해 전통적인 유대 관계는 축소되는 동시에 능력과 경제적 합리성에 기초한 계약적 관계가 확대되었기 때문이다.[12] 또한 서구에서 받아들인 민주주의 제도가 기존 집단주의 문화와 결합하면서 집단 이기주의가 심화되었다. 모든 사회관계를 '우리 대 그들'로 구분하는

---

10 이남철 (2007). "기업 내·기업 간 조직/경영 형태와 사회적 자본." 우천식 외 (공저).《한국 경제·사회와 사회적 자본》(pp. 63-90). 서울: 한국개발연구원.
11 2003년 : 철도노조파업, 화물연대 불법시위, 부안 방사물 폐기장 반대시위
   2005년 : 맥아더 동상 철거시위, 쌀협상 저지 농민시위
   2006년 : 평택기지 이전반대, 포항건설 노조시위, 한미 FTA 반대시위
   2007년 : 현대차 노조시위
12 한승완 (2007). "한국형 성찰적 근대화 기획과 사회적 자본." 우천식 외 (공저).《한국 경제·사회와 사회적 자본》(pp. 91-118). 서울: 한국개발연구원.

사고가 배타적 집단주의 문화의 특징이다. 집단주의 문화에서는 각 집단이 공익보다는 자신들의 이해를 확대하기 위해 표현과 결사의 자유 등 정치적 권리를 이용한다. 예를 들면, 환경 및 재산상 피해를 이유로 쓰레기 매립장, 방폐장 등을 둘러싼 정부와 지역주민 간, 지역주민 상호 간 갈등이 지속되고 있다.

또한 정부의 역할에 대한 견해 차이가 커졌다. 예를 들어 양극화 해결을 위해 정부의 사회복지 지출이 커져야 한다는 주장과 민간 부문에 대한 정부 개입은 경제의 효율성을 저해하므로 감세를 통해 정부규모를 줄여야 한다는 주장이 첨예하게 대립하고 있다. 이 같은 대립으로 결국 정부정책의 효과성이 줄어들었다.

역사적인 배경 이외에 한국의 낮은 법질서 수준에 대한 설명은 법을 준수하는 시민 차원과 법을 집행하는 공권력 차원으로 나누어 살펴볼 수 있다. 시민 차원에서는 법질서 의식이 부족하거나 법 자체에 문제가 있어서 법질서가 지켜지지 않는다고 볼 수 있다. 반면에 공권력 차원에서는 법 집행이 엄정하지 못하거나 법을 집행하는 절차가 공정하지 못하기 때문에 법질서가 제대로 작동하지 못한다고 볼 수 있다. 물론 이 두 측면은 서로 독립적인 것은 아니다. 공권력이 제 역할을 못할 경우 시민은 법을 지킬 필요성을 느끼지 못할 가능성이 높기 때문이다. 하지만 분석적으로 이 두 측면을 나누어 살펴보는 것은 문제의 소재를 정확히 파악하는 데 도움이 될 것이다. 다음은 한국의 법질서 수준이 낮은 이유를 시민 차원인 ① 낮은 법질서 준수 의식과 ② 법과 현실 간 괴리, 공권력 차원인 ③ 법 집행의 공정성 결여와 ④ 집단행동·연고주의를 통한 법의 무력화로 정리했다.

낮은 법질서 준수의식

왜 법질서를 지키려는 노력이나 관심이 적은 것인가? 이 질문에 답하기 위해 먼저 법질서가 우리 사회에서 얼마나 잘 지켜진다고 보는지, 또한 법질서가 지켜지지 않는 이유에 대한 시민의 생각과 태도를 살펴볼 필요가 있다. 2008년도 통계청 사회조사 결과에 따르면 스스로 법질서를 잘 지킨다고 생각하는 사람의 비율은 56.9%인 반면, 다른 사람이 법을 잘 지킨다고 생각하는 사람의 비율은 26.0로 나타났다. 자기 자신에 대한 준법 수준 평가와 타인에 대한 준법 수준 평가에서 30%p가량 인식의 격차가 존재했다.

과거의 조사 결과와 비교해보면 자기 자신의 준법 수준에 대한 평가는 2005년 64.3%에 비해 낮아졌으며, 타인의 준법 수준에 대한 평가 역시 2005년 28.0%에서 다소 낮아진 편이다. 자신의 준법 수준에 대한 평가와 타인의 준법 수준에 대한 평가의 격차는 2001년에는 35.4%p, 2005년에는 36.3%p이던 것이 2008년에는 30.9%p로

:: 그림 9.2. **준법 수준에 대한 이중 잣대** (단위 : %)

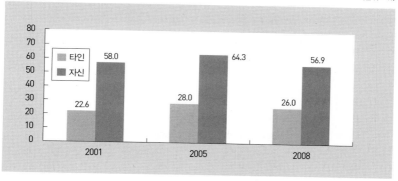

자료 : 통계청, 사회조사, 각 연도.

다소 낮아졌다. 하지만 여전히 자신은 법질서를 잘 지키지만 다른 사람이 지키지 않아서 법질서가 지켜지지 않는다는 이중 잣대가 존재하며, 그 격차가 2배 가까이 된다는 것을 알 수 있다.

왜 법을 준수하지 않는다고 생각하는가라는 질문에 대한 응답은 〈그림 9.3.〉과 같다. 가장 높은 비율인 42.9%의 응답자가 "귀찮아서"라고 응답해 법을 지켜야 한다는 인식이 부족한 것으로 나타났으며, 그 밖에 "다른 사람도 지키지 않아서"(18.2%) 혹은 "법을 지키면 손해 볼 것 같아서"(16.3%) 등 타인이나 사회적 분위기를 탓하는 응답이 많았다. 또한 "단속이 잘 안 되기 때문"(9.5%) 혹은 "처벌 규정이 미약하기 때문"(6.7%) 등 법 집행 과정의 문제를 지적하는 경우도 있었다.

가장 높은 비율을 차지한, '법을 지키는 것이 귀찮다'는 응답은 크게 2가지 측면에서 해석해볼 수 있다. 하나는 법을 지키지 않는 것을 전혀 문제시하지 않는 일반적 태도가 형성되어 있음을 알 수

:: 그림 9.3. **법을 지키지 않는 이유**

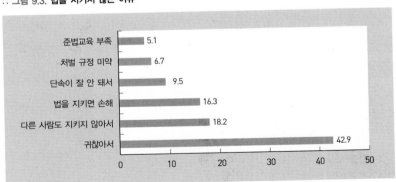

자료 : 통계청, 2008년 사회조사.

있다. 법을 지켜야 한다는 준법의식이 아니라 법질서는 으레 지키지 않아도 된다는 범법의식이 당연시되고 있는 것이다. 국민들 간에 일반적으로 당연시되는 범법의식은 법질서를 지키지 않아도 잘못했다는 생각을 전혀 하지 않는다는 것을 의미한다.

귀찮아서 법을 지키지 않는다는 응답은 또 다른 측면에서 보면 법질서의 권위가 그만큼 낮다는 것을 의미한다. 법을 사회계약적 차원에서 서로 이득이 되기 때문에 지킨다고 볼 수도 있고, 법을 만들고 집행하는 국가의 권위를 인정하고 존중하기 때문에 지킨다고 볼 수도 있지만, 어느 쪽이건 일단 존재하는 법과 규칙에 대한 권위의 존중이라는 면에서는 마찬가지이다. 그런데 법을 지키는 것이 귀찮다는 것은 자유와 책임이 균형을 이루는 민주질서와 함께 방종과 무책임이 난무하는 무정부적 성향이 우리 사회에 존재한다는 것을 암시한다.

또한 다른 사람이 지키지 않는데 나만 지키면 손해라는 응답이 높은 것으로 나타났다. 앞서 보았듯이 준법 수준과 관련해서 자신에 대한 평가는 후하고 타인에 대한 평가는 박한 우리의 현실과 관련시켜 본다면 서로서로 비난하면서 모두 법질서를 지키지 않는 일종의 좋지 못한 균형(bad equilibrium) 상태 혹은 딜레마 상황에 빠져 있다고 볼 수도 있다.

왜 이러한 상태에 이르게 되었을까? 여러 가지 측면에서 살펴볼 수 있지만 과거의 정치사와 가장 밀접한 관련이 있어 보인다. 지난날 한국 사회에서 법률을 제정하고 집행해온 정부 권력에 대해 시민들이 정당성을 철회했던 결과, 정당성이 결여된 권력이 만들고 집행해온 법률과 규칙에 대해서도 정당성을 부여하지 않고 오히려 법률을 어기는 행위를 정당화하는 경향이 은연중에 형성된 것이다. 그런데 문제는 민주화를 거치면서 공권력의 정당성이 국민에 의해 상당 부분 회복된 이후에도 여전히 과거의 관행적 사고와 관습이 남아 법률과 규칙을 지키는 것을 가볍게 여긴다든지 시민의 의무로 생각하지 않는 경향이 만연할 수 있다. 또한 부모가 자녀에게 규칙을 지켜야 한다는 내용의 교육을 소홀히 하는 경향도 나타나고 있다. 결국 이처럼 과거의 역사적 경험에 의해 형성된 공권력에 대한 태도와 의식이 경로 의존적으로 현재까지 영향을 미친 결과 법과 규칙을 지키는 것을 경시하는 태도가 지속된다고 볼 수 있다.

법 제도와 현실의 괴리

법질서의 준수를 저해하는 두 번째 측면은 법 제도와 현실의 괴리 (decoupling)이다.[13] 한국 사회에서는 이러한 괴리가 심하고 결국 법 제도의 준수를 저해하는 요인으로 작용한다. 법과 규칙을 모두 지키면서 살아가는 것이 거의 불가능할 정도로 법이 지나치게 비현실적이기 때문이다. 과거 권위주의 정부에서 국민의 생활을 제약하는 각종 규제와 법률을 만들고 그러한 체제에 익숙하다 보니 이러한 체제의 유제(遺制)가 현재까지도 이어지는 측면이 있다. 과다하게 규제하고 번거로운 법률은 국민에게 법을 지키려는 엄두를 내지 못하게 할 뿐 아니라 법을 집행하는 정부 입장에서도 모든 법률을 지

---

13 Meyer, J. & Rowan, B. (1977). Institutional Organizations: Formal Structure as Myth and Ceremony. *The American Journal of Sociology*, 83, 340-363.

키도록 감독하기 힘들게 만든다. 공권력의 일관된 단속과 처벌이 힘든 상황은 또다시 시민들로 하여금 법을 지켜야겠다는 생각을 약하게 만든다. 결국 과다한 규제와 번잡한 법률 자체가 역설적으로 범법의식을 양산하는 꼴이 되는 것이다. 이러한 현상을 가장 역설적으로 반영하는 사례가 바로 노동조합의 사용자에 대한 노동운동 방식의 일환으로 많이 활용되는 "준법투쟁"이다. 지하철 운행이나 서비스 운용을 법에 규정한 대로 철저하게 지키는 준법투쟁을 하면 시민의 생활이 그만큼 불편해지므로 현행 법규가 얼마나 과다하게 규제하고 있으며, 평소에 편법 운영이 얼마나 일상적으로 발생하고 있는가 단적으로 보여준다.

도로교통법이나 세법, 각종 사업의 인허가를 둘러싼 법률 등이 지나치게 규제가 심하고 세세한 내용이 많다 보니 현실에서 이러한 법률을 모두 지키면서 일상생활을 영위하거나 사업을 하는 것이 사실상 불가능하다. 2008년 감사원의 감사 결과, 2006~2008년간 12개 시군에 신청된 공장 설립 신청 민원 2만 5,866건 중에서 24%에 달하는 6,070건이 재해, 교통, 문화재 보호 등 다양한 규제 때문에 승인되지 못하거나 신청인이 신청을 취소했다. 복잡한 법과 규제는 지키기 어려울 뿐 아니라 단속하기도 쉽지 않다. 현실에서 벗어난 법률 내용은 결국 일관성 없는 일회성 단속을 낳기도 한다. 또한 복잡한 법률을 지키기 어려울 때 사람들은 뇌물이나 청탁 등 불법적인 방법을 동원해서 자신의 목표를 달성하려 노력할 유인이 더욱 강해진다.

법과 규제의 기준이 비현실적이거나 절차가 모호하면 이행하는 측에서 예측하기 어렵고 그만큼 투자 등에 대한 리스크가 중대하게 된다. 예를 들면, 한 회사는 공장부지 승인을 받아 사업을 시작한 지 얼마 되지 않아 지역정부의 규정 변경으로 공장 및 설비 증설을 못하게 되었다.[14] 이렇듯 법의 적용이 비현실적이면 법 준수율이 낮아진다. 낮은 준수율은 결국 법을 잘 지키는 사람을 불리하게 만들고 법을 어기는 행위를 관용하는 사회적 분위기를 조성한다.[15]

결국 복잡하고 비현실적인 법은 사실상 법이 없는 것과 같은 상황을 초래한다. 실제로 현장에서는 법이 복잡해서 되는 일도 없고 재량권이 있는 공무원이 하기에 따라서 안 되는 일도 없다는 말들이 자주 들린다. 법이 복잡하고 비현실적이다 보니 법을 집행하는 공무원에게 과다한 재량권을 주고 법을 이행하는 측에서는 일을 성사시키기 위해 뇌물을 쓸 유인이 증가한다. 대표적인 예로 광주시 오포에 아파트를 건설하기 위해 시행사와 시공사가 벌인 로비사건을 들 수 있다. 이들은 수도권정비계획법 변경과 수질오염총량배정 등 불투명한 인허가권을 획득하기 위해 광주시, 경기도, 건설교통부, 국회, 감사원, 청와대 등에 광범위한 로비를 시도했다.[16] 이 경우 무리한 로비를 시도한 회사에도 문제가 있지만, 법 자체가 비현실적이고 불투명한 것도 부패의 원인으로 작용했다. 최근 들어 법제처에서 공무원에게 과다한 재량권을 주어 부정부패를 초래하는 시행규칙, 훈령 및 예규에 대한 심사를 추진하고 있지만, 실질적으로

---

14 대한상공회의소 (2006. 7. 6.). "지자체 규제개혁에 대한 기업 인식조사." 보도자료.
15 한국경제연구원, 전국경제인연합회 (2007). 《규제개혁 종합연구》.
16 이동원 외 (2008). "사회규제 합리화." 삼성경제연구소.

국민생활이 개선되기 위해서는 많은 시간이 소요될 것으로 보인다.

같은 내용의 규제가 여러 부처에 중복되어 있으면 규제가 더 복잡해져 법을 회피할 인센티브가 커진다. 규제가 중복될 경우 각 집행부서에서 보면 정당한 법 집행이라도 법을 지키는 측에서는 과다한 부담으로 작용한다.[17] 또한 이해하기 어려운 법령은 법 준수를 방해하는 요인 중 하나이다. 몇 번을 읽어도 뜻이 모호하고 복잡하게 얽혀 있는 법, 시행령 및 규칙은 법 자체의 실효성을 떨어트린다.

원칙적으로 금지하고 예외의 경우에만 허용하는 포지티브 규제 방식도 법질서의 준수율을 낮추는 원인이다. 원칙적으로 허용하고 예외의 경우만 금지하는 네거티브 방식을 가진 선진국에서는 기업이 새로운 기술이나 제품을 개발했을 때 원칙적으로 법이 적용되지 않기 때문에 관련 법 제도가 정비될 때까지 시간을 벌 수 있어 그만큼 준수 비용이 낮아진다. 얼마 전부터 상용되기 시작한 휴대폰 GPS 추적 서비스가 대표적인 사례이다. 최근 미국의 무선통신 업체에서는 휴대폰 사용자가 자신의 위치를 특정인이 확인할 수 있게 하는 위치 추적 서비스를 시작했다. 이에 대해 미국 연방통신위원회는 규제 도입을 자제하는 반면, 관련 업체들이 프라이버시 침해 등 부작용을 방지하기 위해 스스로 내부 규칙을 만들었다.[18] 즉, 관련 법령이 만들어질 때까지 준비 기간을 가짐으로써 법 준수율을 높인 것이다.

---

17 한국경제연구원, 전국경제인연합회 (2007). 앞의 책.

18 Sharma, A. & Vascellaro, J. (2008. 3. 28.). Phones Will Soon Tell Where You Are. *The Wall Street Journal.*; 이동원 외 (2008). 앞의 글에서 재인용.

왜 한국 사회에서는 법 제도와 현실의 차이가 좁혀지지 않는 것인가? 역사적으로 보면 한국의 근대적 제도 도입과 정착 과정에서 문제점을 찾아볼 수 있다. 한국 사회는 19세기 말과 20세기 초에 근대적 법 제도가 외부에서 이식된 후 제대로 정착되지 못한 채 급격한 격변을 겪었고, 또한 그나마 과거의 권위주의 정부하에서 그 내용이 일부만 편의적으로 도입된 결과 법 제도와 현실의 간극이나 괴리가 커지게 되었다. 대표적인 예로 1953년 한국전쟁 중에 처음 제정된 근로기준법을 위시한 노동 관련 법률을 들 수 있다. 노동 관련 법률은 당시 선진적이었던 서구의 노동 관련 법률을 거의 그대로 베껴 상당히 진보적인 내용을 담고 있었다. 하지만 당시 노동계의 상황이나 산업 수준 등 여러 현실 조건과 맞지 않아서 실효성이 적은 법이 되어버렸다.

이러한 현상은 종종 한국 사회의 특징인 압축적 근대성(compressed modernity)의 결과로 여겨지기도 한다.[19] 압축적 근대성이란 단순히 근대화가 급속하게 이루어졌다는 것만이 아니라 시간적, 공간적으로 이질적인 사상과 원리가 공존하며 상호 작용해 새로운 제도, 관계, 이념을 만들어내는 복합적 과정을 지칭하는 개념이다. 특히 한국 사회의 압축적 근대화 과정에서 제도와 법은 자주 개정되어 일관성을 유지하지 못했다. 대표적인 예로 대학 입시 제도 및 부동산 관련 제도를 들 수 있다. 이 두 제도는 국민의 지대한 관심을 받을 뿐 아니라 직접적으로 이해관계에 직결된다. 그런데 정권이 바뀔

---

19 Chang, K. (1999). Compressed Modernity and Its Discontents: South Korean Society in Transition. *Economy and Society*, 28(1), 30-55.

때마다 또는 한 정권 안에서도 자주 변화하다 보니 불확실성이 증가하고, 두 제도와 관련해 이득이나 손해를 보는 사람들이 늘어났다. 이러한 제도의 불안정성과 비일관성은 적용을 받는 사람들에게 기회주의적 성향을 부추기는 역할을 하기도 했다.

악셀로드는 기회주의적 성향을 줄이기 위해서는 신뢰 관계가 지속적이어야 한다고 했는데, 법 제도에서도 비슷한 논리를 적용해볼 수 있다.[20] 만약 법 제도가 안정적이고 점진적으로 변화한다면 적용을 받는 사람들의 기회주의적 성향이 줄어들고, 반대로 법제도가 급격하거나 자주 변화한다면 기회주의적 성향이 오히려 조장될 가능성이 높다. 법과 정부정책이 예상치 못하게 자주 바뀌면 시민들은 현재 법을 어기면서도 자신의 범법 행위가 발각되지 않기만 바라거나 법과 제도가 바뀌어 자신의 행위가 적법해지기를 기대할 가능성이 높다. 이러한 기회주의적 태도와 행위가 지속되는 한 법질서 회복은 어려울 것이다.

법 집행의 공정성 결여

한국 사회에서 법질서가 제대로 지켜지지 않는 원인을 법 제도 자체의 측면에서 살펴보면 우선 첫째로 한국 사회의 공정성(fairness), 특히 절차 공정성에 대한 낮은 인식이 법질서를 지키려는 노력을 낮추는 요인이다. 앞서 살펴본 법 제도와 현실의 괴리가 법 제도의 내용적 측면에 관련된다면 법 집행의 공정성은 제도의 적용 과정에

---

20 Axelrod, R. (1984). *The Evolution of Cooperation*. New York: Basic Books.

관련된다.

민주사회에서 법과 규칙이 모든 사람에게 예외 없이 동등하게 적용될 때 정당성과 엄정성을 인정받을 수 있다. 그런데 만약 '유전무죄 무전유죄'라는 말처럼 재산이나 권력을 동원해서 법과 규칙을 피해갈 수 있다는 인식이 시민들 사이에 보편화될 경우 제도의 정당성은 훼손될 것이다. 또한 이렇게 불공정한 법률이나 규칙 때문에 손해 본다고 생각하는 사람들은 이를 지키지 않겠다고 결심하게 될 것이다.

공정성은 크게 분배 공정성과 절차 공정성으로 나누어볼 수 있는데, 분배 공정성은 결과의 측면에서 얼마나 사회 구성원들이 균등하게 분배를 받았다고 인지하는가를 의미하며, 절차 공정성은 결과 자체보다 결과에 이르는 과정의 공정성을 의미한다. 즉, 절차 공정성은 공정하고 제대로 된 절차(due process)를 통해 의사결정 혹은 정책판단이 이루어지는 것을 의미한다. 이러한 절차 공정성은 민주주의와 밀접한 관련이 있다. 민주주의는 다수에 의해 만들어진 규칙에 따라 정책을 결정하고 집행하기 때문에 자의적이거나 편파적으로 결정하거나 집행할 수 없다. 그런데 한국 사회에서는 역설적으로 민주주의가 실현되는 과정에서 절차 공정성에 대한 인식이 더욱 악화되었다. 그것은 아마도 법과 규칙을 공정하게 집행하는 주체로서 국가에 대한 신뢰가 민주화 과정에서 낮아진 것과 관련이 깊을 것이다.

〈그림 9.4.〉는 1990년부터 2005년까지 법 집행이 얼마나 공평하게 이루어졌는가에 대한 시민의 인식을 조사한 결과이다. 분석에 사

용한 자료는 한국사회과학연구협의회에서 1990년부터 5년마다 실시한 '형평성에 대한 국민의식 조사' 자료이다. 1990년부터 2000년까지 법 집행에 대해서 '불공정하다'는 인식이 '공정하다'는 인식에 비해 압도적으로 높은 비중을 보이며 악화되어왔음을 볼 수 있다. 법 집행이 불공정하다는 응답은 1990년 57.1%에서, 1995년 65.1%로 늘어났다. 2000년에도 법 집행을 불공정하다고 보는 인식은 64.8%로 여전히 높은 편이다. 2005년 들어 이러한 인식은 다소 개선되어 법 집행이 불공정하다는 응답의 비율이 40.4%로 줄어들었다. 그럼에도 불구하고 여전히 법 집행이 불공정하다는 인식이 공정하다는 인식(24.1%)에 비해 높은 비중을 보인다. 만약 이러한 법

:: 그림 9.4. **법 집행 공정성에 대한 인식** (단위 : %)

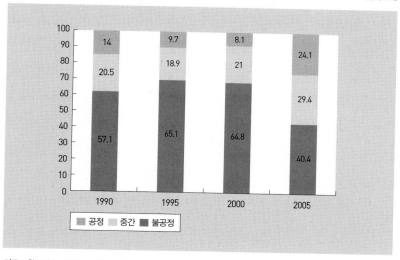

자료 : 한국사회과학연구협의회(1990, 1995, 2000) 및 성균관대 서베이리서치센터(2005), "한국사회의 불평등과 공정성 조사." 각 연도.

집행의 공정성에 대한 인식의 개선이 지속된다면 법질서 준수를 높일 수 있는 좋은 조건이 될 것이다.

집단행동, 연고주의를 통한 법의 무력화

법 집행이 공정하지 않고, 법과 현실의 괴리가 크며, 법 제도가 예상치 못하게 자주 바뀌다 보니, 시민들은 법을 존중하고 따르겠다는 생각을 하지 않게 된다. 특히 현실과 괴리된 법 제도가 자신의 이해관계를 지켜주지 못한다고 생각할 경우 시민들은 법보다는 집단행동 등을 통해서 자신의 이해관계를 실현하려고 할 것이다. 예를 들어, 가두시위는 주로 공권력을 대상으로 하는 집단행동인 경우가 많다. 시위에서 가두시위가 차지하는 비중은 1980년대 후반 민주화가 시작될 무렵의 60%대에서 2000년대 들어 70~80%대로 증가하는 추세이다.[21] 이처럼 집단행동을 통해서 자신들의 이해관계를 실현하려는 시도가 늘어날수록 법질서는 취약해진다.

　법 제도의 주요 기능 가운데 하나는 시민들 간에 혹은 시민과 공권력 간에 갈등의 소지가 있을 때 이해관계를 조정해주는 것이다. 물론 갈등을 조정하는 법 제도의 존재가 갈등 자체를 줄이는 것은 아니다. 때로는 갈등을 전담하는 제도의 존재 자체가 갈등을 자극할 수도 있다. 하지만 이때 갈등은 제도의 틀 안으로 들어오게 되고 (갈등의 제도화), 탈법적 방법을 통해 이해관계를 실현하려는 유인이 억제된다. 최근 나타난 여러 집단행동 중 부안 핵폐기물 처리장 설

21　김선혁 외 (2008). 앞의 글.

립 반대 시위, 천성산 고속철 터널 반대 시위, 새만금 간척사업 반대 시위, 동강댐 건설 반대 시위 등 다양한 환경 관련 집단행동에서는 법 제도의 틀을 벗어나 이해를 실현하려 시도했고 결과적으로 법 제도가 무력해졌다. 이러한 예는 환경 문제에 국한된 것이 아니다. 특히 심각한 문제는 법률을 만드는 국회에서 국회의원들이 탈법적 방법으로 집단행동을 통해 법 제도를 무력화하는 사태가 여전히 반복되고 있다는 것이다. 일반 시민만 아니라 법을 직접 만드는 의회가 스스로 법질서를 무너뜨리는 행동을 함으로써 법 제도의 권위를 계속 떨어뜨리고 있다.

문제는 법과 규칙에 자신의 이해관계를 맡기고 따르려는 태도보다 법과 규칙을 벗어나서 집단행동 방식으로 이해관계를 실현하려는 성향이 우월하게 될 때 사회의 합의된 권위구조가 붕괴된다는 것이다. 법과 규칙에 대해 그 자체로서 따르고 지켜야 할 가치가 있다는 인식을 갖지 못한다면 법과 규칙은 아무리 잘 만들어도 의미가 없다.

법질서 준수를 어렵게 만들고 법 제도를 무력화하는 또 하나의 요인은 공식적인 규칙이나 제도가 아닌 비공식적인 연고나 청탁을 통해 이해관계를 실현하고자 하는 분위기이다. 앞서 언급한 집단행동이 권력에 대한 접근 기회가 비교적 높지 못한 사람들이 법 제도를 우회하기 위한 선택이라면 권력에 대한 접근 가능성이 높은 편에 속하는 사람들은 법 제도의 공식적 측면이 아닌 비공식적 연고에 의존하는 경향이 높다고 인지되고 있다.

2007년도에 실시된 서울대 사회발전연구소의 국민의식조사 분석 결과에 따르면 70.5%에 달하는 응답자들이 한국 사회에서 성공은 연줄과 인맥에 의존하고 있다는 주장에 동의하는 것으로 나타났다. 또한 한국 사회에서 원칙대로 하면 손해를 본다는 주장에 대해서도 50.7%에 달하는 응답자들이 동의하는 것으로 나타났다. 이러한 국민의 인식은 법과 제도가 제대로 작동하지 못하기 때문에 연고나 편법에 의존해야 한다는 연고주의적 사고라고 할 수 있다. 이처럼 연고주의와 편법주의가 강한 한국 사회에서는 공식적 법 제도를 통해서 자신들의 이해관계를 실현하려는 노력이 줄어들 것이고, 이러한 경향은 법 제도의 불신과 법질서의 무시라는 악순환을 반복하도록 만들 것이다.

각종 연구에서 밝혀진 바에 따르면 연고주의를 이용하려는 경향이 높거나 이러한 행동을 자주 하는 사람들일수록 법 제도에 대한 존중이나 인정의 수준이 낮고, 또한 탈법적 행동에 가담하게 될 확률이 높다고 한다.[22] 연고주의는 폐쇄된 집단에 속한 사람들 사이에서만 편의를 주고받는 경향이 강하고 타인에 대해 배타적이어서 법 제도의 공정성에서 강조하는 보편주의적 인식 및 태도를 저해하기 때문이다. 따라서 연고주의가 강하면 강할수록 그 사회의 법질서 수준은 낮을 수밖에 없다.

---

[22] 김우식 (2006). "연결망, 불평등, 위법행동-비도덕성을 생성하는 사회적 자본." 《한국 사회학》, 40(5), 29-60.; 이재혁, 박준식 (2000). "동아시아의 연고주의와 세계화: 한국인의 사회 연결망과 연고주의." 《아시아문화》, 15, 117-142.

9.2. 사회적 자본 확충을 위한 정책과제

여기에서는 사회적 자본 지수의 추정 결과와 지금까지의 논의를 바탕으로 한국의 사회적 자본을 확충하기 위해 법질서를 준수할 인센티브 증진, 비현실적인 법과 규제의 정비, 공정하고 효율적인 법 집행, 시민·리더십 교육, 열린 네트워크를 향한 노력, 합리적 소통으로 사회갈등 해결, 공동체 의식 함양 등 7개의 과제를 제시한다.

① 작은 곳부터 법질서를 준수할 인센티브 증진
일상생활의 모든 영역에서 '법을 지키면 손해 보지 않는다'는 사회적 합의를 정착시키면 법질서를 확립할 수 있다. 간단한 교통질서에서부터 환경 보호와 공공시설 이용 등 일상생활에서 법규를 어기는 행위를 가볍게 생각하는 경우가 많다. 교통신호와 차선 위반, 쓰레기 무단투기, 공공장소에서 남에게 피해를 주는 행위 등 작은 법질서를 어기는 관행은 결국 법질서 전체를 훼손하는 결과를 낳는다. 즉, 법질서가 취약한 사회에서는 '혼자만 법을 지키면 손해'라는 의식이 팽배하다.

　깨진 유리창 하나가 고쳐지지 않고 방치될 경우 곧 그 지역의 모든 유리창이 깨진다는 이론이 있다. 이 같은 현상은 부유한 지역이나 낙후된 지역을 가리지 않고 일어날 수 있는데, 깨진 창문을 그대로 방치할 경우 법질서를 어겨도 괜찮다는 신호를 암묵적으로 보내게 된다. 결국 그 지역의 모든 유리창이 부서지고 그 지역은 빈민가(slum)나 범죄도시로 전락할 수 있다.[23] 반대로 경범죄나 질서를 어지럽히는 행동에 즉각 제재를 가할 경우 안전한 거리를 보장할 수 있다. 깨진 유리창을 즉시 수리하면 그 지역의 반달리즘(vandalism)은 줄어들고, 매일 거리를 청소하면 그만큼 쓰레기를 버리는 행동이 줄어든다. 이 '깨진 창문(Broken Windows)' 이론을 이용해 미국 뉴욕 시장 줄리아니(Rudolph Giuliani)는 1993년 당선된 이후 지하철 무임승차, 공공장소 음주, 노상방뇨 등 경범죄에 대한 단속과 처벌을 강화했다. 그 결과, 경범죄율뿐만 아니라 중범죄율도 10년간 지속적으로 감소했다.

따라서 법질서 확립은 일상적으로 많이 위반하는 법규부터 시작해 나가는 것이 중요하다. 가볍게 여길 수 있는 법규 위반 사례를 공정하게 단속하는 정책은 준법에 대한 사회적 분위기를 유도하는 효과가 크다. 또한 일정 기간만 지켜지는 이벤트성 행사로 끝나는 캠페인은 지양하고, 장기적인 계획을 갖고 정책을 일관되게 추진하는 것이 중요하다. 위반했을 때 부과하는 벌금이나 과태료도 일관성 있게 유지하고, 일단 제정된 법규를 지속적으로 집행할 수 있는 공권력도 뒷받침되어야 한다. 최근 서울시 강남구 등에서 담배꽁초 무단투기에 5만 원의 과태료를 부과한 후 단기적인 성과를 거둔 적이 있으나, 지속적인 단속과 처벌 없이는 장기적인 효과를 담보할 수 없다. 문제는 이러한 법 집행이 단기간 캠페인에 그칠 경우 공권력에 대한 신뢰를 오히려 저하시키게 된다는 것이다. 이 경우 향후 공공질서의 유지를 위한 어떤 방법도 목적을 달성하기 어렵다.

---

23 Wilson, J. & Kelling, G. (1982). *Broken Windows*. The Atlantic.

경찰이 주민, 시민단체와 협력해 공공질서를 확립하는 것도 효과적이다. 예를 들면, 자율방범대 등을 활성화해 해당 지역의 상황에 맞고 주민들이 원하는 공공질서를 유지할 수 있다. 이런 과정을 통해 우리 주변의 일상에서부터 법질서를 회복시키고, 공동체의 구성원이 선진화된 규범을 공유하고 서로 신뢰하는 문화를 정착시켜야 한다.

장기적으로는 다른 사람들이 일반적으로 법과 규칙을 지킨다고 믿는, 즉 나라 전체가 질서를 존중하는 문화를 만드는 것이 필요하다. 모든 구성원이 질서를 존중한다는 자부심이 있는 사회는 서로 신뢰하는 데 결정적인 기여를 할 수 있다. 타인에 대한 신뢰는 곧 그 사람의 행동과 의식이 사회에서 일반적으로 수용되는 범위 내에 있다고 믿을 때 형성될 수 있다. 낯선 사람이나 (제3 세계의) 외국인에 대한 신뢰가 부족한 것은 곧 그 사람의 행동과 인식을 예측하기 힘들기 때문에 나타나는 현상이다. 따라서 적어도 우리 공동체에서 생활하는 구성원은 이 정도의 규범을 지킬 수 있다고 믿을 때 사회적 신뢰 기반이 공고하게 형성될 수 있다. 이를 위해 모범 사례를 발굴하고, 그러한 사례를 공교육 과정에서 활용하는 것도 좋은 방법이다. 일상생활에서 선진화된 규범을 준수하는 환경을 조성하기 위해서는 적극적인 교육 프로그램을 확대하고, 언론과 공동으로 선진 사회규범에 대한 사회인식을 확산시키는 전략도 써야 한다.

② 비현실적인 법과 규제의 정비

유엔이 발표한 자료에 의하면 한국에서 유죄가 입증된 범법자는 연간 인구 10만 명당 380명(1998~2000년 평균)으로 일본(57명)의 6배가 넘는다.[24] 범법자가 상대적으로 많다는 사실은 우리 국민의 준법의식이 취약하다는 것을 시사해준다. 동시에 우리의 법 제도가 지나치게 비현실적이고 경직되어 법규를 제대로 준수하기 매우 힘들다는 사실을 반증한다. 실제로 법규의 내용이 너무 복잡하거나 과다한 규제가 많을 경우 보통 사람들이 일상생활에서 법을 어기기 쉽기 때문이다. 교통법규나 일상생활에서 빈번히 일어나는 관습적인 행동을 지나치게 규제할 경우에도 범법자를 양산하는 결과를 가져올 수 있다.

경제 주체의 행위를 지나치게 제한하는 법규를 시행하면 법질서를 준수하지 않고 오히려 규제를 회피할 인센티브가 증가한다. 특히 규제를 위반했을 경우에 사법처리될 가능성이 낮거나, 사법처리에 따른 부담이 적은 경우에는 당연히 법규를 위반하는 것이 합리적인 선택이 될 수도 있다. 또한 규제는 과다한데 규제를 집행하는 기관의 공권력이 취약할 경우에는 사법 제도의 공정성이 무너지기 쉽다. 현실적으로 모든 위반 행위를 적발하기 어렵고, 소수의 한정된 경우에만 표본적으로 처벌되기 때문이다. 이런 상황에서는 법을 위반하는 행위에 대한 사회적인 용인도가 높아져 준법에 대한 윤리적 책임의식마저 약화된다. 즉, 상대방이 법을 준수하지 않으므로 나도 법을 지키지 않는다는 사회적 딜레마에 빠지기 쉽다. 예를 들어 러시아의 한 고위공무원은 자국의 조세순응도가 낮은 이유를 납

---

24 United Nations Office on Drugs and Crime (1998-2000). United Nations Surveys on Crime Trends and the Operations of Criminal Justice Systems(CTS) 7th wave.

세자들이 다른 납세자 모두가 탈세한다고 믿고 있기 때문이라고 설명한다.[25]

　실제로 한국에는 지키기 어려운 규제가 많아 규정대로 사업을 하는 것보다 오히려 편법적인 수단을 동원하는 편이 더 수월한 경우가 많다. 대표적인 사례로 앞에서 설명한 지하철이나 철도 사업장의 "준법투쟁"을 들 수 있다. 이렇게 현실 상황을 왜곡하는 과다한 규제를 풀어줌으로써, 법 제도의 이행이 노사분규의 수단으로 악용되지 않도록 해야 한다. 비현실적이고 과다한 규제가 국민과 기업의 일상적인 관행을 범법 행위로 전락시키는 오류를 개선해야 한다. 현재와 같이 규제가 과다한 상황에서는 새로운 규제를 만들어내기보다는 반드시 지켜야 할 규제 리스트를 정리해, 일단 규제 대상이 되는 행위를 엄격하게 제재하는 관행을 정착시켜야 한다. 공공기관의 행정 서비스에서도 일정한 규정에 합당하면 모든 인허가가 자동으로 이루어지지만, 법규를 위반하는 경우에는 절대 허용하지 않는 관행이 정착되어야 한다. 최근 행정 서비스가 개선된 것은 사실이지만, 일부에서는 아직도 인허가 등의 행정 서비스가 변칙적으로 이루어지는 경우가 많다. 이런 행위는 공적 기관에 대한 신뢰를 떨어뜨리고 법질서 위반의 인센티브를 강하게 부여하며, 나아가 공공 부문의 부패를 초래하게 된다.

---

25 Rothstein, B. (2000). Trust, Social Dilemmas and Collective Memories. *Journal of Theoretical Politics*, 12, 477-501.

③ 공정하고 효율적인 법 집행

법과 규칙을 준수하는 문화를 확립하기 위해서는 먼저 법이 공정하게 집행되어야 한다. 이를 위해서 범법 행위를 할 경우 법규에 정해진 형량에 따라 공정하게 처벌해야 하며, 일단 처벌이 결정된 범법 행위에 대한 사면은 제한적으로 시행해야 한다. 또한 일상에서 법질서를 집행하는 공권력이 존중받아야 한다. 이런 관행이 제도적으로 정립되어야만, 소유권을 보호하는 공적 기능이 올바르게 작동해 사회신뢰를 제고할 수 있다.

먼저 사법 제도 중 판사의 재량이 과다한 양형제(量刑制)를 개선해야 한다. 이주형은 한국 양형제가 법 집행의 공정성을 해치는 이유를 자세히 언급하고 있다.[26] 첫째로, 유사한 범죄에 대해서 재판부에 따라 양형 차이가 심하면 법보다는 어떤 재판부에서 재판을 받느냐에 따라 형량이 정해지기 때문에 사법 제도에 대한 불신으로 이어진다. 둘째로, 집행유예 선고 기준이 불분명하고 오직 판사의 재량에 의해 남발되어 법의 공정성을 감소시키고 책임 원칙에도 어긋난다. 예를 들면, 형법은 3년 이하 징역형을 선고할 경우 정상참작의 사유가 있을 때 1~5년간 집행을 유예할 수 있다고 규정하는데, 정상참작 사유가 무엇인지, 얼마나 집행유예가 가능한지는 판사의 재량에 따라 결정된다. 결국 불공정한 양형 기준에 대한 시비가 지속적으로 제기되고 있다. 한국의 경우 검찰에서 실형을 구형한 구공판사건의 60% 이상에 대해 집행유예가 선고되는 데 반해 미

---

26 이주형 (2007). "우리나라 양형관행의 일반적 문제점." 대법원 양형위원회 검토자료.

국 연방은 9.1%(2002년 기준)에 불과하다. 셋째로, 법원과 검찰 출신의 변호사가 사건을 수임한 경우 유리하게 사건을 처리해주는 전관예우가 관행이 되어 법 제도의 공정성에 심각한 피해를 입히고 부패의 원인이 된다. 예를 들면, 전관이 재판할 경우 항소심에서 사전변경(이유) 없이 감형을 받는 경우가 많다. 이처럼 불합리한 양형 관행을 개선하기 위해 종합적이고 객관적인 양형 기준을 마련할 필요가 있다.

한국은 불법 행위에 대한 법정 형량이 선진국에 비해 대체로 적어서 사법적인 처벌이 탈법을 억제하는 기능을 적절히 수행하지 못하고 있다. 유죄판결을 받은 범죄자 중 실제로 징역형을 사는 비중은 한국이 21.6%(1998~2000년 평균)로 일본의 64.1%, 스페인의 41.7% 등에 비해 낮은 수준이다.[27] 또한 가정파괴범이나 성폭력 등의 형사사건과 공권력에 도전하는 공무집행 방해 등에 대한 처벌이 미국과 같은 선진국에 비해 미약한 수준이다.

일선에서 공권력을 행사하는 기관을 보호하는 법적 장치도 마련되어야 한다. 한국의 경우 경찰을 비롯한 일선 공권력에 대한 보호장치가 미흡하기 때문에 불법시위 등의 현장에서 법을 집행하는 데 도전받는 경우가 많다. 공권력이 공무를 수행하는 과정에서 법을 집행하는 권한을 보호받아야 현장에서 법질서에 대한 존중이 생겨난다. 물론 공권력이 신뢰를 받기 위해서는 먼저 공권력 행사 자체가 정당성을 부여받고 국민의 지지를 얻어야 한다. 한국은 과거의

---

27 United Nations Office of Drugs and Crime (1998-2000). United Nations Surveys on Crime Trends and the Operations of Criminal Justice Systems(CTS) 7th wave.

개발독재 유산과 민주화 투쟁 때문에 법규를 위반하는 행위가 사회적으로 어느 정도 인정받는 문화가 존재해왔다. 따라서 공권력을 정당하게 행사하려는 정부의 노력이 중요하다. 법질서와 공권력을 존중하는 규범이 정착되어야 사회적 안정성을 높이고 경제성장에도 기여할 수 있다.

구체적으로는 시위나 사건 현장에서 경찰 저지선(police line)을 위반하는 경우나 공무집행을 방해하는 행위 등에 대한 벌칙을 강화해서 공권력이 보호받을 수 있도록 해야 한다. 지난 6년에 걸쳐 연간 7,000~8,000건의 공무집행방해사범이 검거되었다. 경찰공권력을 경시하는 대표적 유형으로는 음주 측정 거부 및 도주, 주취자 행패,[28] 경찰관 폭행 및 경찰기물 파손을 들 수 있다.[29] 이러한 경찰공권력 경시 현상을 그대로 방치하거나 미약하게 대응할 경우 법질서 전체를 경시하게 된다.

법을 집행할 경찰력이 부족한 것도 시급히 해결해야 할 문제이다. 경찰 수가 부족하면 법을 어겨도 적발될 확률이 적기 때문에 법질서를 무시해도 된다는 인식을 가지게 된다. 한국의 경찰 수는 인구 10만 명당 191명(1998~2002년 평균)으로 OECD 26개국 평균인 272명보다 적은 수준이다. 또한 법관 수가 부족한 것도 취약한 사법 제도를 단적으로 보여주는 증거이다. 한국의 법관 수는 인구 10만 명당 3.2명으로 미국(10.6명), 독일(25.5명) 등에 비해 부족하다.[30] 판사

---

28 술에 취해 경찰서에 찾아가 행패를 부리는 것을 의미한다.
29 이효민, 최영록 (2008). "경찰공권력 실추에 대한 포스트모더니즘적 접근."《한국콘텐츠학회 논문지》, 8(3), 197-204.

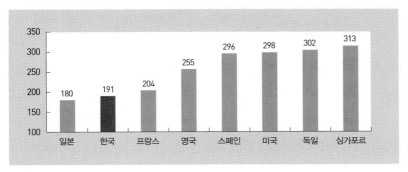

주 : 인구 10만 명당 경찰 수(1998~2002년 평균).
자료 : United Nations Surveys on Crime Trends and the Operations of Criminal Justice Systems (CTS)
7th & 8th Waves, United Nations Office of Drugs and Crime.

수가 부족하면 판사 1인당 과다하게 많은 재판을 처리하게 되고, 결과적으로 정확하고 신속한 판결을 방해하게 된다.

④ 시민·리더십 교육

법과 질서를 존중하는 습관은 어려서부터 시작된다. 구두약속은 물론 사적인 계약을 존중하고 이행하는 것이 사회규범(norm)이 될 때 서로 믿는 공동체 문화가 형성된다. 이러한 문화는 단기적인 캠페인보다는 교육을 통해 형성된다. 예를 들어, 19세기 후반~20세기 초반 미국에서는 산업화와 도시화가 급격히 진행되고 이민자의 증가로 도시가 슬럼화되면서 빈곤, 범죄, 부패 등 각종 사회 문제가 발생했다. 또한 빈부 격차가 심해지면서 소득계층 및 인종 간 사회갈

---

30 United Nations Office of Drugs and Crime (1998-2000). United Nations Surveys on Crime Trends and the Operations of Criminal Justice Systems(CTS) 7th & 8th wave.

등이 심화되었다. 이 같은 부작용을 퇴치하기 위해 혁신주의 운동 (The Progressive Movement)으로 불리는 사회개혁 운동이 시작되었다. 그중에서 스카우트나 4H[31] 등은 청소년의 시민의식과 리더십을 육성하는 역할을 했다.[32] 특히 스카우트는 신뢰, 충성심, 친절 등의 가치를 재미와 접목시켜 현재 155개국에서 활동하는 세계 최대의 청소년운동으로 발전했다. 스카우트의 미션은 청소년을 자율적이고, 협력적이며, 책임감과 확고한 신념을 가진 개인으로 성장시키는 것으로, 사회의 법질서 확립에도 시사하는 바가 크다.

인보관 운동(settlement movement)은 혁신주의 운동의 일종으로 미국의 중산층 젊은이들이 도시의 빈민가에서 수년간 생활하면서 가난한 이민자를 대상으로 교육을 제공하는 자원봉사 활동이었다.[33] 1889년 시카고에서 처음 생겨난 헐하우스(Hull House)를 시작으로 인보관 운동은 전국으로 확대되어 1910년에는 400개의 인보관이 생겨났다. 인보관 운동의 본래 목적은 가난한 이민자들에게 영어와 시민교육을 제공하는 것이었지만 시간이 지나면서 이슈 토론, 직업교육, 위생, 보육, 체육 서비스로 확대되었다. 인보관은 당시 가난한 이민자의 삶을 크게 향상시켰고 사회갈등 해소에 도움을 주었다. 하지만 정작 인보관 프로그램의 가장 큰 수혜자는 빈곤층에 도움을 준 봉사자 당사자들이었다는 것이 아이로니컬하다. 인보관에서 봉사활동을 한 많은 젊은이들이 이후 미국의 사회·정치·경제 분야의

---

31 1914년 설립된 농업 구조와 농촌생활 개선을 목적으로 하는 세계적 청소년 민간단체이다.
32 Putnam, R. D. (2000). *Bowling Alone: The Collapse and Revival of Community.* New York: Touchstone Books.
33 Putnam, R. D. (2000). *op. cit.*

리더로 성장했다. 인보관을 거친 경제 분야 리더 명단에는 GE와 AT&T 등 주요 기업의 CEO가 포함돼 있다. 결국 인보관 활동이 당시 미국 사회의 각종 문제점을 해결하려는 높은 이상을 가진 젊은 이들을 사회의 리더로 훈련하는 역할을 한 것이다.

한국도 교육 현장에서 성적에만 최고의 가치를 두는 기준에서 공공의식과 사회규범 등 시민교육을 중시하는 방향으로 전환되어야 한다. 학업성적만 최고로 여기는 현재의 교육 풍토에서는 규칙 이행과 신뢰 형성의 바탕을 이룰 수 있는 단체 활동과 체육 등의 교육이 소홀해진다. 또한 공익보다는 수단과 방법을 가리지 않고 자신의 목적을 달성하려고 하는 이기적 행태가 만연해진다. 클럽 활동은 규칙 이행과 협동심을 배울 수 있는 살아있는 교육 현장이다. 인격이 형성되는 청소년 시절부터 규칙을 지키고 자신의 언행에 책임을 지는 공공의식을 함양하는 교육이 이루어져야 신뢰 기반이 튼튼한 공동체로 발전할 수 있다. 가정과 학교 교육을 통해 만들어진 신뢰 기반은 어른이 된 이후에도 직장과 다른 형태의 단체 생활을 통해서 지속적으로 확대될 수 있다. 결국 이웃이 경쟁하고 이용할 대상이 아니라 서로 협력을 나눌 수 있는 대상이라는 가치관과 공동체 의식을 모두 공유할 수 있어야 한다.

선진국의 경우 이미 20세기 초반부터 시민의 권리와 의무가 균형을 이루는 시민교육을 시행하고 있다. 특히 20세기 후반에 들어서 사회가 다분화되고 갈등의 소지가 많아지면서 공공의식의 배양이 강조되고 있다. 영국에서는 빠르게 변화하는 경제사회의 흐름 속에서 사회도덕의 틀이 무너지는 현상에 대한 우려가 증가하면서 아동과 청소년을 대상으로 한 시민교육이 주목받고 있다.[34] 이를 위해서 2000년부터 시민교육을 의무 교과 과정으로 정하고, 5~16세를 대상으로 한 시민교육 프로그램을 실시하고 있다. 시민교육에서 첫 번째로 강조하는 가치는 사회도덕적인 책임감이다. 학생 시절부터 학교 안팎에서, 권위에 대해 또한 서로에 대해 사회적·도덕적으로 책임감 있게 행동하는 법을 가르침으로써 자긍심을 가진 시민으로 교육시키는 게 목적이다.[35] 특히 이 시민교육은 단순히 지식을 가르치는 데 그치지 않고 학생이 실제로 책임감 있는 시민으로 행동할 수 있도록 실습과정을 통해 필요한 방법, 태도, 가치공유 등을 전수한다. 예를 들면, 학생들은 지역봉사 단체에 직접 참여해 시민의식을 배운다.

⑤ 열린 네트워크를 향한 노력

지역, 이해집단 간에 단절된 네트워크를 국가적 차원에서 통합하기 위한 노력이 필요하다. 이를 위해서 지역 단위의 자발적인 네트워크 참여활동을 지역 간 교류로 연결할 수 있는 방안으로 활용할 수 있다. 예를 들면, 농촌 체험 프로그램은 도시와 농촌의 상호 이해를 높일 수 있는 계기를 제공한다.

기업 간의 관계도 비용 절감 위주의 거래관계에 그치는 것이 아니라 협업을 통한 혁신적 기술 개발로 이어질 수 있도록 기업 간 신

---

34 Kerr, D. (2003). Citizenship Education in England: The Making of a New Subject. *Sowi-online Journal* (February). 〈http://www.jsse.org/2003-2/pdf/england-kerr.pdf〉

35 McLaughlin, T. H. (2000). Citizenship Education in England: The Critic Report and Beyond. *Journal of Philosophy of Education*, 34(4), 541-570.

리구축 및 상생협력을 지원해야 한다. 예를 들면, 북유럽의 IT 클러스터, 샌디에이고 바이오 클러스터 등의 경우 정부가 세제 혜택, 규제완화 등 클러스터를 육성하기 위한 지원정책을 꾸준히 추진해오고 있다. 또한 해외 기업과의 교류를 위한 콘퍼런스나 공공연구소의 해외 R&D 거점 구축을 지원하여 기업의 외부 네트워크를 확대해야 한다.

물론 제도적 지원뿐 아니라 클러스터 참여 업체 간의 비공식적인 네트워킹 기회를 다양하게 제공하면 자생적인 협력을 유도할 수 있다. 구성원 간의 대면 접촉 강화를 통해 지식과 정보가 교류되고 혁신적인 아이디어의 창출이 가능하기 때문이다.

실리콘밸리의 '런치 2.0'을 대표적인 예로 들 수 있다. '런치 2.0'은 실리콘밸리에서 근무하는 4명의 엔지니어들이 구글, 야후 등 주변 IT 업체들의 구내식당에서 공짜 점심을 즐기던 것이 계기가 되어 시작되었다.[36] 다른 회사 사람들과 만나서 점심을 먹으면서 인적 교류를 넓히고 업계 정보를 서로 교환하는 과정에서 자연스럽게 비공식적인 네트워크가 만들어진다. 이렇게 형성된 네트워크는 기업 간 정보 공유 및 교류, 협력을 통해 실리콘밸리에 거주하는 업체들의 사회적 자본 형성에 크게 기여한다. 일부 업체들은 '런치 2.0'을 제품 광고나 고급 인력을 채용하는 기회로 삼기도 한다.

'런치 2.0'의 가장 큰 장점은 공식적인 자리가 아니면 만나기 힘든 경쟁업체 사람들과 부담 없이 점심을 먹으면서 유익한 시간을

---

[36] Silicon Valley Staff Tuck in to Lunch 2.0 (2007. 6. 18.). *The Financial Times*.

보낼 수 있다는 것이다. 여기에는 사람들과 어울리는 것 이외에 아무런 제약 조건이나 의무가 없다. 그냥 즐거운 시간을 보내면서 관련 업계의 얘기를 나누다 보면 많은 것을 얻을 수 있고 서로에게 도움이 되는 새로운 아이디어도 생겨난다. 매일 같은 사람, 혹은 혼자 점심을 먹는 일상에서 벗어난다는 의미도 크다. 그야말로 효율성을 제고하는 동시에 삶의 질을 높이는 사회적 자본의 전형적인 패턴을 보여준다. 실리콘밸리에서 시작된 '런치 2.0' 프로그램은 현재 다른 주요 도시로 확산되고 있다.

⑥ 합리적 소통으로 사회갈등 해결

정부는 합리적인 소통을 통해서 사회갈등을 효과적으로 조정할 수 있다. 정책을 집행할 때 강제적인 권력을 이용하기에 앞서 말과 논리에 의한 소통을 활용해 갈등 당사자와 충분히 협상할 필요가 있다. 이때 전문가 기구의 권위를 활용하면 이해 당사자 간 소통을 촉진할 수 있다. 특히 환경 분쟁, 노사분규 등 이해관계가 첨예하게 대립하는 사안에서 정부가 개입하기보다는 중립적인 중재기관을 활용해야 한다. 예를 들면, 미 연방정부는 환경갈등을 조정하기 위해 1998년에 '환경분쟁해결원(Institute for Environmental Conflict Resolution)'을 설립한 바 있다.

또한 정부는 공공사업의 입안 단계에서 반대 의견을 경청함으로써 사업 추진의 절차적 정당성을 제고해야 한다. 정책결정 과정에서 소외되는 이해관계자가 없도록 관련 여론을 폭 넓게 수렴하는 내실 있는 장치로 공청회를 운영할 수 있다. 공공기관의 의사소통

기술 향상을 위한 교육훈련을 강화해야 한다. 관계 당국의 진정성 있는 대화는 감정에 치우친 집단행동을 완화하는 효과를 발휘하기 때문인데, 예를 들면, 미국의 콜로라도 주와 오리건 주에서는 '사과법(Apology Law)'을 만들어 의료사고와 관련해 의사의 사과 발언이 법정에서 의사에게 불리하게 적용될 수 없도록 규정했고, 이것이 오히려 의료사고 시 소송을 줄이는 효과를 가져왔다.

마지막으로 인터넷을 국민과 자유로운 의사소통의 기회로 삼아야 한다. 정보를 통제하기보다는 적극적으로 국민과 공유함으로써 국가 중요 정책에 대한 이해집단의 지지를 획득하는 것이 가능한데, 영국 정부는 트위터(twitter)[37]와 같은 '사회 네트워크 서비스'를 정책 홍보에 적극 활용하고 있다.

⑦ 공동체 의식 함양

사회적 자본은 각 구성원이 서로 신뢰하고 협력하는 공동체 정신에서 형성된다. 구성원이 서로 반목하고, 사회가 추구하는 가치를 공유하지 못하는 공동체에서는 사회적 자본이 형성될 수 없다. 그러한 공동체에서는 개인 간의 신뢰가 존재해도 사회적 자본으로 승화될 수 없으며, 오히려 폐쇄적인 네트워크를 통한 소수 집단 간의 신뢰만 형성되어 사회발전에 기여하지 못한다. 따라서 사회적 자본을 확충하기 위해 바람직한 전략의 하나는 우리 사회의 각 계층과 집단, 조직에서 공동체 문화를 형성해 나가는 것이다. 이것은 곧 소규

---

37 블로그의 인터페이스와 미니홈페이지의 '친구 맺기' 기능, 메신저 기능을 한데 모은 소셜 네트워크 서비스(SNS, Social Network Service)로 2006년 3월 개설됐다.

모의 폐쇄적인 연계를 연결해 개방적이고 협력적인 네트워크를 형성하는 역할을 하기도 한다.

주거가 중심이 되는 지역 공동체에서부터 학교, 직장과 기업이 속한 지역공동체, 종교와 문화 등 네트워크를 형성하는 각종 단체에서 공동체 문화를 조성해 나가야 한다. 최근에 각종 종교단체에서 열린 교회를 지향해 지역주민에게 장소를 제공하는 것이 좋은 예이다. 특히, 공동체 내부의 상호협력이 사회발전의 원동력이 될 뿐만 아니라 사회를 윤택하게 만들어 개인의 후생을 증대시키고, 품격 있는 생활을 가능하게 만든다는 상호호혜(相互互惠)의 공유의식을 갖도록 해야 한다. 이러한 가치를 서로 공유해야만 자발적인 참여와 협력이 극대화되고, 사회적 자본도 효율적으로 확충될 수 있다.

사회적 자본을 확충하기 위한 공동체 문화는 다음과 같은 방향으로 조성돼야 한다. 첫째, 개방성과 상호협력의 원칙이 존중되어야 한다. 공동체 내부의 모든 구성원에게 다양한 네트워크와 문화 활동이 개방되어야 하며, 구성원 간의 상호협력을 유도해야 한다. 예를 들어, 거리를 청소하고 장애인이나 소외계층을 돕는 활동도 공동체 내부의 상호협력을 촉진한다. 특히 대도시 아파트 중심의 주거 형태에서는 개인의 독립성을 중시한 나머지 공동체와 단절되는 현상이 과다하게 나타나므로, 개방성과 상호협력을 추구하는 공동체 문화가 형성되기 어려운 경우가 많다.

둘째, 상호협력적인 공동체 문화가 개인에게도 도움이 된다는 인식의 전환이 필요하며, 이러한 변화를 유도하기 위한 교육과 인센티브의 부여가 필요하다. 최근 공교육 과정에서 지역사회에 대한 봉사를 강조하고 역사탐방이나 기업체 및 공공기관의 현장학습을 강조하는 것은 바람직한 일이며, 앞으로도 이러한 활동을 적극적으로 유도하는 인센티브 구조를 적극적으로 개발해야 한다. 다만, 교육 과정의 공동체 문화 조성이 입시나 성적관리를 위한 형식적인 절차로 전락하는 것을 방지해야 하며, 자신이 속한 공동체에 대한 이해를 증진시키고, 자발적인 협력을 유도할 수 있게 추진되어야 한다.

셋째, 이윤추구가 목적인 기업에서도 지역사회 발전에 적극적으로 기여하는 "커뮤니티 참여(CI, Community Involvement)"가 강조되어야 한다. 이런 활동을 통해서 친기업(親企業) 문화를 형성하고 궁극적으로는 사회적 자본을 창출하는 공동체 문화를 형성하는 데 기여할 수 있게 된다. 사회적 자본의 확충을 위해서는 최근 많이 논의되는 기업의 사회적 책임(corporate social responsibility)도 기업이 소속되어 있는 지역 공동체를 중심으로 이루어지는 것이 바람직하다. 물론 전국적인 차원의 사회공헌이나 이익의 환원 활동도 중요하지만, 생산현장이나 연구소가 위치한 지역사회를 중심으로 CI가 이루어진다면, 훨씬 더 친화력 있고 효율적으로 친기업 문화를 형성할 수 있을 것이다. 존경받는 기업의 문화는 기업이 속한 지역사회에서 먼저 형성되어야 하며, 이러한 과정을 통해 지역사회의 지원과 협력도 용이하게 이루어질 것이다. 따라서 각종 봉사 활동, 사회공헌, 사회협력, 소외계층에 대한 지원 등 CI 활동은 기업이 위치한 지역 공동체부터 강조되어야 하며, 이것은 또한 건전한 공동체 문화 형성에 큰 축이 될 수 있을 것이다. 바람직한 공동체 문화가 형성되어야만 기업 CI 활동도 기업의 일방적인 지원에서 한 발 나아가 지역사회로부터 협력을 이끌어내는 상호협력의 문화로 발전할 수 있기 때문이다.

넷째, 정치와 행정 중심의 지역사회가 생활과 문화, 상호협력의 가치를 중시하는 방향으로 변화되어야 한다. 우리 사회는 도시화가 진전되면서 지역문화의 특성이 빠른 속도로 사라지고 있으며, 지역공동체의 의미는 시와 구, 동으로 대표되는 행정 단위 중심으로 전락하고 있다. 1960~1970년대의 새마을 운동이나 4H를 주창하던 공동체 문화와 대비하면, 현재 우리 사회에 남아 있는 공동체 활동은 선거와 행정기관 주도의 행사에서 크게 벗어나지 못하고 있다. 지방자치제가 실시된 이후 최근 들어 지역마다 특색 있는 문화가 창출되고, 경쟁력을 강조하는 경향이 두드러지는 것은 사실이나 아직도 생활과 문화 중심의 공동체는 형성되지 못하고 있다. 따라서 선진화된 공동체 문화를 형성하기 위해서는 개인의 일상생활과 문화, 상호협력이 중심이 되는 체제로 변화되어야 한다. 예를 들면, 학교의 운영도 지역 공동체의 특성에 맞게 구성원 간의 동의와 협력을 통해 자율적으로 운영되어야 하고, 작은 단위의 지역 공동체가 중심이 되어 자신의 생활과 직결된 문화 공동체가 형성되어야 한다.

물론 21세기 글로벌화 시대에 농경사회에서나 기대할 수 있는 친밀한 교류와 협동 생활이 기본이 되는 공동체 문화를 형성하는 것은 쉽지 않다. 산업구조가 변화하고, 사회적 가치관이 변모하며, 생활양식이 급속히 달라지는 시대에는 이에 걸맞은 새로운 공동체 문화를 형성해야 한다. 한편으로 최근에는 IT 기술의 발달과 통신수단의 급속한 발전, 방송과 통신의 융합으로 종전과 다른 소통과 교류를 통해 구성원 간의 연계를 강화할 수 있는 장점도 있다. 예를 들어, 온라인 커뮤니티인 싸이월드(Cyworld)를 통한 '일촌 맺기' 등 네트워크의 구축은 시공을 초월한 새로운 공동체를 형성한 것이라고 볼 수 있다. 물론 인터넷의 가상공간을 통해 이루어지는 새로운 형태의 공동체 문화 역시 신뢰에 기반을 두어야 사회발전에 기여하게 된다. 익명을 전제로 한 인터넷 남용과 부실한 정보 교환은 상호 신뢰는 물론 사회의 기반 자체를 불안하게 만드는 측면도 있다.

따라서 IT 기술의 발달과 함께 가상공간을 통해 형성된 공동체나 네트워크에서도 신빙성이 있고, 책임 있는 정보를 공유하는 공동체 문화를 정립시켜 나가야 한다. 이러한 부작용을 제거한다면 인터넷은 상호 소통을 촉진하고 정보 수집과 분석에서도 큰 효율성 제고 효과를 나타냄으로써 사회적 자본의 확충에 크게 기여할 수 있다. 나아가 인터넷 매체의 접근성이 높아지는 현상을 활용해 공동체 내부의 행사, 협력 활동, 교육 등에 대한 상호협력을 적극적으로 유도해야 한다.

공동체 문화의 조성을 통한 사회적 자본의 확충은 단기간에 손쉽게 이룰 수 있는 것이 아니다. 선진화된 공동체 문화의 필요성에 대한 인식을 공유해야 하고, 구성원 간의 신뢰가 바탕이 되어야 하며, 소통과 협력의 장을 열어주는 주체와 매체가 있어야 한다. 또한 구성원뿐만 아니라 행정기관, 학교, 기업, 종교·문화 단체 등이 지속적으로 협력해서 만들어 나가야 한다.

참고문헌

- 기획재정부 (2009. 5). "2009년 1/4분기 가계동향 분석."
- 김선혁 외 (2008). "민주화 이후 한국의 집회시위와 민주주의." 동아시아 연구원.
- 김왕식 (2006). "신뢰증진과 정부의 역할."《정책분석평가회보》, 16(3), pp. 221-240.
- 김우식 (2006). "연결망, 불평등, 위법행동-비도덕성을 생성하는 사회적 자본."《한국 사회학》, 40(5), pp. 29-60.
- 김태홍 외 (2005). "국민통합을 위한 사회갈등 해소방안연구." (협동연구 총서 05-02-01). 경제·인문사회연구회.
- 대한상공회의소 (2006. 7. 6.). "지자체 규제개혁에 대한 기업 인식조사." 보도자료.
- 대한상공회의소 (2008. 2). "주한외국기업의 투자환경 평가와 과제 조사."
- 민승규 외 (2006). "소득 양극화의 현황과 원인." 삼성경제연구소.
- 박준 외 (2009). "한국의 사회갈등과 경제적 비용." 삼성경제연구소.
- 박준, 이동원, 도건우 (2009). "갈등의 경제적 비용." 삼성경제연구소.
- 우천식, 김태종 (2007). "한국 경제·사회의 발전과 사회적 자본." 우천식

외 (공저). 《한국 경제 · 사회와 사회적 자본》(pp. 1-24). 서울: 한국개발연구원.

- 윤인진 (2008). "한국인의 갈등의식과 갈등조정방식." 《2008 KDI 공개정책토론회》, 12월 15일. 서울: 한국개발연구원

- 이남철 (2007). "기업 내 · 기업 간 조직/경영형태와 사회적 자본." 우천식 외(공저). 《한국 경제 · 사회와 사회적 자본》(pp. 63-90). 서울: 한국개발연구원.

- 이동원 (2009). "한국의 소득 불균형과 사회행복." 삼성경제연구소.

- 이동원 외 (2008). "사회규제 합리화." 삼성경제연구소.

- 이동원 외 (2009). "사회적 자본 확충을 위한 정책과제." 삼성경제연구소.

- 이재혁 (2005). "신뢰와 시민사회: 한국, 미국 조사 비교." 《2005년 KGSS 심포지엄》(pp. 202-233), 5월 19일. 서울: 한국언론재단 국제회의장.

- 이재혁, 박준식 (2000). "동아시아의 연고주의와 세계화: 한국인의 사회 연결망과 연고주의." 《아시아문화》, 15, pp. 117-142.

- 이주형 (2007). "우리나라 양형 관행의 일반적 문제점." 대법원 양형위원회 검토자료.

- 이효민, 최영록 (2008). "경찰공권력 실추에 대한 포스트모더니즘적 접근." 《한국콘텐츠학회논문지》, 8(3), pp. 197-204.

- 전영평 외 (2005). "사회갈등에 관한 국민의식 및 정책수요 조사." (협동연구총서 05-02-05). 경제 · 인문사회연구회 .

- 정갑영 (2006). 《나무 뒤에 숨은 사람》. 파주: 영진미디어

- 차문중 (2007). "법질서의 준수가 경제성장에 미치는 영향." (KDI 정책포럼 제173호). 한국개발연구원.

- 최승태 (2002). 《개발과 보전의 정책 갈등에 관한 연구: 영월댐 건설사업과 새만금 간척사업의 비교 분석》. 전남대학교 석사학위논문

- 토크빌, A. (1997). 《미국의 민주주의 II》(임효선 · 박지동 역). 서울: 한길사. (원전은 1835년에 출간)

- 한국경제연구원, 전국경제인연합회 (2007).《규제개혁 종합연구》.
- 한국사회과학연구협의회 (1990, 1995, 2000) 및 성균관대 서베이리서치 센터 (2005). "한국 사회의 불평등과 공정성 조사."
- 한승완 (2007). "한국형 성찰적 근대화 기획과 사회적 자본." 우천식 외 (공저).《한국 경제·사회와 사회적 자본》(pp. 91-118). 서울: 한국개발연구원.
- 황진영, 허식, 이성원 (2008). "부패의 통제와 재정지출의 효율성에 관한 국가 간 실증분석."《규제연구》, 17(2), pp. 171-194.

- Alesina, A. & Rodrik, D. (1994). Distributive Politics and Economic Growth. *The Quarterly Journal of Economics*, 109(2), 465-490.
- Alesina, A., Baqir, R. & Easterly, W. (1999). Public Goods and Ethnic Divisions. *The Quarterly Journal of Economics*, 114(4), 1243-1284.
- Alesina, A. & La Ferrara, E. (2000). Participation in Heterogeneous Communities. *The Quarterly Journal of Economics*, 115(3), 847-904.
- Alesina, A. & La Ferrara, E. (2002). Who Trust Others?. *Journal of Public Economics*, 85, 207-234.
- Arrow, K. (1972). Gift and Exchanges. *Philosophy and Public Affairs*, 1(4), 343-362.
- Arrow, K. (1999). Observation on Social Capital. In Dasgupta, P. Serageldin, I. (Eds.), *Social Capital: A Multifaceted Perspective*. Washington D. C.: World Bank.
- Axelrod, R. (1984). *The Evolution of Cooperation*. New York: Basic Books.
- Becker, G (1974). A Theory of Social Interactions. *Journal of Political Economy*, 82(6), 1063-1093.
- Becker, G (1996). *Accounting for Tastes*. Cambridge: Harvard University Press.

- Bergsten, G. S. (1985). On the Role of Social Norms in a Market Economy. *Public Choice*, 65, 113–137.

- Berman, S. (1997). Civil Society and the Collapse of the Weimar Republic. *World Politics*, 49, 401–429.

- Bjørnskov, C. (2006). Determinants of Generalized Trust: A Cross–Country Comparison. *Public Choice*, 130, 1–21.

- Bourdieu, P. (1980). Le capital social. *Actes de la Recherche en Sciences Sociales*, 31, 2–3.

- Bourdieu, P. (1986). The forms of capital. In Richardson, J. G. (Ed.), *Handbook of Theory and Research for the Sociology of Education* (pp. 241–258). New York: Greenwood Press.

- Boix, C. & Posner, D. (1998). Social Capital: Explaining Its Origins and Effects on Government Performance. *British Journal of Political Science*, 28, 686–693.

- Brehm, J. & Rahn, W. (1997). Individual–Level Evidence for the Causes and Consequences of Social Capital. *The American Journal of Political Science*, 41(3), 999–1023.

- Chang, K. (1999). Compressed Modernity and Its Discontents: South Korean Society in Transition. *Economy and Society*, 28(1), 30–55.

- Charles, K. & Kline, P. (2002). Relational Costs and the Production of Social Capital: Evidence from Carpooling. (NBER Working Paper No. 9041). NBER.

- Chu, Y. *et al.* (2008). *How East Asians View Democracy.* New York: Columbia University Press.

- Coleman, J. (1988). Social Capital in the Creation of Human Capital. *The American Journal of Sociology*, 94, S95–S120.

- Coleman, J. (1990). *Foundation of Social Theory.* Cambridge: Harvard University Press.

- Costa, D. & Kahn, M. (2003). Cowards and Heroes: Group Loyalty in the American Civil War. *The Quarterly Journal of Economics*, 118(2), 519–548.

- Costa, D. & Kahn, M. (2003). Understanding the American Decline in Social Capital, 1952–1998. *Kyklos*, 56, 17–46.

- DiPasquale, D. & Glaeser, E. (1998). Incentives and Social Capital: Are Homeowners Better Citizens? (NBER Working Paper No. 6363). NBER.

- Durlauf, S. (2002). On the Empirics of Social Capital. *The Economic Journal*, 112(483), F459–F479.

- Easterly, W. & Levine, R. (1997). Africa's Growth Tragedy: Politics and Ethnic Divisions, *The Quarterly Journal of Economics*, 112(4), 1203–1250.

- Esser, H. (2008). The Two Meanings of Social Capital. In Castiglione, D. Van Deth, J. & Wollebm, G. (Eds.), *The Handbook of Social Capital*. Oxford: Oxford University Press.

- Fafchamps, M. & Minten, B. (2002). Returns to Social Network Capital among Traders. *Oxford Economic Papers*, 54, 173–206.

- Fafchamps, M. (2003). Ethnicity and Networks in African Trade. *Contributions to Economic Analysis & Policy*, 2(1), Article 14.

- Finer, S. (1997). *The History of Government*. Cambridge: Cambridge University Press.

- Foley, M. & Edwards, B. (1999). Is It Time to Disinvest in Social Capital?. *Journal of Public Policy*, 19(2), 199–231.

- Fukuyama, F. (1995). *Trust : The Social Values and the Creation of Prosperity*. New York: Free Press.

- Fukuyama, F. (1999). *The Great Disruption*. New York: Simon and Schuster.

- Fukuyama, F. (1999). Social Capital and Civil Society. *Paper prepared for delivery at the IMF Conference on Second Generation Reforms*.

- Gambetta, D. (2000). Mafia: The Price of Distrust. In Gambetta, D. (Ed.), *Trust: Making and Breaking Cooperative Relations.* Oxford: University of Oxford Press.

- Glaeer, E., Laibson, D., Scheinkman, J. & Soutter, C. (2000). Measuring Trust. *The Quarterly Journal of Economics*, 115(3), 811–846.

- Goldsteen, R., Goldsteen, K. & Schorr, J. (1992). Trust and Its Relationship to Psychological Distress. *Political Psychology*, 13(4), 693-707.

- Granovetter, M. (1973). The Strength of Weak Ties. *American Journal of Sociology*, 78, 1360–1380.

- Granovetter, M. (1985). Economic Action and Social Structure: The Problem of Embeddedness. *The American Journal of Sociology*, 91, 481–510.

- Grief, A. (1993). Contract Enforceability and Economic Institutions in Early Trade: The Maghribi Traders' Coalition, *The American Economic Review*, 83, 525–548.

- Guiso, L., Sapienza, P. & Zingales, L. (2004). The Role of Social Capital in Financial Development. (NBER Working Paper No. 7563). NBER..

- Gwartney, J. & Lawson, R. (2006). *Economic Freedom of the World: 2006 Annual Report.* Economic Freedom Network.

- Gwartney, J. & Lawson, R. (2008). *Economic Freedom of the World: 2008 Annual Report.* Economic Freedom Network.

- Hanifan, L. J. (1916). The Rural School Community Centre. *Annals of the American Academy of Political and Social Sciences*, 67, 130–138.

- Hardin, R. (1992). The Street–Level Epistemology of Trust. *Analyse & Kritik*, 14, 152–176.

- Hardin, R. (2001). Conceptions and Explanations of Trust. In Karen, C. (Ed.), *Trust in Society* (pp. 3-39). New York: Russell Sage Foundation.

- Harford, T. (2006). *Undercover Economist*. Oxford: Oxford University Press.

- Harford, T. (2008). *Logic of Life*. New York: Random House.

- Higbee, J. & Schmid, F. (2004). Rule of Law and Economic Growth. *International Economic Trends* (August). The Federal Reserve Bank of St. Louis.

- Holmes, O. (1881). *The Common Law*. New York: Little Brown.

- Jacobs, J. (1971), *The Death and Life of Great American Cities*. New York: Random House.

- Jensen, M. & Meckling, W. (1976). Theory of the Firm: Managerial Behavior, Agency Costs, and Ownership Structure. *Journal of Financial Economics*, 3, 305–360.

- Johnson, R. A. & Wichern, D. W. (2002). Applied Multivariate Statistical Analysis, 5th Ed. *Upper Saddle River*. NJ: Prentice-Hall, Inc.

- Kahn, G. & Leo, L. (2007). In Italian Crackdown, Tax Cheats Get the Boot. *Wall Street Journal*.

- Kaufmann, D., Kraay, A. & Mastruzzi, M. (2008). Governance Matters VII: Aggregate and Individual Governance Indicators 1996~2007 (World Bank Policy Research Department Working Paper No. 4654). World Bank.

- Kerr, D. (2003). Citizenship Education in England: The Making of a New Subject. *Sowi–online Journal*(February). 〈http://www.jsse.org/2003–2/pdf/england_kerr.pdf〉

- Knack, S. & Keefer, P. (1997). Does Social Capital Have an Economic Payoff? A Cross–Country Investigation. *The Quarterly Journal of Economics*, 112(4), 1251–1288.

- Knack, S. (2002). Social Capital and the Quality of Government: Evidence from the States. *The American Journal of Political Science*, 46(4), 772-785.

- Knack, S. (2003). Groups, Growth and Trust: A Cross–Country Evidence on the Olson and Putnam Hypotheses. *Public Choice*, 117, 341–355.

- Knight, J. (2001). Social Norms and the Rule of Law: Fostering Trust in a Socially-Diverse Society. In Karen C. (Ed.), *Trust in Society* (pp. 354-373). New York: Russell Sage Foundation.

- Kramer, R. (1999). Trust and Distrust in Organizations: Emerging Perspectives, Enduring Questions. *Annual Review of Psychology*, 50, 569–598.

- La Porta, R. *et al.* (1997), Trust in Large Organizations, *The American Economic Review, Papers and Proceedings of the Hundred and Fourth Annual Meeting of the American Economic Association* (May 1997), 333-338.

- La Porta, R. *et al.* (1998). Law and Finance. *Journal of Political Economy*, 106(6), 1113–1155.

- La Porta, R. *et al.* (1999). The Quality of Government. *Journal of Law, Economics and Organization*, 15(1), 222–279.

- Landes, D. (1998). *The Wealth and Poverty of Nations*. New York: W. W. Norton.

- Lederman, D., Loayza, N. & Menéndez, A. (2002). Violent Crime: Does Social Capital Matter? *Economic Development & Cultural Change*, 50(3), 509-539.

- Lee, D. & Borcherding, T. (2006). Public Choice of Tax and Regulatory Instruments-The Role of Heterogeneity. *Public Finance Review*, 34(6), 607–636.

- Levi, M. (1998). A State of Trust. In Braithwaite, V. & Levi, M. (Eds.), *Trust and Governance* (pp. 77–101). New York: Russell Sage Foundation.

- Levi, M. (2003). A State of Trust. In Braithwaite, V. & Levi, M. (Eds.), *Trust and Governance*. New York: Russell Sage Foundation.

- Levitt, S. (1997). Using Electoral Cycles in Police Hiring to Estimate the Effect of Police on Crime. *The American Economic Review*, 87(3), 270–290.

- Levitt, S. (2006). An Economist Sells Bagels: A Case Study in Profit Maximization. (NBER Working Paper No. 12152). NBER.

- Lijphart, A. (2004). Constitutional Design for Divided Societies. *Journal of Democracy*, 15(2), 96–109.

- Lin, N. (2001). *Social Capital*. Cambridge: Cambridge University Press.

- Loury, G. (1977). A Dynamic Theory of Racial Income Differences. In Wallace, P. A. & Le Mund, E., (Eds.), *Women, Minorities, and Employment Discrimination*. M.A: Lexington Books.

- McCloskey, D. & Klamer, A. (1995). One Quarter of GDP Is Persuasion. *The American Economic Review*, 85(2), 191–195.

- McLaughlin, T. H. (2000). Citizenship Education in England: The Critic Report and Beyond. *Journal of Philosophy of Education*, 34(4), 541–570.

- Meyer, J. & Rowan, B. (1977). Institutional Organizations: Formal Structure as Myth and Ceremony. *The American Journal of Sociology*, 83, 340–63.

- Narayan, D. (1999). Bonds and Bridges: Social Capital and Poverty. (Policy Research Working Paper No. 2167). World Bank.

- OECD (2009). Society at a Glance 2009: OECD Social Indicators.

- Oliver, E. J. (1999). The Effects of Metropolitan Economic Segregation on Local Civic Participation. The *American Journal of Political Science*, 43(1), 186–212.

- Olson, M. (1982). *The Rise and Decline of Nations*. New Haven, CT.: Yale University Press.

- Owen, A. & Videras, J. (2006). Reconsidering Social Capital: A Latent Class Approach. (Hamilton College Working Paper. No. 06/03). Hamilton

College.

- Paldam, M. & Svendsen, T. (1999). Is Social Capital an Effective Smoke Condenser? (Social Capital Working Paper No. 11). Washington: World Bank.

- Paxton, P. (1999). Is Social Capital Declining in the United States? A Multiple Indicator Assessment. *The American Journal of Sociology*, 105(1), 88–127.

- Popkin, S. L. (1982). Public Choice and Peasant Organization. In Bates, R. H. (Ed.), *Toward a Political Economy of Development*. Berkeley: University of California Press.

- Putnam, R., Leonardi, R. & Nanetti, R. (1993). *Making Democracy Work*. New Jersey: Princeton University Press.

- Putnam, R. D. (2000). *Bowling Alone: The Collapse and Revival of Community*. New York: Touchstone Books.

- Rodrik, D. (1999). Where Did All the Growth Go? External Shocks, Social Conflict, and Growth Collapses. *Journal of Economic Growth*, 4(4), 385–412.

- Rossteutscher, S. (2008). Social Capital and Civic Engagement: A Comparative Perspective. *The Handbook of Social Capital*, 208–240.

- Rothstein, B. (2000). Trust, Social Dilemmas and Collective Memories. *Journal of Theoretical Politics*, 12, 477–501.

- Rothstein, B. & Stolle, D. (2008). The State and Social Capital: An Institutional Theory of Generalized Trust. *Comparative Politics*, 40(4), 441–459.

- Sabatini, F. (2006). The Empirics of Social Capital and Economic Developement: A Critical Perspective. *Foundazione Eni Enrio Mattei Note di Lavoro* Series Index. ⟨http://www.feem.it/Feem/Pub/Publications/WPapers/default.htm⟩

- Sabatini, F. (2009). Social Capital as Social Networks: A New Framework for Measurement and an Empirical Analysis of its Determinants and Consequences. *The Journal of Socio-Economics*, 38(3), 429-442.

- Sharma, A. & Vascellaro, J. (2008. 3. 28.). Phones Will Soon Tell Where You Are. *The Wall Street Journal*.

- Sobel, J. (2002). Can We Trust Social Capital?. *Journal of Economic Literature*, 40(1), 139-154.

- Stolle, D. & Hooghe, M. (2003). Conclusion: The Sources of Social Capital Reconsidered. In D. Stolle & Hooghe, M. (Eds.), *Generating Social Capital*. New York: Palgrave MacMillan.

- Stolle, D. (2003), The Sources of Social Capital. In D. Stolle & Hooghe, M. (Eds.), *Generating Social Capital: Civil Society and Institutions in Comparative Perspective* (pp. 19-42). New York: Palgrave MacMillan.

- Silicon Valley Staff Tuck in to Lunch 2.0 (2007. 6. 18.). *The Financial Times*.

- United Nations Office of Drugs and Crime (1998-2000). United Nations Surveys on Crime Trends and the Operations of Criminal Justice Systems (CTS) 7th & 8th wave.

- US Bureau of Labor Statistics. International Comparisons of GDP per capital and per employed person. ⟨http://www.bls.gov/fls/flsgdp.pdf⟩ (2009. 7. 28.).

- Uslaner, E. (2002). *The Moral Value of Trust*. Cambridge: Cambridge University Press.

- Wechsberg, J. (1966). *The Merchant Bankers*. Boston: Little Brown.

- Wilson, J. & Kelling, G. (1982). Broken Windows. *The Atlantic*.

- World Bank & Knack, S. (2002). Social Capital and the Quality of Government: Evidence from the States. *The American Journal of Political Science*, 46(4), 772-785.

- World Bank (2006). *Where Is the Wealth of Nations*. Washington D. C.: World Bank.

- Yamagishi, T. (1988). The Provision of a Sanctioning System in the United States and Japan. *Social Psychology Quarterly*, 51(3), 265–271.

- Zak, P. & Knack, S. (2001). Trust and Growth. *The Economic Journal*, 111 (April), 295–321.

- Zucker, L. (1986). Production of Trust: Institutional Sources of Economic Structure, 1840-1920. *Research in Organizational Behavior*, 8, 53–111.

부록

Rebuilding Trust

신뢰의 형성 요인에 대한 분석

부록 A

A.1. 법질서가 신뢰에 미치는 영향 분석

법질서가 일반적 신뢰에 미치는 영향에 관해서는 다음의 계량모형을 이용해 국가별 횡단면 분석을 할 수 있다.

$$일반적\ 신뢰_i = c_i + \beta 법질서_i + \theta 통제변수_i + \varepsilon_i$$

일반적 신뢰는 거래 경험이나 친분이 있는 사람보다는 타인에 대한 신뢰를 의미한다. 세계가치관조사(World Values Survey)에서는 "대부분의 사람을 믿을 수 있다고 생각하는가? 아니면 조심해야 된다고 생각하는가?"라는 문항이 일반적 신뢰를 측정할 수 있는 질문으로 포함된다. 이번 연구에서는 세계가치관조사가 1999~2004년간 71개국을 대상으로 시행한 조사에서 대부분의 사람을 믿을 수 있다고 응답한 비중으로 일반적 신뢰를 측정했다.

주요 설명변수인 법질서는 ① 세계은행의 법 지배 지수(Rule of Law Index), ② 국제투명성기구(Transparency International)의 부패 인식 지수 (Corruption Perceptions Index) 및 ③ 세계가치관조사의 법률기관에 대한 신뢰도의 3개 변수로 추정했다. 세계은행의 법 지배 지수는 계약의 이행, 소유권의 보호, 치안, 법정소송, 범죄 등 다양한 변수를 이용해 사회의 법질서가 얼마나 공정하게 집행되고 준수되는지 추정했다. 부패는 소유권을 약화시키고 법 집행의 효과를 저해하기 때문에 법질서 변수로 사용되었다.[1] 법률기관에 대한 신뢰는 법을 만들거나 집행하는 기관인 의회, 정부, 경찰 및 사법기구를 신뢰한다고 응답한 비율의 평균값을 이용했다.

일반적으로 볼 때 법 지배 지수는 법질서 준수와 연관되고, 부패 인식 지수 및 법률기관에 대한 신뢰도는 법질서의 집행과 관련이 있다. 법 지배 지수는 1996~1998년 평균, 부패 인식 지수는 1998년, 법률기관에 대한 신뢰는 1999~2004년(Wave 4) 수치를 사용했다.

법질서 이외에 신뢰에 영향을 줄 수 있는 통제변수로서 소득 불균형, 교육 수준 및 종교를 사용했다. 사회의 양극화(polarization) 정도를 나타내는 소득 불균형은 사회적 신뢰를 설명하는 데 가장 널리 사용되는 변수이다. 일반적으로 소득 불균형이 큰 사회일수록 계층 간 합의가 어렵고 지대 추구(rent-seeking)가 심화된다. 또한 이질적인 (heterogeneous) 사회일수록 사회적 교류가 줄어들고 이것은 결국 낮

---

1 Higbee, J. & Schmid, F. (2004). Rule of Law and Economic Growth. *International Economic Trends* (August). The Federal Reserve Bank of St. Louis.

은 수준의 신뢰로 이어진다. 사회적 교류가 활성화되면 지식과 정보의 공유를 통해 신뢰를 구축하기 쉽기 때문이다. 미국의 주를 대상으로 한 실증연구에서 소득이 불평등하거나 민족이 다양한 주일수록 사회적 자본 수준이 낮은 것으로 나타났다.[2] 이외에 국가별로 비교한 여러 연구에서도 소득 불균형은 신뢰에 부정적인 영향을 미치는 것으로 나타났다.[3] 소득 불균형은 지니계수(세계은행, 1990~2000년 평균)를 이용해 추정했다. 소득 불균형과 함께 사회 다양성을 추정하는 변수인 국가별 민족 다양성 지수[4]도 사용했지만 통계적으로 유의하지 않아 포함하지 않았다.

교육은 협동 기술, 사회적 책임, 리더십 배양 등의 경로를 통해 신뢰를 증진시킨다.[5] 특히 자원봉사나 클럽 활동을 통한 시민교육이 발달된 국가나 지역일수록 신뢰를 형성하기 쉽다. 교육 수준은 세계은행에서 발표하는 해당연령 고등교육 등록 비중(2000~2004년 평균)을 이용했다. 예상대로 교육 수준이 높은 국가일수록 일반적 신뢰가 증가한다면 무지가 불신을 초래하는 것을 입증한다.

마지막으로 종교는 사회의 신뢰도를 결정하는 문화적 요인으로 작용한다. 수직적이고 조직적인 종교는 구성원 간의 수평적인 네트워크 형성을 방해함으로써 신뢰 형성을 저해한다.[6] 사회적 자본 연

---

2 Alesina, A. & La Ferrara, E. (2000). Participation in Heterogeneous Communities. *The Quarterly Journal of Economics*, 115(3), 847-904.

3 Knack, S. & Keefer, P. (1997). Does Social Capital Have an Economic Payoff? A Cross-Country Investigation. *The Quarterly Journal of Economics*, 112(4), 1251-1288.; Zak, P., Knack, S. (2001). Trust and Growth. *The Economic Journal*, 111(April), 295-321.

4 무작위로 2명을 선택할 경우 서로 다른 민족일 확률이 높다.

5 Putnam, R. D. (2000). *Bowling Alone: The Collapse and Revival of Community*. New York: Touchstone Books.

구[7]에 의하면 가톨릭과 이슬람교는 국가체제를 옹호하고 개인생활을 간섭하는 교리를 가지고 있기 때문에 수직적인 사회구조를 유도하고 결과적으로 일반적인 신뢰를 저해한다. 따라서 이 연구에서는 가톨릭이나 이슬람 교인이 인구에서 차지하는 비중을 이용해 종교변수를 추정했다. 〈표 A.1.〉은 연구에서 사용한 주요 변수의 출처와 기술통계를 보여준다.

〈표 A.2.〉는 71개 국가를 대상으로 한 회귀분석(OLS) 결과를 보여준다. 주요 설명변수 중 하나인 법 지배 지수는 일반적 신뢰와 양의 상관관계를 보인다. 즉, 법질서 수준이 높은 국가일수록 신뢰 수준이 높다. 일반적 신뢰에 대한 법 지배 지수의 상관계수는 5.2로서 법질서 한 단위 증가(또는 표준편차 한 단위[8])가 일반적 신뢰를 5.2%p 향상시킨다는 의미가 있다.

통제변수 중에서 소득 불균형은 예상했던 대로 일반적 신뢰 형성에 부정적이고 통계적으로 유의한 영향을 준다. 즉, 소득이 불균형하게 분배되는 국가일수록 신뢰가 떨어진다. 교육은 일반적인 신뢰를 증가시키지만 통계적으로 유의하지 않은 것으로 나타났다. 마지막으로 수직적인 성향이 강한 종교인 가톨릭이나 이슬람교가 차지하는 비중이 큰 사회일수록 예상했던 대로 신뢰도가 낮은 것으로

---

6 La Porta, R. *et al.* (1997), Trust in Large Organizations. *The American Economic Review, Papers and Proceedings of the Hundred and Fourth Annual Meeting of the American Economic Association* (May 1997), 333-338.

7 Bjørnskov, C. (2006). Determinants of Generalized Trust: A Cross-Country Comparison. *Public Choice*, 130, 1-21.; La Porta, R. *et al.* (1999). The Quality of Government. *Journal of Law, Economics and Organization*, 15(1), 222-279.; Zak, P. & Knack, S. (2001). *op. cit.*

8 법 지배 지수의 표준편차는 0.99로 1에 근접해 있다.

변수	출처	평균 [표준편차]
		최고 [최저]
일반적 신뢰	1999~2004년(World Values Survey)	28.6 [15.2]
		73.0 [6.8]
법 지배 지수	1996~1998년(World Bank Governance Index)	0.38 [0.99]
		1.90 [-1.57]
부패 인식 지수	1998년(Transparency International)	6.8 [2.1]
		10.0 [3.3]
법률기관 신뢰	1999~2004년(World Values Survey)	48.0 [17.2]
		95.9 [15.1]
소득 불균형	1990~2000년 평균(World Bank)	35.6 [7.97]
		57.9 [22.7]
교육	2000~2004년 평균(World Bank)	39.8 [23.0]
		85.7 [0.92]
종교	La Porta, R. et al. (1999)*	53.1 [38.1]
		99.6 [0.00]

주 : *는 La Porta, R. et al. (1999). The Quality of Government. *Journal of Law, Economics and Organization*, 15(1), 222–279.

나타났지만, 통계적으로 볼 때 크게 유의하지 않았다.

일반적으로 법질서가 잘 발달된 선진 국가와 그렇지 못한 국가 간에는 법질서가 신뢰에 영향을 주는 메커니즘의 효과가 다를 수 있다. 예를 들어, 법 제도가 성숙되지 않은 개발도상국에서는 법질서가 거래 비용을 낮추어서 신뢰를 높이는 경로가 불확실할 수 있다. 따라서 〈표 A.2.〉의 마지막 칸에서는 법 지배 지수와 Log(소득)를 곱한 값을 설명변수로 사용했는데 양의 관계를 보인다.[9] 즉, 소득이 높을수록 법질서가 신뢰에 미치는 영향이 커지는 것을 의미한다.

효과적인 법 집행이 신뢰를 증진하는 것을 보여준 기존 연구는 대부분 역인과관계(reverse-causality)의 문제를 해결하지 못한 한계를 가진다.[10] 이 연구들은 법질서 변수가 외생적(exogeneous)으로 결정되기 때문에, 인과관계가 법질서에서 신뢰로 흐른다고 주장한다. 하지만 역으로 신뢰가 높은 사회에서 법질서 수준이 높아질 수 있다. 사람들이 서로 믿는 사회일수록 법질서가 더 잘 지켜질 수 있기 때문이다. 즉, 법질서가 내생적(endogeneous)으로 결정될 가능성이 있다. 이 같은 역인과관계의 문제를 해결하기 위해서 법질서에 영향을 주지만 신뢰 수준과는 상관관계가 적은 법의 기원(legal origin)을 도구변수(instrumental variable)로 사용했다. 법의 기원은 법의 전통 형성에 영향을 끼치는 변수로서 보통법(Common law), 시민법(Civil law), 사회주의법(Socialist law)의 3가지 전통으로 구분된다. 법의 기원은 법 집행의 질적인 수준과 밀접한 연관이 있는 것으로 알려져 있다. 예를 들면, 보통법 국가가 시민법 국가에 비해서 법이 잘 준수되고 부패가 적으며 개인의 소유권이 존중되는 것으로 나타난다.[11] 사회주의법은 소유권 보호가 가장 취약하다고 알려진다.

각국이 법의 전통을 수립하는 과정은 신뢰와 연관이 적기 때문에

---

9 물론 법 지배 지수와 Log(소득)를 동시에 포함할 경우에도 결과는 동일하다.

10 Hardin, R. (1992). The Street-Level Epistemology of Trust. *Analyse & Kritik*, 14, 152-176.; Knack, S. & Keefer, P. (1997). *op. cit.*; Rothstein, B. (2000). Trust, Social Dilemmas and Collective Memories. *Journal of Theoretical Politics*, 12: 477-501.; Levi, M. (1998). A State of Trust. In Braithwaite, V. & Levi, M. (Eds.), *Trust* and *Governance* (pp. 77-101). New York: Russell Sage Foundation.; Zak, P. & Knack, S. (2001). *op. cit.*

11 La Porta, R. *et al.* (1998). Law and Finance. *Journal of Political Economy*, 106(6), 1113-1155.

:: 표 A.2. 회귀분석 결과(OLS)

변수	종속변수 : 일반적 신뢰			
법 지배 지수	5.23 (2.73)***	-	-	-
부패 인식 지수	-	2.71 (3.21)***	-	-
법률기관 신뢰	-	-	0.39 (4.19)***	-
법 지배 지수 × Log(소득)	-	-	-	0.60 (2.88)**
소득 불균형	-0.40 (-2.32)**	-0.56 (-3.21)***	-0.39 (-2.33)**	-0.34 (-1.84)*
교육	0.02 (0.27)	0.01` (0.16)	0.25 (3.25)***	0.006 (0.07)
종교	-0.06 (-1.32)	-0.08 (-1.81)*	-0.05 (-1.32)	-0.07 (-1.45)
# observation Adjusted R²	57 0.21	47 0.43	57 0.34	56 0.22

주 : 상수항은 생략. ( ) 안에는 White-corrected t-statistics. ***는 1% 수준에서 유의, **는 5% 수준에서 유의, *는 10% 수준에서 유의.

법의 기원은 신뢰 수준에 대해 외생적으로 결정된다. 예를 들면, 영국에서 비롯된 보통법과 로마법에서 유래된 시민법은 주로 19세기 경에 정복과 식민지화 혹은 자발적인 도입을 통해서 전 세계로 전파되었다.

분석을 위해서 법의 기원을 도구변수로 이용해 법질서 변수(법 지배 지수, 부패 인식 지수 및 법률기관 신뢰도) 중 신뢰와 상관관계가 적은 외생적인 부분만 추출했다. 〈표 A.3.〉은 법질서 변수 중 법의 기원으로 설명되는 부분이 신뢰에 미치는 영향을 분석한 결과(2SLS)를 보여준다. 법질서 변수의 내생성을 통제한 후에도 법질서는 사회적 신

:: 표 A.3. **법질서 변수에 대한 I.V.를 이용한 회귀분석 결과(2SLS)**

	2SLS Instrument : 법의 기원(Legal Origin)		
법 지배 지수	10.8 (2.70)***	–	–
부패 인식 지수	–	3.6 (2.46)**	–
법률기관 신뢰도	–	–	0.58 (2.87)***
소득 불균형	-0.37 (-1.65)	-0.52 (-2.52)**	-0.38 (-2.20)*
교육	-0.12 (-0.92)	-0.03 (0.29)	0.31 (4.01)**
종교	-0.12 (-2.58)**	-0.08 (-1.85)*	-0.07 (-2.03)**
# observation	54	47	54

주 : 상수항은 생략. ( ) 안에는 T-statistics. ***는 1% 수준에서 유의, **는 5% 수준에서 유의, *는 10% 수준에서 유의. 이분산성 해소를 위해 White 공분산 행렬 사용. Adjusted R^2는 0.29~0.41이나 〈표 A.2.〉에 나온 OLS R^2와 직접 비교할 수 없기 때문에 보고를 생략.

뢰와 양의 상관관계를 가지고 통계적으로 유의했다. 첫 번째 칸의 법 지배의 상관계수(10.8)를 예로 들면, 한국의 법 지배 지수가 현재 의 0.71에서 미국 수준인 1.72로 표준편차 한 단위만큼 증가하면 신 뢰도가 27.4%에서 38.3%로 미국(36.3%)에 근접하도록 향상된다. 즉, 한국과 미국의 일반적인 신뢰 차이는 대부분 법질서의 차이로 설명 될 수 있다. 주목할 점은 도구변수를 이용한 3개의 법질서 변수 상 관계수들이 OLS 계수(〈표 A.2.〉 참조)에 비해 모두 증가한 것이다. 이 것은 인과관계가 법질서에서 신뢰로 흐르는 것을 입증하는 증거이 다. 만약 신뢰에서 법질서로 흐르는 역의 인과관계가 존재한다면 OLS 계수가 상향편의(upward bias)되어 2SLS 계수보다 더 커야 하기 때문이다. 마지막으로 종교변수의 상관계수는 〈표 A.2.〉의 분석과 달리 통계적으로 유의해졌다.

A.2. 분열된 사회에서의 네트워크와 사회신뢰

이 절에서는 분열된 사회에서 법과 네트워크가 사회 신뢰에 어떠한 영향을 미치는지 실증적으로 분석한다. 먼저, 다음의 기본 식을 추정해 법과 네트워크가 사회 신뢰에 미치는 일반적인 영향을 확인했다.

$$\text{일반적 신뢰}_i = c_i + \beta_1 \cdot \text{법 지배 지수}_i + \beta_2 \cdot \text{네트워크}_i + \theta \cdot \text{통제변수}_i + \epsilon_i$$

일반적 신뢰는 앞의 절과 마찬가지로 세계가치관조사에서 대부분의 사람을 믿을 수 있다고 응답한 비중으로 측정했다. 법 지배 지수는 세계은행에서 법질서가 얼마나 공정하게 집행되고 준수되는지 추정한 변수(1996~1998년 평균)이다. 네트워크는 종교, 교육·예술·문화단체, 스포츠·여가단체, 노조, 정당, 전문직협회 등 6개 단체에 가입했다고 응답한 비중을 이용했다. 네트워크는 일반적 신뢰 데이터와 마찬가지로 세계가치관조사에서 1999~2004년간 71개국을 대상으로 조사한 자료를 이용했다. 소득 불균형(지니계수), 교육과 종교변수는 앞 절의 분석에서 사용한 것과 같다. 〈표 A.4.〉는 앞의 기본식을 71개 국가를 대상으로 회귀분석(OLS)한 결과를 보여준다. 예상했던 대로 법질서와 네트워크 모두 일반적 신뢰를 증진하는 효과가 있는 것으로 나타났다. 예를 들면, 네트워크의 경우 6개 단체에 가입한 비중이 1% 증가하면 사회적 신뢰는 0.6% 증가하는 것으로 나타났다. 즉, 단체 가입이 활발한 사회일수록 신뢰 수준이 높다.

:: 표 A.4. **회귀분석 결과(OLS)**

변수	상관계수
법 지배 지수	4.08 (2.50)**
네트워크	0.60 (2.67)***
지니계수	−46.1 (−2.91)***
교육	0.14 (1.63)
종교	−0.06 (−1.82)*
*# observation Adjusted R^2	52 0.51

주 : 종속변수는 일반적 신뢰. 상수항은 생략. ( ) 안에는 White-corrected t-statistics. ***는 1% 수준에서 유의,
**는 5% 수준에서 유의, *는 10% 수준에서 유의.

물론 위의 결과는 사회의 분열 수준을 고려하지 않았다. 지니계수를 통제변수로 포함했지만 사회적 분열을 반영하기에는 충분하지 않다. 소득 불균형이 네트워크의 신뢰 증진 효과에 미치는 영향을 확인하기 위해 다음 2가지 실험을 시행했다. 첫 번째로 71개국 샘플을 소득 불균형을 나타내는 지니계수의 중위값(median)을 기준으로 양분한 후 다시 회귀분석을 했다. 소득 불균형으로 나타나는 사회분열이 비교적 심한 사회와 그렇지 않은 사회에서 법 지배 지수와 네트워크의 신뢰 증진 효과가 다른지 확인하기 위해서다.

두 번째로는 두 변수(법 지배 지수와 네트워크)와 소득 불균형의 교차항(interaction term)을 이용해 소득 불균형이 두 변수의 계수값(β_1과 β_2)에 어떤 영향을 미치는지 확인했다. 구체적으로는 다음 추정식을 이용했다.

$$\text{신뢰}_i = c_i + \beta_i \cdot (\text{법 지배 지수} \times \text{소득 불균형})_i$$
$$+ \beta_i \cdot (\text{네트워크} \times \text{소득 불균형})_i$$
$$+ \theta \cdot \text{통제변수}_i + \epsilon_i$$

　만약 소득 불균형으로 나타나는 사회분열의 정도가 네트워크의 신뢰 증진 효과를 상쇄시키면, 네트워크×소득 불균형은 통계적으로 유의하지 않을 것이다.

　〈표 A.5.〉는 앞에서 설명한 2가지 방법으로 회귀분석한 결과를 보여준다. ①은 샘플을 지니계수의 중위값인 0.34를 기준으로 두 그룹으로 나누어 분석한 결과이다. ①의 첫 번째 칸에서는 상대적으로 소득이 불균형하게 분배되는 국가를 대상으로 한 분석을, 두 번째 칸에서는 소득이 균형적으로 분배되는 국가군을 대상으로 한 분석을 보여준다. 네트워크가 신뢰에 미치는 영향은 소득 불균형이 심한, 분열된 국가군에서 통계적으로 유의하지 않은 것을 볼 수 있다. 반면, 소득 불균형이 양호한 국가군에서는 네트워크가 신뢰에 유의한 영향을 미친다. 예를 들어, 네트워크 가입 비중이 1% 증가하면 신뢰도가 0.9% 증가해 거의 1 대 1의 관계가 성립한다.

　〈표 A.5.〉의 ②는 법 지배 지수 및 네트워크와 소득 불균형의 교차항을 이용해 분석한 결과를 보여준다. 예상대로 네트워크와 소득 불균형의 교차항은 통계적으로 유의하지 않다. 즉, 소득 불균형으로 나타나는 사회분열 정도가 큰 국가에서는 사회적 네트워크가 신뢰를 증진하는 효과가 없음을 의미한다. 반면, 법 지배 지수는 소득

변수	①		②
	지니계수 > 0.34	지니계수 < 0.34	
법 지배 지수	4.21 (2.22)**	4.82 (1.85)*	–
네트워크	0.05 (0.23)	0.93 (5.48)***	–
법 지배 지수× 지니계수	–	–	15.2 (3.27)***
네트워크× 지니계수	–	–	0.79 (1.16)
교육	0.06 (0.62)	0.13 (1.07)	0.15 (1.59)
종교	-0.05 (-0.88)	-0.15 (-3.20)***	-0.11 (-2.37)**
# observation R^2	26 0.20	26 0.75	52 0.40

주 : 종속변수는 일반적 신뢰. 상수항은 생략. ( ) 안에는 White-corrected t-statistics. ***는 1% 수준에서 유의, **는 5% 수준에서 유의, *는 10% 수준에서 유의.

불균형에 관계없이 일반적 신뢰를 증진하는 효과가 통계적으로 유의하다.[12]

---

12 법 지배 지수, 네트워크, 지니계수를 함께 포함해도 결과는 비슷하다.

사회적 자본 지수의 분석 방법과 결과

B.1. 주성분 분석

주성분 분석의 목적과 개념

이 연구에서는 사회적 자본 지수를 도출하기 위해 주성분 분석(PCA, Principal Component Analysis)을 주요한 방법론으로 채용했다. 주성분 분석은 많은 변수로 이뤄진 데이터를 적절히 선형 결합시켜, 데이터의 분산-공분산 구조를 설명하려는 대표적인 다변량 분석(multivariate analysis) 방법론이다. 주성분 분석의 목적은 크게 ① 데이터 감소(data reduction), ② 함의 해석(interpretation)의 2가지로 나눠볼 수 있다.[1]

보통 자연과학, 공학, 사회과학을 막론하고 데이터 수집 과정에서는 수십, 수백 가지에 이르는 측정변수들이 수집된다. 그러나 이

가운데 많은 수의 변수들은 크고 작은 상관관계를 갖고 중복되는 것이 일반적이다. 따라서 이 변수들을 그대로 분석에 사용하는 것은 매우 비효율적이다. 변수들의 선형 결합을 통해 이러한 중복을 제거하고 중요한 몇 개의 성분(주성분)만 추려내면 분석해야 할 데이터의 양을 크게 줄일 수 있다. 이것이 데이터 감소(data reduction)[2]의 의미이다.

또한 이렇게 소수의 주성분으로 데이터가 정리되면, 다수의 측정변수로 이뤄진 데이터에서는 보기 힘든 데이터 구조를 파악하기가 쉽다. 특히 사회과학에서 다양한 설문항목을 통해 수집한 데이터는 중요성이 상이한 내용이 어지럽게 섞여 있어서 명시적인 함의를 찾아내기 어려운 경우가 많다. 주성분은 이러한 측정변수들 이면에 공존하는 공통 요인의 유력한 후보이다. 이들 주성분은 회귀분석, 판별분석 등 여러 가지 다른 통계기법을 접목시켜 그 함의를 해석해내기가 한층 쉽다.

이러한 목적에 부합하는 주성분 분석의 개념을 우선 간단한 예로 살펴보자. 다음 〈그림 B.1.〉은 측정변수 x, y로 이루어진 단순한 2변량 데이터의 산포도이다. 그림에서 두 변수는 강한 상관관계를 지니고 있음을 쉽게 알 수 있다. 이 경우 두 x, y 변수가 과연 모두 필요한 것인가? 그림에 표시된 대로 PC1 및 PC2로 변수 축을 변환시키면 어떤 이점이 있는가?

---

1 Johnson, R. A. & Wichern, D. W. (2002). *Applied Multivariate Statistical Analysis*, 5th Ed. Upper Saddle River, NJ: Prentice-Hall, Inc.
2 자연과학에서는 차원 감소(dimensionality reduction)라는 표현을 일반적으로 사용한다.

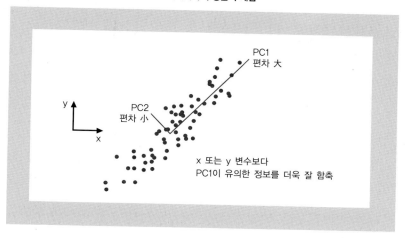

　　데이터의 편차는 주로 PC1 방향에 집중되고, PC2 방향의 편차는 그 정도가 매우 작다. 따라서 PC1 방향의 성분만 측정하고, PC2 방향의 성분은 무시하더라도 데이터 정보는 크게 훼손되지 않는다. 바로 이 PC1, PC2가 이 데이터의 두 주성분에 해당되며, 데이터는 PC1 방향 성분만으로 축약(압축)시킬 수 있다. 이후로는 이 PC1 방향 성분만 이용해 다른 분석을 해도 무방하다.

　　이처럼 x-y 변수 축을 PC1-PC2 축으로 변환하기 위해 주성분 분석은 핵심적으로 선형성 가정(linearity assumption)을 전제하고 있다. x, y 변수가 나타내는 벡터의 선형결합으로 이 벡터공간(또는 선형공간)의 벡터를 모두 표현할 수 있다는 의미이다. 이때의 x, y 변수를 기저(basis)라고 한다. 이 전제하에서 PC1-PC2 축으로의 변환은 벡터공간의 기저를 변환시키는 것으로 해석할 수 있다.

이러한 기저의 변환은 행렬의 연산으로 표현할 수 있다. 우리가 n개의 표본에 대해 x, y의 두 변수를 측정했다면, 이들 데이터는 $2 \times n$ 행렬로 표시할 수 있다. 이 행렬을 X라고 하자. 여기에 어떤 2×2 행렬 P를 곱하면 역시 $2 \times n$ 행렬인 새로운 행렬 Y(=PX)가 얻어진다. 이 Y가 새로운 좌표 데이터라면, 변환행렬 P를 구성하는 두 행벡터는 새로운 기저벡터에 해당한다.

이를 일반화하면 임의의 m개의 측정변수에 대해서도 적용할 수 있다. 이 경우에는 새로운 기저벡터에 해당하는 변환행렬의 행벡터 또한 m개가 된다.

주성분 분석의 원리

여기서 중요한 문제는 과연 어떤 기저로 변화시켜야 소기의 성과(데이터 감소, 함의 해석)를 달성할 수 있느냐는 점이다. 이것은 역시 앞서 〈그림 B.1.〉에서 봤듯이 데이터 편차(variability)가 가장 큰 방향에 유의미한 정보가 담겨 있다는 가정에서 출발한다. 따라서 기저를 변환시켜 얻어낸 새로운 $y_i = (y_{i1}, y_{i2}, \cdots, y_{in})$ 성분의 분산이 최대가 되도록 만드는 것이 목표이다. 또 다른 하나의 목표는 데이터 중복을 최대한 제거하는 것이다. 이를 위해서는 변환된 새로운 변수들은 상관관계가 남아 있지 않아야, 즉 독립적이어야 한다.

이러한 두 목적은 공분산행렬(covariance matrix) C_X를 이용해 해결할 수 있다. 공분산행렬은 $m \times m$ 크기의 정사각행렬이며, 대각요소 c_{ii}는 x_i의 분산을, 비대각요소 $c_{ij}(i \neq j)$는 x_i와 x_j의 공분산을 값으로 갖는 행렬이다. 이를 수식으로 표현하면 다음과 같다. 우선 각

m개의 측정변수와 n번의 측정 데이터에 대응하는 벡터를 $x_1, x_2, \cdots, x_m$이라고 하자. 여기서 각 x_i는 $n \times 1$ 벡터가 된다. 편의상 각 측정변수의 평균값은 0으로 조정되었다고 하자. 그렇다면 이제 이들 각 벡터를 행벡터로 하는 $m \times n$ 행렬 X를 다음과 같이 정의하면,

$$
\mathbf{X} = \begin{bmatrix} \mathbf{X}_1 \\ \mathbf{X}_2 \\ \vdots \\ \mathbf{X}_m \end{bmatrix}
$$

공분산행렬 C_X는 다음과 같이 얻어낼 수 있다.

$$
C_X = \frac{1}{n} \mathbf{X} \mathbf{X}^T
$$

공분산행렬에서 대각요소, 즉 분산은 클수록 유의미한 정보가 담겨 있는 성분임을 의미한다. 반면, 비대각요소, 즉 공분산은 클수록 변수들 사이에 불필요한 중복이 많다고 볼 수 있다. 따라서 이러한 공분산행렬을 적절히 변환해 대각요소만 남기고, 비대각요소는 모두 0인 대각행렬(diagonal matrix)로 만들면 된다. 이것을 대각화(diagonalization)라고 한다.

다시 말해, 위의 행렬 X가 정규직교(orthonormal) 행렬 P에 의해 Y=PX로 변환된다고 하면 Y의 공분산행렬 C_Y는 마찬가지로 다음과 같이 쓸 수 있다.

$$C_Y = \frac{1}{n} YY^T = \frac{1}{n} (PX)(PX)^T = \frac{1}{n} PXX^T P^T = PC_X P^T$$

여기서 C_Y가 대각행렬이 되도록 만드는 P를 구하는 것이 정확히 주성분 분석(PCA)에 해당된다. 그리고 이때의 행렬 P의 각 열벡터가 X의 각 주성분에 해당된다. 이러한 대각화 알고리즘은 공분산행렬의 고유벡터분해(eigenvector decomposition), 또는 더 일반적인 특이값분해(sigular value decomposition)를 이용하면 된다.

사회적 자본 데이터의 보완 및 분석

사회적 자본 측정변수는 44개의 변수항목으로 구성되어 있으며, 총 72개국의 데이터를 수집했다. 당초에는 세계 212개국의 데이터를 수집했으나, 상당수의 군소국가들은 조사 가능한 변수항목이 지나치게 적어 OECD 국가를 포함한 주요국만 남기고 140개국 데이터는 사용하지 않았다. OECD 30개 국가(2009년 현재) 가운데에도 노르웨이의 경우 퍼트넘, 올슨 그룹을 비롯한 많은 변수항목이 누락되어 분석에 사용하지 않았다.

최종 포함된 72개국의 경우에도 44개 변수항목을 모두 갖춘 것은 아니다. 그러나 주성분 분석을 수행하기 위해서는 모든 변수항목에 대해 측정값을 갖는 완전한 데이터를 필요로 한다. 이 약점을 보완하기 위해 이번 연구에서는 일부 측정값이 누락된 변수와 다른 변수들 사이의 선형회귀식을 구하고, 이를 이용해 누락된 변수를 추정했다. 예를 들어 변수 x_i의 국가 A에 대한 데이터가 누락되면, A

를 배제한 다른 국가들의 데이터를 이용해 x_i와 나머지 변수 $\{x_j | j \neq i\}$의 선형회귀식 $x_i = f(x_j | j \neq i)$을 구한다. 그리고 A의 데이터를 이 회귀식에 집어넣어 누락된 x_{iA}를 추정했다.

이 과정에서 유효한 회귀식을 얻기 위해서 단계적 다중회귀분석 (stepwise multiple regression)을 수행했다. 신뢰성을 높이기 위해 각 회귀식의 수정 R^2 값도 대부분 0.8 이상의 매우 높은 경우로 한정해 데이터를 보완했다. 물론 단계적 회귀분석을 주의 깊게 수행하더라도 실제 측정하지 못한 데이터의 왜곡 여지가 남아 있을 수 있다. 특히 이미 강한 상관성을 가진 변수들인 경우에 그 상관성이 더욱 강화될 가능성도 있다. 그러나 이러한 일부 불완전한 측정변수마다 보완된 국가는 거의 3~10개국 미만으로 전체 표본 크기에 비해 그리 크지 않다. 또한 비(非)OECD 국가에서 누락 데이터가 상대적으로 많은 편이므로, 결과 해석 단계에서 OECD 국가의 분석 결과를 비중 있게 다룸으로써 이 문제를 최소화했다.

결과적으로 주성분 분석에 필요한 데이터는 72×44 크기의 행렬로 정리했으며, 이 데이터 행렬을 고유값 분해해 총 44개의 주성분을 얻어냈다.

B.2. 분석 결과

주성분별 분산율과 구성변수의 상관관계

주성분 분석 결과 얻어진 44개 주성분 가운데 상위 10개가 설명하는 분산율이 〈그림 B.2.〉에 나와 있다. 제1 주성분(PC1)이 26.34%, 제2 주성분(PC2)이 23.29%의 분산을 설명하고 있어 이들 양 주성분이 49.63%를 차지하고 있다. 다른 42개 주성분의 분산율이 이에 비해 현저히 낮으므로 이들 두 주성분이 사회적 자본을 특징짓는 가장 유의한 두 요소라고 할 수 있다.

이들 두 주성분의 의미를 정확히 파악하기 위해서는 변수별 요인 사상(variables factor map) 또는 상관원(correlation circle)이 흔히 이용된다. 이것은 사용된 44개 사회적 자본 변수들과 제1 주성분과의 상관계수 c_1를 가로축 좌표, 제2 주성분과의 상관계수 c_2를 세로축 좌표로 하여, 각 변수 i의 위치 (c_{i1}, c_{i2})를 좌표평면 위에 나타낸 것이다. 여기서 각 주성분은 상호 독립적이므로, $c_{i1}^2 + c_{i2}^2 \leq 1$의 조건이 성립한다. 이 조건에 의해 각 변수 i의 좌표는 반지름 1인 원의 내부에 위

:: 그림 B.2. **상위 10개 주성분별 분산율**

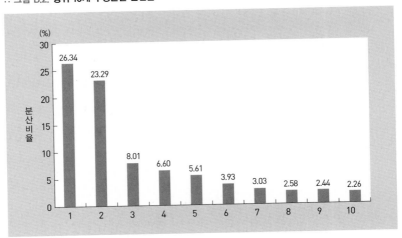

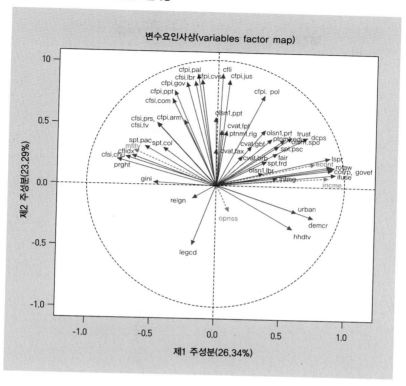

여기서 결과의 의미해석을 돕기 위해 다른 참조변수(reference variable)들과 각 주성분의 관계를 분석했다. 그 가운데 가장 특징적인 변수는 각국의 종합적인 경제력 지표에 해당하는 1인당 GDP(〈그림 B.3.〉의 incme)이다. 1인당 GDP는 제1 주성분과 0.88의 매우 강한 상관관계를 가지는 것으로 확인되었다. 이것은 분산의 26.34%를

치하게 되므로 상관원이라고도 한다. 연구에 사용된 44개 변수별 요소사상은 〈그림 B.3.〉과 같다.

차지하는 제1 주성분이 각국 경제 수준과 매우 밀접한 관계가 있는 유력한 성분임을 보여준다. 반면, 제2 주성분과의 상관계수는 0.08로 매우 미약하다.

마찬가지 결과가 세계경제자유(EFW, Economic Freedom of the World, 〈그림 B.3.〉의 econf) 지수와의 관계에서도 나타난다. EFW 지수는 (0.75, 0.20)의 좌표에 위치해 역시 제1 주성분과의 관계가 매우 밀접함을 보여주고 있다. 참조변수 가운데 경제적 개방성(〈그림 B.3〉의 opnss)이 상대적으로 제2 주성분 방향으로 치우쳐 있으나, 실제 좌표는 (0.10, -0.21)에 불과하여 제1, 제2 주성분 어느 쪽과도 큰 상관성이 없음을 보여준다고 해석하는 것이 옳다. 이를 감안하면 제2 주성분은 어떤 특정한 참조변수와 지배적인 관계를 맺고 있다고 보기 어렵다.

변수별 요인사상에 나타나는 제2 주성분 방향의 변수들을 살펴보면, 대부분이 공적 신뢰 영역으로 분류되는 변수들임을 알 수 있다. 이것은 제2 주성분이 변수 가운데 많은 개수를 차지하는 공적 신뢰 관련 변수들의 강한 상관성에 의해 초래된 것임을 시사한다. 이러한 특성은 공공기관에 대한 신뢰 관련 변수 및 사회기관에 대한 신뢰 관련 변수의 산포도 〈그림 B.4.〉로도 확인할 수 있다. 이들 변수들은 서로 강한 양의 상관관계가 존재하며, 국가별 경제 수준과 밀접한 관계가 있는 제1 주성분과 거의 무관하다. 다시 말해, 제1 주성분과 수직인 방향의 분산이 과장되는 효과를 주게 된다.

개체별 요인사상(individuals factor map)을 통해서는 이상의 두 주성분에 대한 의미 해석을 다시 확인할 수 있다. 개체별 요인사상은 각

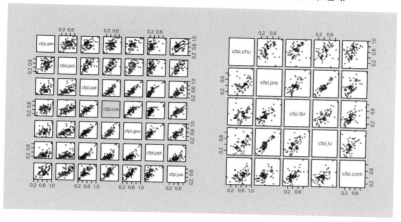

개체(이 경우에는 개별 국가)의 제1 주성분값과 제2 주성분값을 각각 가로축, 세로축 좌표로 하여 도시한 것이다. 이 연구의 개체별 요인사상에서는 국가들을 OECD 가입 여부에 따라 2개의 비교집단으로 구분했다. 〈그림 B.5.〉에서 보듯이 OECD 국가들의 평균 좌표는 (3.10, 0.40), 비OECD 국가들의 평균 좌표는 (-2.09, -0.27)이다. 이 두 그룹의 제1 주성분 차이는 5.19로 확연하지만, 제2 주성분 차이는 0.67에 불과하다. 이것은 OECD 국가들이 통상 선진국으로 분류되는 것을 감안하면, 제1 주성분이 각국의 선진-후진 특성을 명확히 드러내주는 성분임을 확인시켜준다.

제2 주성분이 높게 나타나는 국가들은 베트남, 방글라데시, 중국, 우간다 등이고, 반대로 낮게 나타나는 국가들은 아르헨티나, 페루, 체코, 슬로베니아, 마케도니아 등이다. 일반적인 주요 선진국들의 제2 주성분은 뚜렷이 부각되지 않고 있다. 이것은 공적 신뢰로 표상

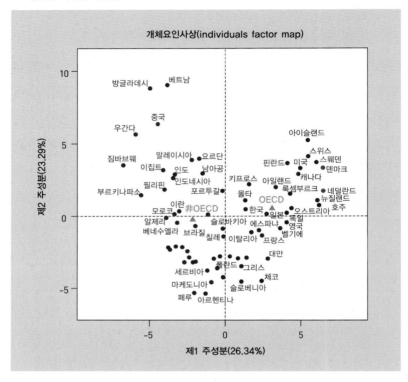

되는 제2 주성분이 경제 수준과 무관한 문화적 요인의 영향을 받고 있을 것이라는 추측을 가능하게 한다.

이를 종합적으로 감안하면 제2 주성분은 분산율만으로는 제1 주성분과 비슷한 수준이지만, 실질적인 의미는 미약한 성분이라고 할 수 있다. 따라서 이 연구에서는 제1 주성분만 유의미한 성분으로 판단해 이를 사회적 자본 지수 성분으로 규정했다.

사회적 자본 지수의 산식

사회적 자본 지수 성분으로 정의한 제1 주성분 λ_1로의 (회전)변환 식은 다음과 같이 일반적인 가중평균 형태로 주어진다.

$$\lambda_1 = \omega_1\,\alpha_1 + \omega_2\,\alpha_2 + \cdots \omega_N\,\alpha_N = \sum_{i=1}^{N} \omega_i\,\alpha_i$$

여기서 44개 구성변수별 가중치 및 상관계수는 〈표 B.1.〉과 같다.

:: 표 B.1. **주요 변수별 가중치와 사회적 자본 지수의 상관계수**

번호	범주	변수 설명		변수 이름	가중치	상관계수
1	신뢰	신뢰		trust	0.1716	0.5842
2		공정성		fair	0.1464	0.4984
3		금융시장 신뢰도		dcps	0.2091	0.7117
4		공공기관 신뢰도	군대	cfpi.arm	-0.0730	-0.2487
5			경찰	cfpi.pol	0.1084	0.3690
6			국회	cfpi.pal	-0.0457	-0.1556
7			행정사무	cfpi.cvs	-0.0359	-0.1221
8			정부	cfpi.gov	-0.0711	-0.2419
9			정당	cfpi.ppt	-0.0989	-0.3367
10			사법제도	cfpi.jus	0.0269	0.0917
11		사회기관 신뢰도	종교	cfsi.chu	-0.1834	-0.6245
12			언론	cfsi.prs	-0.1394	-0.4746
13			노조	cfsi.lbr	-0.0528	-0.1797
14			방송	cfsi.tv	-0.1397	-0.4756
15			기업	cfsi.com	-0.1041	-0.3545
16		법률기관 신뢰도		cfli	0.0114	0.0389
17		정부의 소유권 보호		lspr	0.2616	0.8904

번호	범주	변수 설명		변수 이름	가중치	상관계수
18	사회규범	시민의식	정부보조금	cvat.gbf	0.0829	0.2824
			부정수금			
19			공공교통	cvat.fpt	0.0079	0.0269
			무임승차			
20			탈세	cvat.tax	0.0004	0.0015
21			뇌물수수	cvat.brb	0.0573	0.1952
22		부패		corrp	0.2663	0.9064
23		법의 지배		rolaw	0.2706	0.9212
24		법의 기원		legcd	−0.0527	−0.1796
25	네트워크	퍼트남 그룹	종교	ptnm1.rlg	0.0242	0.0823
26			교육·예술·문화	ptnm1.edu	0.1275	0.4341
27			스포츠·여가	ptnm1.spo	0.1899	0.6464
28		올슨 그룹	노조	olsn1.lbr	0.1143	0.3892
29			정치정당	olsn1.ppt	−0.0015	−0.0052
30			전문협회	olsn1.prf	0.1101	0.3748
31	구조적 특징	비공식적 교제	친구	spt.frd	0.1135	0.3865
32			직장동료	spt.col	−0.1228	−0.4180
33			종교친우	spt.pac	−0.1684	−0.5733
34			스포츠클럽회원	spt.psc	0.1622	0.5523
35		종교		relgn	−0.0549	−0.1868
36		정치적 권리		prght	−0.2261	−0.7696
37		TV 보급률		hhdtv	0.1755	0.5973
38		인터넷 보급률		ituse	0.2713	0.9237
39		이민자 비중		intmg	0.1355	0.4611
40		도시인구 비중		urban	0.1857	0.6320
41		지니계수		gini	−0.1435	−0.4884
42		민주주의		demcr	0.2250	0.7660
43		정부역량		govef	0.2743	0.9339
44		갈등지수		cflidx	−0.1971	−0.6710

이 44개 변수들 가운데 사회적 자본 지수와의 상관관계가 5% 신뢰 수준에서 유의한 변수들은 〈표 B.2.〉와 같은 32개이다.

이렇게 계산된 제1 주성분은 〈그림 B.6.〉에서 보는 바와 같이 근사적으로 정규분포 $N(0, 3.43^2)$을 따른다. 그러나 이를 그대로 사회적 자본 지수로 사용할 경우 음수가 나올 수 있으므로 일반적인 지수

:: 표 B.2. **사회적 자본 지수와의 상관관계가 유의한 변수들 (p<0.05)**

	상관계수	p-값		상관계수	p-값
govef	0.9339	5.53E-33	cfpi.gov	-0.2419	4.06E-02
ituse	0.9237	6.98E-31	cfpi.arm	-0.2487	3.52E-02
rolaw	0.9212	2.11E-30	cfpi.ppt	-0.3367	3.83E-03
corrp	0.9064	6.62E-28	cfsi.com	-0.3545	2.25E-03
lspr	0.8904	1.25E-25	spt.col	-0.4180	2.58E-04
demcr	0.7660	4.56E-15	cfsi.prs	-0.4746	2.53E-05
dcps	0.7117	2.43E-12	cfsi.tv	-0.4756	2.43E-05
ptnm1.spo	0.6464	8.61E-10	gini	-0.4884	1.34E-05
urban	0.6320	2.61E-09	spt.pac	-0.5733	1.42E-07
hhdtv	0.5973	3.04E-08	cfsi.chu	-0.6245	4.58E-09
trust	0.5842	7.14E-08	cflidx	-0.6710	1.12E-10
spt.psc	0.5523	4.92E-07	prght	-0.7696	2.82E-15
fair	0.4984	8.39E-06			
intmg	0.4611	4.57E-05			
ptnm1.edu	0.4341	1.39E-04			
olsn1.lbr	0.3892	7.28E-04			
spt.frd	0.3865	7.98E-04			
olsn1.prf	0.3748	1.18E-03			
cfpi.pol	0.3690	1.42E-03			
cvat.gbf	0.2824	1.63E-02			

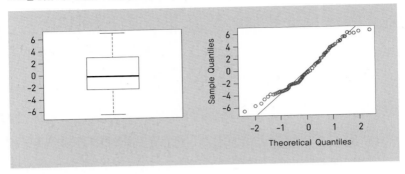

와는 괴리가 있다. 이를 보완하기 위해 제1 주성분 λ_1을 다음과 같은 간단한 산식으로 변환시켜 $N(5, 1.72^2)$의 정규분포를 따르는 사회적 자본 지수를 얻어냈다.

$$SC = 0.5 \cdot \lambda_1 + 5$$

지수를 만드는 방법에는 이러한 방법 이외에도 표본의 최대값을 10, 최소값을 0으로 선형 변환시켜 0~10과 같은 특정 구간에 맞출 수 있다. 그러나 이 경우에는 지수의 절대값이 의미가 없으므로 데이터가 갱신될 때마다 비교분석이 곤란한 문제가 발생한다. 이를 감안해 이 연구에서는 위와 같이 특정한 분포 기준을 설정했다. 이로 인해 계산된 각국의 사회적 자본 지수는, 최대값을 가지는 네덜란드가 8.29(약 +1.9σ), 최소값을 가지는 짐바브웨가 1.62(약 -2.0σ)로 0~10 구간에 잘 들어맞는다.